Christiane Zimmer

Emanuel

Christiane Zimmer

Engel Emanuel
Liebe löst jedes Leid

Von der Sinnfindung des Lebens

Bibliografische Informationen der Deutschen Bibliothek

Die Deutsche Bibliothek verzeichnet diese Publikation in der Deutschen Nationalbibliografie; detaillierte bibliografische Daten sind im Internet über http://www.dnb.ddb.de abrufbar.

Christiane Zimmer
Engel Emanuel – Liebe löst jedes Leid
1. Auflage 2007

Umschlaggestaltung: Gustav Hossenfelder
Satz und Druck: AALEXX Druck GmbH, Großburgwedel

Bitte besuchen Sie uns im Internet unter http://www.grasmueck-verlag.de

ISBN 978-3-931723-33-0

INHALT

VORWORT

„Liebe löst jedes Leid“ ist ein Buch mit einer Auswahl von Begrüßungen Emanuels zu öffentlichen Abenden in den Jahren 1997-2005.

Wer ist Emanuel?

Emanuel bezeichnet sich selbst als eine geistige Lichtenergie, deren Aufgabe es ist, die Botschaft des Friedens und damit der Befreiung aus unseren Nöten zu bringen.

Aber lassen wir ihn sich selbst vorstellen:

„Ich bin eine geistige Lichtenergie, geschaffen aus dem Geist des Höchsten. Ich gehe angebunden an den blauen Strahl, die Farbe der Hinwendung und der Kraft des Glaubens. Nicht in körperlicher Gestalt ging ich je. Ich gehöre zu den Mitarbeitern des Erzengels Gabriel, dem Mittler zwischen Gott und den Menschen, dem Verkünder, dessen Element das Wasser der Reinigung ist, das Wasser der Erneuerung, das euch führen soll in geistige Bewusstwerdung.

Seht, was ist der Sinn euer aller Leben, einerlei, in welchem Erkennen ihr steht? Der Sinn eures Lebens ist Anbindung zu leben, Rückbindung zu leben an Gott, die Urquelle allen Seins.

Meine Aufgabe ist es, die Botschaft des Friedens, der Befreiung zu bringen, die Wahrheit der Liebe zu sprechen, damit ihr euren Lebensweg in Ruhe geht, damit ihr immer stärker Anbindung lebt an unseren Geliebten und Herrn.

Wir leben den Auftrag, euch in Bewusstwerdung zu führen, nicht um euch mit Wissen, sondern um euch mit Einsicht zu speisen, damit das Herze Bereitschaft lebt, aus dieser eurer Enge, aus dieser eurer Unruhe herauszutreten in die Zufriedenheit, damit ihr in den Frieden finden könnt, denn der Friede des Herzens ist das Ziel. Ein großer, ein mühsamer und ein nie endender Weg, solange, bis ihr gefunden habt in die wahrhafte, in die reine Liebe, die sich verschenkt ohne Zweck und Sinn, die sich ausdehnt, die nicht um sich weiß, die nur ihr Sein lebt. Und darum sage ich euch: Seid nicht gut, seid wahrhaftig. Handelt nicht aus Mitleid oder Feigheit, aus Angst oder dem Gedanken an Verlust. Handelt wahrhaftig, und ihr werdet alles finden, wonach euer Herze sich sehnt."

Häufig sprach Emanuel zu bestimmten Situationen oder jahreszeitlich bedingten Themen. Die Grundtendenz seiner Begrüßung ist jedoch immer die Aussöhnung mit sich selbst. Die Versöhnung mit den Lebensumständen, in die wir hineingeboren wurden, die uns in Verhaltensmuster und Gewohnheiten festhalten und somit in Lebenslagen führen, die wir als behindernd oder als Schmälerung unserer Lebensqualität erfahren.

Immer wieder ist seine Aufforderung, uns als Ausdruck göttlicher Schöpfung zu erkennen und als solche uns Achtung und Achtsamkeit zu leben. Darum ist ein Hauptthema die Selbstannahme. Das heißt, nicht mehr unter unseren Schwächen, Zwängen oder Begierden zu leiden, sie zu verstecken und damit zu verdrängen, sondern mutig zu ihnen zu stehen, die Ursachen zu erforschen, damit wir ihren Unwert erfahren und sie verabschieden können.

Nie findet man bei Emanuel den mahnenden Finger, immer sind es ermutigende Worte. Er wählt die Herzenssprache, die uns in Einsicht führt und damit in eine leichtere und bereitwilligere Eigenarbeit. Resignation lässt er nicht gelten. Er ermutigt zu immer neuen Versuchen und gibt den Hinweis, nicht verspannt, sondern gespannt zu sein, da uns dies neugierig auf das Ergebnis macht und uns hilft, in dem Durchhaltewillen zu stehen.

Und immer ist die Rede vom Herzensfrieden, damit endlich die Freude zum Wegbegleiter werden kann.

Jede Begrüßung Emanuels beginnt mit den Worten:

„Friede dem Herzen, Freude an dem Leben durch Achtung vor deinem göttlichen Selbst. Gott zum Gruße, meine geliebten Kinder. Mit Licht, mit Liebe, mit Frieden und Freude segne der Einzige und Wahrhaftige, der Ewige und Wahre, der Ursprung all diesen Seins diese eure Herzen und lasse sie gehen in der Freude des Erkennens."

Und seine Worte des Abschiedes sind:

„Wir legen in eure Herzen: Die Heiterkeit der Erkennenden, die Gelassenheit der Wissenden und die Geduld der Vertrauenden. Mein Friede, er geht an eurer Seite. Emanuel."

Vor vielen Jahren sagte Emanuel einmal: „An dem Ungeliebten erlerne die Liebe." Damit meint er nicht, dass wir allem und jedem unser Herz öffnen und alles und jeden liebenswert finden können. Er versteht unter Liebe Neutralität, Wertefreiheit, die Ruhe des Ego, damit Gott in uns endlich vernehmbar wird.

Ich wünsche Ihnen beim Lesen des Buches, dass Sie darauf Lust bekommen, den Weg in den Herzensfrieden mitzugehen.

Christiane Zimmer

Weihnachten feiern bedeutet, das Licht der Ewigkeit und das Licht des Lebens zu sich einzuladen!

Was ist denn Licht? Licht ist Helligkeit, Licht ist Transparenz, ist durchblicken, überschauen, unterscheiden können. Und nicht nur für diese eure beiden Augen, die in die äußere Welt blicken, nein, auch für den Verstand! Wenn der Mensch etwas begriffen hat, verstanden hat, dann sagt er: „Mir ist ein Licht aufgegangen." Das bedeutet, es hat Bewusstseinserweiterung stattgefunden.

Und wer und was ist denn das ‚Licht der Ewigkeit'? Das Licht der Ewigkeit ist Gott, und das Licht des Lebens ist sein Erstgeborener, ist Christus. Der Mensch, der in das Christus-Bewusstsein gefunden hat, und darum den Willen Gottes für die Menschen verstanden hat, ist Jesus. Und nun kommt die frohe Botschaft: Ich kann das Licht des Lebens zu mir einladen. Jedes Weihnachtsfest ist ein Gedenktag, gibt dem Menschen die Möglichkeit sich zu erinnern, was an diesem Weihnachtsfest vor langer Zeit geschah. Das Licht des Lebens wurde geboren, um den Menschen Helligkeit, Erhellung zu bringen, so dass er seinen Lebensweg leichter, unbeschwerter und versöhnlicher mit sich und den Lebensumständen gehen kann.

Und wenn ihr diesen Gedenktag, dieses Weihnachtsfest feiern wollt, dann ist die Frage: Wie will ich es begehen, wie und wieweit will ich diese meine Herzenstüre öffnen, um das Licht des Lebens zu mir einzuladen? Soll es ein sentimentales Krippenspiel sein oder will ich endlich einmal die Gelegenheit nutzen, um meine Beschwerden vorzutragen: "Gott, wie lange bete ich zu Dir und Du sagst, Du bist der liebende und der gnädige Vater. Aber meine Gebete hast du noch nicht erhört, noch immer gehe ich im Leiden." Oder will ich zu Jesus dem Christus sagen: "Und du gibst dich als meinen Bruder aus, und was hast du bisher für mich getan? Du hattest eine Wahrheit und damit deine Wahrheit in die Welt gebracht, aber ich kann sie nicht verinnerlichen, denn ich gehe in der Not und ich gehe im Leid und ich gehe im Schmerz, und ich kann nicht die Worte der Freude sprechen."

Oder habt ihr den Mut und den guten Willen, zu sagen: „Ja, jetzt will ich mich einmal ganz diesem Fest der Weihnacht hingeben, um zu sehen, ob auch ich das Licht wahrnehmen kann." Und der Mensch, der den Mut hat und die Kraft hat, einmal die Unzulänglichkeiten des Alltages zur Seite zu stellen und zu sagen: Ich will mich ganz freimachen, um zu sehen, was mit mir geschieht", an ihm wird sich die Verkündigung Gottes erfüllen: „Siehe, Ich mache alles neu! Ich mache alles neu, du musst gar nichts tun, dich Mir nur anvertrauen, den Mut und die Kraft haben, Mir deine ganze Hingabe zu leben, damit Ich dich mit dem Lichte des ewigen Lebens durchdringen kann, und dein Herze befreien kann von Not, von Furcht, von Sorge." Und der Mensch, der diese Kraft hat, so sein Herze zu öffnen, er wird Wandlung und Verwandlung erfahren. Er wird die Leichtigkeit in sich spüren, und er wird unbeschwert werden. Und für wie lange Zeit, das entscheidet er! Denn es wird solange sein, wie er die Hingabe an die Liebe leben kann. Seht, und da vollzieht sich die Wandlung, da ist alles neu geworden!

Und wenn ihr so das Fest der Liebe begehen wollt, wenn ihr so in die Zeit des Advent gehen wollt, dann wird das Licht des Lebens euch nicht nur durch das Weihnachtsfest begleiten, sondern durch einen jeden Tag des Jahres. Und darum trefft ihr eure Entscheidung!

Schaffe in mir, Gott, ein reines Herze und gib mir einen neuen gewissen Geist!

„Schaffe in mir, Gott, ein reines Herze und gib mir einen neuen gewissen Geist!" Was ist denn rein? Rein ist klar, ist sauber, ist transparent. Und dort, wo Klarheit ist, Sauberkeit und Transparenz, da ist Durchschauen, da ist Durchblicken. Da ist kein Verstecken, und da sind keine dunklen Ecken, nein – alles ist sichtbar. Ihr sagt: „Wie innen, so außen!" Und das bedeutet, ein Mensch, der rein geht, in sich geklärt geht, steht der Welt offen und gelassen gegenüber, vertrauensvoll, und darum kennt er keine Furcht oder gar Angst, er hat nicht zwei Gesichter. Denn das, was seine Gedanken sind, das sind seine Worte und das sind seine Handlungen.

Ist nun Gott für das reine Herze zuständig, so wie der Schuster für die Reparatur der Schuhe oder die Reinmache-Frau für die Sauberkeit der Wohnung? Wenn Gott dafür zuständig wäre, dann müsste eine Bestellung vorausgehen. „Schaffe in mir, Gott, ein reines Herze!“ Ist das eine Bestellung, ist das ein Auftrag? Denn wenn es ein Auftrag ist, dann wird eine Rechnung folgen, dann muss beglichen werden, ein Ausgleich geschaffen werden. Ihr kennt es aus dem Alltage: Eine Bestellung zieht eine Bezahlung nach sich. Aber wenn es nun eine Bestellung an Gott ist, wie könnte denn die Bezahlung aussehen, der Ausgleich aussehen? Geld nimmt er nicht, es hat keinen Wert für ihn. Vielleicht könnte der Ausgleich so aussehen, dass ich mich um das reine Herze bemühe. Mich bemühe, klarer in mir zu werden, transparenter, nicht mehr so nebulös, nicht mehr so unsicher, sondern mich bemühen die Bereitschaft, den Mut zu Entscheidungen zu haben.Und wenn ihr das tut, dann ist es egal, ob diese Aufforderung: „Schaffe, in mir Gott, ein reines Herze“ eine Bestellung oder eine Bitte ist.

Immer wieder einmal bittet ihr einen Menschen um Hilfe, weil ihr gerade keine Zeit habt oder weil das Problem für euch nicht so von der Hand geht. Der andere kann es besser. Aber wenn ihr euch helfen lasst, ist dann nicht auch die Bereitwilligkeit, oder ich will sogar sagen, die Notwendigkeit, euer ‚Danke‘ zu sprechen, eine Gegengabe zu leisten?

Also egal nun, ob Auftrag oder Bitte, Erfüllung kann nur sein, wenn die Bereitschaft ist mitzumachen, selbst etwas dazu beizutragen, damit es gelingen kann. Denn wenn der Briefbote euch einen Brief bringen will, und ihr öffnet nicht die Türe, wie könnt ihr ihn empfangen?

„Schaffe in mir, Gott, ein reines Herze und gib mir einen neuen gewissen Geist.“ Hier ist die Rede von Veränderung, von Wandlung, von Umwandlung, damit Erneuerung sein kann. ‚Einen neuen gewissen Geist!’ Was bedeutet das denn? Es bedeutet, schenke mir Gewissheit, hilf mir, dass ich in Gewissheit finde, dass dieses Zögern und Zagen endlich von mir Abschied nimmt, dass ich in tiefem Vertrauen gehen kann und dass ich weiß, auch wenn ich nicht weiß woher, dass ich den guten Weg gehe, wenn ich das Vertrauen, die Gewissheit habe. ‚Und gib mir einen neuen gewissen Geist', bedeutet: Schenke mir einen klaren Geist, schenke mir das Erkennen und das Verstehen, damit ich dieses mein Leben anpacken kann, damit es Erneuerung erfährt. Und der Mensch, der sich diese Wandlung und Verwandlung nicht nur wünscht und verbal äußert, sondern der sagt: „Ich will meine Möglichkeiten dazu beitragen", der wird die Wandlung des Geistes erfahren. Denn der Mensch ist Ausdruck göttlicher Liebe und göttlicher Vollkommenheit und darum ist sein Geist der Geist Gottes. Und wenn er beginnt, das reine, das unschuldige Herze zu leben und den neuen Geist, so wird sein Geist Gottes Geist berühren, und er wird die Herrlichkeit Gottes wahrnehmen. Er wird endlich befreit gehen von diesem Ego, das ihn gefangen hält. Dieses Ego, das ihn nicht entlassen will in diese seine Freiheit, in seinen Selbstwert und in seine Selbstannahme, ihm nicht gestatten will, dieses sein göttliches Selbst zu leben. Warum ist dies so?

Dieses euer Ego sucht Befriedigung und das bedeutet, es sucht seine Vorteile. Aber Vorteile suchen ist immer, in Hab-Acht-Stellung leben, ist immer kontrollieren müssen, will der andere mich übervorteilen. Es bedeutet, immer in Anspannung zu stehen. Doch dort, wo der Mensch sagt: „Ich habe mein Ziel erkannt und mein Ziel ist, in die allumfassende Liebe zu gehen". Er wird immer prüfen, wenn das Ego sich wieder aufbäumt, wenn das Ego fordert: „Wenn jetzt die Erfüllung ist, was wird sich wirklich in meinem Leben ändern? Werde ich den Seelenfrieden leben, und werde ich die Unbefangenheit leben können, die Unbeschwertheit?" Es haben sich doch schon Wünsche erfüllt, ihr kennt es doch! Und war danach die Welt heil? Nein – für eine kurze Weile! Die Unruhe des Herzens hat euch weiter getrieben.

Seht, und in ein reines Herze zu finden und in einen neuen Geist zu gehen bedeutet, aus der Polarität herauszufinden, erkannt zu haben: Glückseligkeit ist nur dort, wo ich mit mir den Frieden lebe. Und Frieden kann nur dort mit mir sein, wo ich beginne, mich anzunehmen. Und wo der Mensch sich beginnt anzunehmen, beginnt er, seine Gottes-Kindschaft anzunehmen. Dann wird er das Wesentliche vom Unwesentlichen trennen können.

Des Menschen Leben sollte sein wie die Schale eines Springbrunnens: Empfangend und weitergebend!

Ihr kennt alle das Bild des Springbrunnens: Die Schale füllt sich und ist sie gefüllt, läuft das Wasser über den Rand, denn es ist Überfluss. Und die nächste Schale empfängt, sie füllt sich, und ist sie bis zum Rande gefüllt und das Wasser läuft weiter, wird wieder Überfluss sein, und sie gibt an die nächste Schale ab! Ein Kreislauf entsteht, empfangen und weitergeben.

Und seht, genauso sollte das Leben des Menschen sein: Empfangen und weitergeben. Nun sind die Menschen auf Grund ihrer unterschiedlichen Seelenreife, ihrer Erziehung, durch die sie gegangen sind, ihren Erfahrungen, die sie gemacht haben, in zwei Gruppen zu trennen: Der eine neigt mehr zum Geben und der andere neigt mehr zum Empfangen. Aber das ist nicht Ausgeglichenheit, da entsteht ein Defizit, denn Mitte soll gelebt werden. Und das bedeutet: Der Gebende muss das Empfangen erlernen, und der Empfangende muss das Abgeben erlernen. Denn ist der Gebende immer nur gebend, dann wird er nicht erlernen, ‚Dankeschön' zu sagen. Dann wird er dem anderen die Möglichkeit nehmen, in seine Stärken zu finden, in seine Eigenständigkeit. Denn der, der stärker zum Empfangen neigt, er hat die Aufgabe, ein Gebender zu werden, seine Gaben und seine Möglichkeiten zu entdecken, um sie auszuschöpfen.

Nun sagt der Nehmende: „Aber ich habe doch nichts zu geben, ich habe doch nicht die Möglichkeiten, ich habe doch nicht die Fähigkeiten des anderen!" Er sieht sich klein, und er sieht sich in Not, oder er ist bequem. Also was ist nun seine

Herausforderung? Seine Herausforderung ist die Hinwendung an die göttliche Liebe, die göttliche Fülle. Und das bedeutet, von seinen Unzulänglichkeiten abzusehen, in den Mut der Handlung zu gehen, die Grenzen aufzulösen, die er sich selbst gesetzt hat, an denen er sich reibt, die ihn behindern, das was Ausdruck von Göttlichkeit in ihm ist, wahrhaft auszuschöpfen. Und der Mensch, der die Kraft hat, sich dem Göttlichen zuzuwenden, sagt: „Herr, ich fühle meine Befangenheit und ich erlebe meine Unsicherheit, ich sehe meinen Mangel, aber – ich als Ausdruck deiner allumfassenden Liebe, wenn ich den Mut habe, mich dir ganz hinzugeben, werde ich diese meine von mir gesetzten Grenzen überschreiten können, sie werden in sich zusammen fallen."

Ein Mensch, der so in die Begegnung mit Gott geht, der allumfassenden Liebe, er wird erfahren, welche Fülle in ihm vorhanden ist, dass auch er etwas zu geben, abzugeben hat, weil er Überfluss lebt. Und ein solches Geben und ein solches Empfangen unter den Menschen bedeutet, Fülle zu leben, bedeutet, im Tauschen und Austauschen seiner Stärken zu gehen und darum wahrhaft im brüderlichen Umgang miteinander zu leben.

Denn ist es nicht so, dass der, der ständig am Geben ist, sich häufig auch benutzt und ausgenutzt fühlt, und der, der die Hände ausstreckt und immer nur empfangen will, nicht das Erwachsensein lernt, nicht in die Eigenständigkeit und in die Eigenverantwortung findet? Doch dort, wo das Bemühen ist, die göttlichen Gaben zu empfangen, dort wird sich das Wort bewahrheiten: „Wer da hat, dem wird gegeben, damit er die Fülle habe!" Und das bedeutet, ich bin mir bewusst, dass ich Ausdruck göttlicher Liebe bin! Und wenn ich das nicht nur mit meinem Verstand weiß, sondern wenn ich das mit meinem Herzen lebe, dann wird mir die göttliche Fülle zuteil werden. Ich werde die allumfassende Liebe erfahren, und sie wird mein Leben erfüllen, ausfüllen, und von diesem Überfluss meiner Liebe will ich diese Erde speisen, damit sie heil werden kann.

Wo du versagt hast, kehre zurück! Wo du Erfolg gehabt, nimm Abschied!

Wo du versagt hast, kehre zurück. Wo du Erfolg gehabt, nimm Abschied. Kennt ihr nicht alle diese Situation und dieses Gefühl: Ich habe versagt? Das, was ich mir vorgenommen habe, was ich bewegen und bewältigen wollte, ist mir nicht gelungen. Und was geschieht nun? Ihr geht in der Bitternis des Herzens. Ihr lebt Traurigkeit oder Resignation. Ihr lebt Enttäuschung oder Wut, je nachdem, in welch einem Temperament ihr steht.

Wo du versagt hast, kehre zurück! Es bedeutet, wenn ihr euch mit dieser Situation abfindet, versagt zu haben, dann geht euer Herze belastet, denn es liegt in der Natur des Menschen, gewinnen zu wollen. Nicht etwa um besser zu sein als der andere, nein, um sich annehmen zu können. Und wenn ihr nicht akzeptieren könnt, nicht euer ‚Ja' dazu sprechen könnt, dass ihr versagt habt, ist es notwendig, das Thema zu wiederholen. Denn wiederholt ihr nicht, fühlt ihr euch als Verlierer. Und ein Mensch, der sich als Verlierer fühlt, kann sich nicht gut sein und kann darum nicht dem anderen gut sein, dem vielleicht geglückt ist, dem gelungen ist.

Wo du versagt hast, kehre zurück! Die Seele kann nur Frieden leben, wenn ihr in euch Klarheit lebt und das setzt Klärung voraus. Das bedeutet in diesem Falle, einen neuen Versuch zu machen, das Thema noch einmal anzugehen in dem Willen, in dem Wunsche und in dem Bedürfnis, es diesmal zu besiegen, es in den Griff zu bekommen. Denn habt ihr in den Griff bekommen, geht ihr zum einen in der Freude mit euch, dass euch gelungen ist, es wertet euren Selbstwert auf, und zum anderen könnt ihr es auf sich beruhen lassen. Die Gedanken eilen nicht mehr in das Thema, versagt zu haben.

Es gibt aber noch eine andere Form des Versagens. Und die ist: Ihr geht einem Menschen gegenüber in Gedanken der Geringschätzung, oder ihr sprecht ihm Worte der Kränkung, der Verletzung. Oder ihr werdet vielleicht sogar tätlich. Was ist nun? Habt ihr nur ein wenig Gewissen und nur ein wenig

Moral, dann werdet ihr erkennen: „Ich habe versagt. Ich bin aus meiner Beherrschung herausgefallen. Ich habe einen Menschen verletzt.“ Wo du versagt hast, kehre zurück! Wenn ihr nun nicht in der Kraft geht, euch zu entschuldigen bei dem, dem ihr Unrecht tatet, wird die Schuld bei euch bleiben. Und sie wird euer Gewissen drücken und bedrücken, und ihr werdet mit euch in ein großes Spannungsfeld finden, das sich entweder darin äußert, dass ihr euch schamhaft zurückzieht, oder dass der Widerstand und damit die Aggression in euch größer werden. Das Ergebnis wird sein, dass ihr immer verletzender werdet.

Wo du versagt hast, kehre zurück! Es ist wichtig, euch immer wieder zu beobachten, mit euch in die Begegnung zu gehen: „Wo habe ich mein Thema nicht in dieser Form gelöst, dass ich leicht vor mir bestehen kann?“ Nicht vor dem anderen, vor euch selbst. Das reine Gewissen haben bedeutet, in sich Ordnung geschafft zu haben und Ordnung in sich zu leben.

Wo du versagt hast, kehre zurück, wo du Erfolg gehabt, nimm Abschied! Auch diese Situation kennt ihr. Das Werk ist gelungen, und die Freude breitet sich im Herzen aus. Ihr seid stolz auf euch: „Ich habe es geschafft“. Und es ist ein wunderbares, beglückendes Gefühl, es geschafft zu haben. Doch wenn sich die Eitelkeit an dem Geschafften festhält, dann werdet ihr in der Nabelschau gehen. Dann werdet ihr in der Selbstgefälligkeit gehen, und euch daran festhalten, was ihr geschaffen habt. Und das bedeutet, in den Stillstand zu finden. Das Leben ist eine permanente Herausforderung, und das Leben hält in einem permanten Flusse. Und dort, wo ihr sagt: „Es genügt mir, es reicht mir aus“, seid ihr entweder bereits in einer sehr großen Reife, ihr seid selbstgenügsam geworden oder ihr seid bequem, und wollt nicht mehr auf den Lebensruf hören. Das Leben besteht jedoch in dem immerwährenden Voranschreiten, und darum sollten die Erfolge, es geschafft zu haben, froh stimmen und Mut machen, den Weg zu der nächsten Herausforderung zu gehen, die euch entgegentritt, um von euch bewältigt zu werden.

Wo du Erfolg gehabt, nimm Abschied! Nicht auf den Lorbeeren ausruhen, nein, das ganze Leben will beeindrucken. Stellt euch in eure Berührungen, in eure Erfahrungen, die von euch verinnerlicht werden wollen. Leben bedeutet: Wandern, auf Wanderschaft gehen, in der ständigen Bereitschaft, mitzugehen und mitzumachen, gegenüber den Herausforderungen nicht gekränkt zu stehen, sondern ihnen zuzulächeln und ihnen zu sagen: „Ich bin da, um dich zu meistern“.Wo du versagt hast, kehre zurück, damit die Seele in den Frieden findet.

Und wo du Erfolg gehabt, nimm Abschied, damit die Seele in eine immer größere Reife, und der Geist in eine immer größere Bewusstwerdung finden kann. Wollt ihr ‚Ja‘ sagen zu diesen Herausforderungen des Lebens! Und in den Tagen der Müdigkeit, der Betrübnis, der Unlust: Geht nicht im Verzagen, sondern seid gut zu euch und habt Geduld mit euch, dann wird der gute Wille in eurer Arbeit nicht ermüden.

Über die Kraft des Mitfühlens!

Ein Mensch, der sich das Mitfühlen erarbeitet oder bewahrt hat, geht im Begleiten. Er geht im Anteilnehmen und damit im Teilen. Und das bedeutet, das ‚Du‘ leben, es bedeutet die Gemeinschaft leben, das Miteinander und damit Stärke. Denn Gemeinschaft und miteinander leben bedeutet, zueinander zu stehen. Ein Mensch, der das Mitfühlen lebt, hat die Kraft gehabt, seine Trauer und seinen Schmerz zu durchleben. Denn nur dort, wo Trauerarbeit geleistet wurde, kann wahres Mitfühlen sein.

Ein Kind, das nicht seinen Schmerz leben konnte, das seinen Schmerz unterdrückte, also in der Trauer ging, wird sich als Erwachsener Menschen suchen, über die er diese seine Trauer, diesen seinen Schmerz ausleben kann. Und in der Regel ist dieses Verhalten folgendermaßen: Er sucht sich Menschen, die er benutzen kann, die er beschimpfen kann, die er quälen kann, die er misshandeln kann bis hin zur Vernichtung. Das Leid und der Schmerz des anderen führt ihn an seinen eigenen unterdrückten Schmerz. Gleichzeitig jedoch verleugnet er die Tat und damit diesen eigenen Schmerz, unterdrückt ihn weiter. Ein solcher Mensch kann nicht Freude leben. Er geht in der Missgunst und im Hasse. Dort, wo also mangelndes Mitfühlen ist, ist immer die Gefahr, in die Missgunst zu fallen, in dem Hasse, in der Verbitterung zu gehen, den Vorwurf an das Leben zu leben: „Du hast mir nichts geboten. Du hast mir nicht das gegeben, was ich von dir erhoffte".

Ein Kind, das von den Eltern nicht als Individuum erkannt wurde, als Persönlichkeit und damit auch als Einmaligkeit, das nicht um diese seine Individualität, Persönlichkeit und Einmaligkeit geliebt wurde, kann nicht in Selbstbewusstsein finden, wird nicht einen Selbstwert aufbauen können. Ein Kind, das nicht diese Bestätigung und diese Anerkennung der Eltern bekommen hat, beginnt, sich zu verleugnen. Es erkennt, dass es über das Funktionieren, über das Parieren, die Anerkennung der Eltern gewinnen kann, die Liebe der Eltern erringen kann. Jedoch wird dieses Kind auch als Erwachsener nicht in seine Echtheit finden, sondern wird weiter in einer Maske gehen, also wird bedienen, wird schauspielern, wird sich nicht geben, wie sein Wesen wahrhaft ist, sondern so, wie er glaubt, dass er sein muss, wie es von ihm erwartet wird. Und selbstverständlich hält dies ihn in einem permanten Nachlaufen, in einer permanenten Suche nach Nähe, nach Anerkennung, nach Zuwendung. Das, was dieser Mensch als Kind nicht von seinem Umfelde bekommen hat, wird er nun unter den Menschen suchen.

Ein Mensch, der nicht die Kraft lebt, den Schmerz und die Trauer der Kindheit zu bearbeiten, zu entlassen über Trauerarbeit, wird seine Gefühle unterdrücken, wird das werden, was ihr nennt hartherzig. Er wird also nicht in dem Teilen gehen können, sondern wird immer versuchen, den anderen zu unterdrükken, aus Angst, unterdrückt zu werden, so wie er es erfahren hat in den Tagen seiner Kindheit. Es ist von höchster Dringlichkeit, um aus diesem Kreislaufe herauszukommen, zu betrachten, wo ist dieser Schmerz entstanden, wo trage ich mein Leid, um dieses Leid auszuleben. Verliert ihr einen Menschen, der euch nahe steht, durch einen Todesfall oder weil er sagt: „Ich wende mich von dir ab, ich will nicht mehr mit dir das ‚Du' leben", dann lebt ihr Trauer. Und ihr lebt nicht nur Trauer über den Verlust eines Menschen, ihr lebt auch Trauer über den Verlust einer Illusion, oder dass ihr nicht erhalten habt, wonach dieses euer Sehnen ging. Auch hier muss Trauerarbeit sein.

Wenn ihr nun die Kraft habt, die Trauer der Kindheit über diese Arbeit mit und an euch selbst zu bewältigen, dann werdet ihr merken, wie ihr elastisch werdet. Ein Mensch, der nicht die Kraft hat, seinen eigenen Schmerz zu betrachten, zu ertragen und damit zu durchleben und hinter sich zu lassen, ist hart, ist unflexibel, ist wie ein Stein, den ihr auf den Boden aufwerft und der zerspringt. Ein Mensch jedoch, der diese seine Trauer bearbeitet hat, er ist federnd, er ist elastisch. Das bedeutet, er geht dem Leben gegenüber gelassen, er weiß um die Wechselspiele des Lebens. Er geht in realistischen Erwartungen, in einer realistischen Erwartungshaltung an das Leben, und damit kann er nicht von den Ereignissen, von den Wechselspielen des Lebens überrascht werden. Ein solcher Mensch, der seine Kraft, seinen Selbstwert lebt, hat den Mut, das Leben anzupacken, zu diesem Leben ‚Ja' zu sagen. Und wenn er in den Tagen des Abschiedes von dieser Erde geht, wird er nicht das Gefühl haben, dass das Leben ihm etwas schuldig geblieben ist, sondern er weiß: „Ich habe mein möglichstes getan. Ich habe mich nicht durch das Leben gequält, sondern ich habe versucht, das Leben zu meistern, ich habe versucht, Herr der Situationen zu sein".

Seht, die Not des Menschen - und das ist auch das Drama des Menschen - ist, dass er Angst vor seinen Gefühlen hat. Er hat Angst, ihnen nachzugeben. Gefühle der Freude, ihr zeigt sie gerne. Doch Gefühle der Schwäche, da lebt ihr die Furcht, ihr könntet benutzt werden, ausgenutzt werden. Dabei zeigt ihr damit, dass ihr zu euch steht und das ist wiederum Stärke. Ein Mensch, der mit sich verhärtet geht, und darum Kontrolle leben muss, den Überblick behalten muss über andere, lebt die Gefahr, dass er sich Menschen sucht, die in der gleichen Haltung gehen, also in der Gefühllosigkeit. Auf diese Weise entstehen militante Gruppen. Auf solche Weise werden Diktatoren geboren.

Ich möchte euch mit diesen Worten der Begrüßung sagen: Ihr alle habt in diesen euren Tagen der Kindheit zu wenig

Zuwendung bekommen, eure Einmaligkeit, eure Individualität, eure Seelenstruktur wurde zu wenig beachtet, zu wenig gefordert. Nun macht es nicht Sinn, in dem Grolle zu gehen, in der Verbitterung zu gehen, sondern es macht Sinn, es zu akzeptieren, damit ihr hinter euch lassen könnt, und endlich vorwärts gehen könnt in ein freies, in ein reiches, in ein neues Leben. Die Trauer, die ihr in euch tragt bezüglich der Vergangenheit, ist wie ein Gummiband, das euch festhält und nicht vorwärts gehen lässt. Es gibt Tage des Mutes, da sagt ihr: „So, und jetzt mache ich einen großen Schritt." Aber plötzlich ist dieses Band angespannt und ihr werdet emotional zurückgezogen in das, was nicht bearbeitet wurde und nicht verarbeitet wurde. Es ist so leicht, in ein Leben der Stärke, der Stabilität zu finden. Wichtig und erforderlich ist, dass ihr den Mut und die Kraft habt, in diese Trauer zu gehen, damit die Trauer endlich von euch Abschied nehmen kann, und ihr zu Befreiten werdet.

Wer den Himmel aus den Augen verliert, ist der Welt ausgeliefert!

Wer den Himmel aus den Augen verliert, ist der Welt ausgeliefert. Was ist denn Himmel? Was ist denn Welt? Die Menschen früherer Zeiten konnten den Unterschied besser definieren. Sie sagten über die Welt: Sie ist Leid, sie ist Not, sie ist Elend. Denn sie lebten in Abhängigkeit von der Obrigkeit, sie lebten wirtschaftlichen Mangel und geistige Unterdrückung. Keine Entfaltung von Individualität war ihnen möglich. Gingen sie in die Kirche, dann sahen sie Prunk, Glanz, Fülle, Reichtum! Und darum sagten sie, die Kirche repräsentiert Gottes Reich auf dieser Erde. So muss das Paradies sein, in das wir eines Tages einkehren möchten! Und es bedeutet, dann hat die Not und das Leid ein Ende, dann leben wir in Fülle, in der Glückseligkeit, in Frieden!

Wie definiert ihr den Himmel? Ihr sagt, er ist ein Bewusstseinszustand. Es ist die Verschmelzung mit der allumfassenden

Liebe, es ist Rückkehr in seinen Urzustand, zu seinen Wurzeln, ein Heimkehren, ein Eintauchen in die allumfassende Liebe.

Und wie definiert ihr die Welt? Jesus, der Christus, sagt: „In der Welt habt ihr Leid, aber ich habe die Welt überwunden." Und damit bringt er nicht zum Ausdruck: „Ich bin gestorben", sondern er bringt damit zum Ausdruck: „Ich habe die Polarität überwunden, ich habe in meine Mitte gefunden, in meine Einheit mit Gott."

Ihr lebt in einer Zeit, wo der Mensch große Entfaltungsmöglichkeiten an Individualität hat. Je größer jedoch seine Möglichkeiten sind, um so größer ist auch die Möglichkeit, die Polarität zu leben. Immer ist aber auch eine Gefahr, wenn er die Materie in ihrer ganzen Fülle nutzt, dass eine Maßlosigkeit eintritt. Er kennt nicht mehr seine Grenzen, die Gier macht sich breit! Und dort wo die Gier ist, ist die Haltlosigkeit und damit die Gefahr der Korruption.

Jetzt geht ihr und seid zum Teil auch schon in einer Zeit der Reduktion, das heißt also, ein Beschneiden an materiellen Gütern. Der Staat kann den Bürgern nicht mehr die finanzielle Unterstützung geben. Es setzt die Furcht ein, die Angst um finanzielle Einbußen, um finanziellen Verlust. Aber ihr wisst, in der Polarität und damit auf dieser eurer Erde, werden die zwei Seiten der Medaille gelebt. Und das bedeutet, dort, wo Einschränkung an finanzieller Freiheit ist, hat der Mensch die Gelegenheit, seine Möglichkeiten, die in ihm schlummern, die er noch gar nicht ausgeschöpft hat, zu ergründen und sich damit in seinen Gaben kennen zu lernen.

Je stärker der Mensch beginnt, sich mit sich zu befassen, nicht aufzuzählen wo er überall Bedürftigkeit lebt, sondern wo er beginnt, einmal neugierig zu sein: Was sind denn noch für Möglichkeiten in mir, welche Anlagen, die mir eine Freude und eine Befriedigung bringen. Er wird merken, dass zwar finanzieller Einschnitt, aber seine Lebensqualität gewachsen ist. Es geht nicht darum, mehr zu haben, sondern es geht darum, mehr zu sein. Und der Mensch, der dies erkannt hat, dies erfasst hat, wird sagen: Gut, ich will beginnen, mich stärker mit mir zu konfrontieren, meine

Zeit mit mir zu verbringen. Denn der, der sich entschieden hat, den geistig-spirituellen Weg zu gehen, was ist denn sein Ziel? Ist es nicht, in den Einklang mit sich zu finden, und darum unabhängig von der Polarität zu werden, Herr der Polarität zu werden?

Der Mensch, der sagt: „Meine Mitte ist Gott", er wird auch diesem Gott sein Vertrauen leben, wo er sich selbst nicht mehr vertraut, oder sich nicht mehr getraut. Denn er wird sagen: „Herr, auch wenn ich nicht Sinn und Zweck kenne, ich weiß, dass ich in dir geborgen bin und du deine Hand über mir hältst." Und dann wird er herausgehen aus der Furcht, er wird hineingehen in die Geduld und in die Gelassenheit, und er wird merken, wie Vieles, was ihn zuvor verunsichert hat, bedrückt hat, ihn nun nicht mehr tangiert.

Sei, was du bist! Werde, was du sein kannst!

Sei, was Du bist, werde, was du sein kannst! Mit diesen Worten der Begrüßung möchte ich euch animieren, einmal in das Innehalten zu gehen, Bilanz zu ziehen: Wie bin ich? Wie stelle ich mich dar? Wo sind meine Bedürfnisse, wo sind meine Wünsche, wo ist mein Wollen? Wo lebe ich mit mir Zerrissenheit und Spannung? Wo genüge ich mir nicht? Wo glaube ich im unfreiwilligen Verzichte zu gehen? Wo lebe ich Hoffnungen und Wünsche, die sich nicht realisieren wollen? Prüfen, wie ist mein Stand der Dinge? Denn seht, wenn ich sage: „Sei was du bist", dann will ich damit zum Ausdruck bringen, nur dort, wo der Mensch beginnt zu sagen: „Ich will mit dem, was ist, so wie ich bin, leben; mir mein ‚Ja' sprechen und in die Versöhnung gehen", nur dort beginnt der Mensch in die Selbstannahme zu finden. Er beginnt mit sich in den Frieden zu gehen. Kriegsschauplätze werden abgebaut, weil nicht mehr das Vergleichen und das Messen ist, das Beurteilen, das Bewerten. Nein, der Mensch beginnt, mit sich in die Zufriedenheit zu finden. Das muss nicht bedeuten, dass keine Änderungen mehr sein werden. Das muss nicht bedeuten, dass er sagt: „So, hiermit ist mein

Leben abgeschlossen, den Rest lebe ich jetzt noch gemütlich vor mich hin!“ Nein, es bedeutet ausschließlich erst einmal das zu leben, was ich bin! Denn dann werdet ihr merken, wie ihr mit euch in eine größere Gelassenheit findet, wie ihr euch friedvoll begegnen könnt, wie ihr Zwänge abbaut. Denn seht, nur wenn ihr dieses lebt: Sei, was du bist, kann das andere sein: Werde, was du sein kannst.

Und zu diesem: Werde, was du sein kannst, will ich euch eine Geschichte erzählen:

Da begegnen sich nach sehr langer Zeit zwei Freunde. Sie gehen aufeinander zu und sie begrüßen sich. Und der eine sagt zu dem anderen: „Du strahlst ja so!“ „Ja“, sagt der Strahlende, „ich hab auch allen Grund dazu!“ „Wieso, was ist passiert?“ Der Strahlende sagt: „Ich habe mich getrennt!“ „Von wem hast du dich getrennt?“, fragt der Freund. Und der Strahlende sagt: „Frage nicht, von wem ich mich getrennt habe, frage mich, von was ich mich getrennt habe!“ „Ja nun, von was hast du dich getrennt?“ Und der Strahlende sagt: „Ich habe mich von meinen bewertenden Gedanken getrennt! Ich habe mich von meinen sorgenden Gedanken getrennt!“ „Nun“ sagt der Freund, „dann ist es aber sehr stille in dir geworden!“ „Nein“, sagt der Strahlende, „ich bin mit mir stille geworden, und nun hat der „All-Eine“ von mir Besitz genommen, Er spricht mit mir, und ich glühe vor Freude!“

Und wenn ich euch sage: Sei, was du bist, werde, was du sein kannst, dann will ich damit verdeutlichen: Nur wenn ihr beginnt, mit euch diese Selbstannahme zu leben, wenn ihr endlich beginnt, euch euer ‚Ja‘ zu sprechen, euch zu akzeptieren, wie ihr seid, werden diese grübelnden Gedanken ein Ende haben, werden all diese inneren Berechnungen und Kalkulationen ein Ende haben. Es werden alle Gefühle der Minderwertigkeit und der Benachteiligungen ein Ende haben. Ihr habt eine Bilanz gezogen, ihr habt erkannt, das ist der „Ist“-Zustand. Ihr habt eure Unterschrift geleistet zu diesem „Ist“-Zustand, und darum seid ihr mit euch in die Stille gegangen, in die Ruhe, in den Frieden.

Nur dort, wo der Mensch mit sich in die Ruhe findet, in die Stille, in den Frieden, ist Gott wahrnehmbar, ist Gott verstehbar, ist Er hörbar! Und wenn ihr diese Begegnung mit Ihm lebt, dann seid ihr das, was ihr sein könnt! Ihr habt in die allumfassende Liebe gefunden. Nicht mehr die Trennung von dem „All-Einen", die euch in dem Schmerz und in der Trauer hält. Diesen Schmerz und diese Trauer übertragt ihr auf die äußere Welt, glaubt, durch Veränderung äußerer Lebensumstände wären sie gelöst – nein, das was euch in dem Leid hält, was euch behindert, in die Heilwerdung zu gehen, ist die Trennung von Gott, ist die Trennung von der allumfassenden Liebe. Und darum wollt ihr wie dieser Freund sein, wie dieser strahlende Freund, der sagt: „Ich habe mich von meinen bewertenden Gedanken getrennt. Ich habe mich von meinen sorgenden Gedanken getrennt! Und der „All-Eine" hat sich mir zu erkennen gegeben. Und nun glühe ich vor Freude!"

Das ist euer aller Weg und ist euer aller Ziel! Und in dem Maße, in dem ihr mit euch den Friedensvertrag unterschreibt, euren innneren Krieg beendet, die Sorgen und die Hilflosigkeiten und Ängstlichkeiten, wenn ihr sagt: „Ich, Ausdruck allumfassender Liebe, ich lebe das Vertrauen in mich und in das Leben!" Seht, dann wird die Verschmelzung mit dem „All-Einen" sein! Und es wird für euch keine irdische Begrenzung mehr geben. Keine Trauer kann mehr euer Herz berühren, denn ihr seid der Liebe nicht nur begegnet, sie hat von euch Besitz genommen!

Der Mensch wird geboren, um zu sterben. Wohl dem, der seine Lebensspanne zu nutzen weiß, der am Tage seines irdischen Todes in Frieden gehen kann. Über den gesagt wird: Er hat das Zeitliche gesegnet!

Der seine Lebensspanne zu nutzen weiß, der in Frieden Abschied nehmen kann von diesem seinen Leben, über den gesagt wird: Er hat das Zeitliche gesegnet. Erbittet nicht der Mensch immer wieder Gottes Segen? Welch eine Erwartung hat er denn da an Gott, wenn er um Seinen Segen bittet? Seine Erwartungshaltung ist, dass Gott über des Menschen Unzulänglichkeiten hinwegblickt, über seine Kleinlichkeiten, über seine Unsicherheiten, sein Zögern, sein Zagen oder über seine Missgunst. Dass Gott darüber hinwegblickt mit einem Lächeln der Versöhnung, auslöscht, damit der Mensch sich wieder gut fühlen kann. Damit er voll Vertrauen weitergehen kann, voll Sicherheit: „Ich bin von Gott angenommen."

Seht, und genau das gleiche findet statt, wenn der Mensch sein irdisches Leben segnen kann. Er nimmt dieses sein Leben an. Er söhnt sich mit ihm aus. Er nimmt die Schwierigkeiten, die Probleme und die Hindernisse an. Er nimmt die Herausforderungen, und er nimmt seine Mutlosigkeit an, die er in vielen Lebenssituationen gelebt hat, seine Unsicherheit und seine Verzagtheit.

Der junge Mensch geht voller Erwartungshaltung in das Leben. Weit steckt er seine Ziele. Er will und muss das Leben erfahren, und er will es in seinen ganzen Möglichkeiten erfahren. Das ist das Recht und das Vorrecht der Jugend, und es ist richtig und es ist wichtig, so viel erfahren und erkennen zu wollen, wie es nur geht. Denn was geschieht?

Das Leben beginnt den Menschen zu beschneiden. Der Mensch stößt an Grenzen, der Mensch erkennt sein Unvermögen, erkennt: Dieses Thema war zu groß für mich. Was ist die Folge? In der Regel ist die Folge die Enttäuschung, die bis zur Aufgabe des Themas hingehen kann. Also, nicht weiter probieren, sondern aufgeben, Resignation, vielleicht sogar Depression.

Der Mensch geht voller Wünsche, voller Sehnsüchte, voller Erwartungshaltung und voller Illusion. Und wie häufig realisiert sich all das nicht, was er an Erwartungshaltung in die Zukunft setzt, so, wie eine Situation ausgehen sollte. Seht, ein Mensch der sagen kann: „Ich habe die guten Tage gelebt, und ich habe die bitteren Tage angenommen. Ich bin an ihnen nicht verzweifelt. Enttäuscht bin ich gegangen, ja, aber ich bin nicht verzweifelt an ihnen, und ich bin nicht verbittert an ihnen. Ich bin nicht gebrochen an ihnen, sondern ich bin vertrauensvoll weitergegangen, ich habe die Kraft gehabt, stehen zu lassen, zu akzeptieren." Ein Mensch, der so zurückblickt auf diese seine Lebensspanne, geht ausgesöhnt, kann dem Leben, dem Erlebten, egal wie reich oder arm es war, gut sein.

Und seht, das Ziel des Menschen: Wachstum und Reifwerdung, aus der Polarität herauszuführen in die Einheit. Wie ist das zu leben? Doch nur, indem der Mensch versöhnt geht mit den Enttäuschungen. Nur, indem der Mensch sagen kann: „Ich lasse stehen". Und bedeutet dann nicht, dass das, was zuvor als Schwäche empfunden wurde, als Verlust empfunden wurde, in Wirklichkeit zur Fülle wurde, zum Siege führte? Denn bedeutet nicht ‚siegen', den Verlust überwinden zu können? Seht, auf das kommt es im Leben an: Aus den Prüfungen gelassen herauszugehen, hervorzugehen.

Warum spreche ich euch an einem so reichen Sommertag solche Worte ‚Vom Abschied von dieser Erde'? Ich spreche euch bewusst an einem so reichen Tage solche Worte der Begrüßung, denn ihr geht jetzt in der heiteren Zeit. Das Herze öffnet sich, um euch ist Licht und Wärme, das Durchatmen, das Aufatmen. Im Winter zieht sich der Mensch zurück in sein Zuhause, und im Sommer strebt er nach außen. Und weil in dieser Zeit das Herze leichter ist, und damit empfänglicher für Einsichten, darum spreche ich euch heute solche Worte der Begrüßung: Von dem Abschiede dieser eurer Lebensspanne. Und ich möchte euch gerade, weil jetzt für euch diese leichte und reiche Zeit beginnt, animieren, dass ihr einmal innehaltet und von diesen euren Unzulänglichkeiten und Problemen, Sorgen und Ängsten Abstand nehmt. Dass ihr euch einmal überlegt, wie könnte ich mir eine Freude bereiten, etwas Sinnvolles tun, das mich in eine Freude führt? Vielleicht einem Menschen, der in der Hilfsbedürftigkeit steht, eine Hilfe sein. Einem Trauernden ein ermutigendes und ermunterndes Wort sprechen, sich einmal auf ihn einlassen. Oder auf den Verzagten oder auf den Verbitterten, ihm eine Freude bereiten, so dass er einsehen muss, so bitter ist das Leben gar nicht. Einmal eine Freude bereiten, etwas Sinnvolles tun, etwas Gehaltvolles tun.

Und ihr werdet sehen, wenn ihr einem anderen eine Freude bereitet, dass euer Herze ganz leicht wird, dass ihr euch gut fühlt.

Dass ihr euch stark fühlt, dass ihr euch kraftvoll und machtvoll fühlt. Warum denn? Weil ihr im Teilen gegangen seid. Wie häufig teilt ihr euch anderen Menschen mit, aber es ist nicht ein Teilen, es ist nur reden. Wollt ihr einmal dort in dem Teilen gehen, wo der gesenkte Blick gelebt wird, damit ihr euch beschenkt. Damit ihr eure Kraft erfahrt, eure Möglichkeiten erfahrt. Und ihr werdet merken, diese Freude, die dann euer Herze berührt, lässt euch euren Lebensherausforderungen gegenüber gelassen werden, denn durch diese Kraft, die ihr in euch erfahren habt, durch diese Stärke und das Vertrauen, blickt ihr die Lebensherausforderungen viel sicherer an. Bekommt ihr sie viel leichter in den Griff, um sie lösen zu können, indem ihr sie auflöst oder in die Kraft findet, ihnen keine Resonanz mehr zu leben, keine Bewertung mehr, keine Energie mehr hineinzulegen.

Wohl dem Menschen, der seine Lebensspanne sinnvoll zu gestalten weiß. Der am Tage seines Abschiedes von dieser Erde mit leichtem Herzen gehen kann. Lächelnd zurückblickend und winkend, und voller Erwartung in sein neues feinstoffliches Leben. Von dem gesagt wird: Er, dieser Mensch, er hat das Zeitliche gesegnet. Das bedeutet, ein erfülltes Leben gelebt zu haben und das bedeutet, seinem Ziele, dem Herzensfrieden und der allumfassenden Liebe ein großes Stück entgegengewachsen zu sein.

Wem ist heute der Frühling begegnet?

Wer hat sich heute vom Frühling begrüßen lassen? Wer hat ihn wahrgenommen? Wer hat ihn willkommen geheißen? Seht, willkommen heißen, wahrnehmen, sich begrüßen lassen bedeutet sich einlassen, bedeutet zuzulassen, bedeutet sich damit auseinander zu setzen, bedeutet dazu zu gehören. Und dort, wo ein Mensch sich einlässt und dazu gehört, ist er aufgenommen und ist angenommen, er schwingt in die Gemeinschaft hinein!

Wem ist heute der Frühling begegnet? Wer hat gesagt, egal wie das Wetter ist, der Frühling ist da und die Natur beginnt, sich wieder in ihrer Fülle zu zeigen. Welche Fülle! Fülle für eure

Sinneswahrnehmungen, für die Augen Farben und Formen und für die Ohren Geräusche, der Gesang der Vögel, und für eure Nase der Duft des Frühlings, der Erde und der Blumen, und für eure Hände, wenn ihr im Berühren geht, das Erwachen von neuem Leben!

Warum spreche ich dieses Thema 'Frühling' an? Nicht nur, weil die Zeit des Winters vorbei ist und der Mensch sich freut, wenn die Tage heller werden, und wenn es wärmer wird; denn es bedeutet für den Menschen Ausdehnung zu leben: Wieder heraus zu gehen aus seinem Zuhause.

Eine ganz bestimmte Bedeutung haben diese Worte der Begrüßung: Was hat die Natur und die Kreatur dem Menschen voraus? Die Natur und die Kreatur unterliegen nicht der Polarität. Nicht sagt die Blume: In diesem Jahr will ich nicht blühen, denn es könnte sein, ich werde gepflückt und dann ist mein Leben früh beendet. Nicht sagen die Bäume: In diesem Jahr wollen wir nicht austreiben, wir wollen uns einmal den Menschen verweigern, damit sie merken, wie wichtig wir für sie sind - nein! Nicht sagen die Tiere: In diesem Jahr wird nicht gezeugt und geboren - nein, wir verweigern auch uns, um den Menschen zu zeigen, welche Konsequenz dies hat! - Nein, Natur und Kreatur ist! Natur und Kreatur leben das, was ihr Auftrag ist; und ihr Auftrag ist: zu sein! In Wachstum zu gehen, in Reifwerdung zu gehen, in Entwicklung zu gehen, in Fortpflanzung zu gehen, damit geboren werden kann, Weiterleben gesichert ist.

Und jetzt betrachtet den Menschen - er sagt: „Das war heute ein froher Tag, oder, das war ein schlimmer Tag, ich bin froh, dass er vorbei ist." Der Mensch sagt: „Ich habe Sorge, denn es will sich nicht nach meinen Wünschen und Bedürfnissen gestalten! Ich habe Angst, ich gehe furchtsam, in mir ist eine große Not." Oder er sagt: „Ich will siegen, egal auf wessen Kosten es geht!" Der Mensch steht in der Polarität, in den Wechselbädern der Gefühle, des Begehrens, des Wünschens, der Erwartungen und der Hoffnungen, der Enttäuschung. Und darum ist die Natur und die Kreatur so wichtig! Denn, sich-auf-sie-einlassen bedeutet, in ihre Energie eingebunden zu werden, in ihre Energie hinein zu schwingen, zu dieser Energie zu werden. Und diese Energie ist: Gelassenheit, Ruhe, Sicherheit, Entwicklung, Wachstum.

Will nicht auch der Mensch Wachstum leben, will nicht auch der Mensch Entwicklung leben, sich in Frucht, in Reife führen? Seht, und das Sich-Einlassen auf die Natur und Kreatur hilft ihm herauszugehen aus seinem Zögern und seinem Zagen, aus seinem Missmut, seiner Unlust, seinen Enttäuschungen oder Hoffnungen. Er findet in die Ruhe, in die Mitte, in das Sein! Darum hat die Natur so eine große Bedeutung für den Menschen! Lasst euch ein, lasst euch ganz ein, haltet inne, nehmt wahr, lasst euch berühren und beeindrucken!

Sich auf Natur und Kreatur einzulassen, bedeutet es nicht auch, sich auf den einzulassen, durch den sie ist? Sich auf Gott einzulassen! Werdet nicht nur Nutznießer dieser Natur und Kreatur - nein, werdet ihr Heger, Hüter und Bewahrer! Beugt euch einmal herab zu einer Blume, nehmt sie ganz sanft in eure Hände, erfühlt sie; nehmt sie mit dem Gefühl wahr! Und dann macht euch bewusst: Nur ein fester Händedruck, die Hand zur Faust zu ballen, bedeutet: Ich kann vernichten! Wenn ihr euch verdeutlicht, wie leicht der Mensch vernichten kann, und auch aus Unüberlegtheit und Unachtsamkeit vernichtet, seht - dann steigt in euch eine solche Zärtlichkeit auf für all das, was Abhängigkeit lebt von dem Menschen! Und mit dieser Zärtlichkeit kommt das Bedürfnis zu bewahren, zu beschützen, damit Weiterleben gesichert ist.

Wenn ihr in Tagen des Missmutes steht, der Unzufriedenheit, der Furcht, der Sorge oder der Angst, ich möchte euch bitten: Haltet einen Moment inne, betrachtet bewusst - und das bedeutet wahrnehmend, aufnehmend - die Natur, damit ihr in eure Ruhe findet, damit das Vertrauen zurückkehrt, dass alles in seine Ordnung findet, dass alles gut wird!

Denn seht, was ist das Problem des Menschen? Er geht mit einem Thema beschäftigt, das Thema hält ihn im Bann. Er versucht, das Thema zu verändern, und legt seine ganze Energie hinein. Wie kann aber Veränderung sein, wenn er permanent verbunden geht und angebunden geht an das Thema; so kann nicht Erlösung sein. Wenn ihr euch mit einem Thema auseinandersetzt, wenn es euch fesselt, wenn ihr euch daran festbeißt, dann bedeutet dies: Das Thema ist ein Kreis, ein Bannkreis. Und ihr bewegt euch in diesem Kreise und darum könnt ihr das Thema nicht stehen lassen oder verändern. Es ist nötig, aus diesem Bannkreis heraus zu kommen, denn dann könnt ihr euch von dem Thema entfernen, könnt es für eine Zeit stehen lassen, ruhen lassen, könnt euch ablenken davon.

Was ist denn nun notwendig, um das, was euch in Unfrieden hält, zu verändern? Es ist zu prüfen, wo sind meine Möglichkeiten, welchen Beitrag kann ich dazu leisten? Und wenn ihr glaubt, unfähig zu sein, einen Beitrag dazu leisten zu können, dann lebt die Akzeptanz! So wird Energie aus einem Thema herausgenommen. Lasst euch ein auf das, was Bedeutung hat, was euch in Entwicklung und damit in Verwandlung führt! Denn sucht ihr nicht alle Verwandlung? Wollt ihr nicht alle den geistig-spirituellen Weg gehen und geht ihn, und sehnt ihr euch nicht alle nach dem Ziele? - Also ist zu prüfen, was ist wahrhaft von Bedeutung in meinem Leben? Wofür lohnt es sich, Gedankenenergien, oder lasst mich allgemein sagen, Energien einzusetzen. Dann trefft eure Wahl. Und denkt daran, in der Natur zu sein bedeutet, in die Energie des Friedens zu schwingen, der Gelassenheit und der Beständigkeit, der Unbeeindruckbarkeit von Umständen! Wem ist heute der Frühling begegnet? Ist er euch heute nicht bewusst begegnet, dann habt ihr die Chance, ihn morgen zu begrüßen!

Der Mensch lebt nicht nur Verantwortung für seine Handlungen, er lebt auch Verantwortung für das, was er aus Bequemlichkeit, aus Unlust unterlässt!

Mein Herr und mein Gott! Nicht nur bin ich in ein neues Jahr gegangen, das vor mir liegt und von mir gestaltet werden will, ausgefüllt werden will mit meinem Ausdrucke, mit meinem Verantwortungsbewusstsein, mit meinen Möglichkeiten und Fähigkeiten - nein, es liegt auch ein neues Jahrtausend vor mir! Und nicht nur das, es liegt eine Zeitenwende vor mir, von der gesagt wird: Sie bringt den Menschen ein neues Bewusstsein. Neue Werte werden geschaffen, sagt man, Herr! Und der Mensch findet zurück in das Erkennen seiner göttlichen Kindschaft! Und er wird sie leben, sagt man, Herr! Aber siehe - was ich noch nicht verstehe, wie kann Verwandlung sein, wenn der Mensch nicht in Einsicht findet, in seine Eigenverantwortung, in den Mut, seine Handlungen des Erkennens zu leben und dazu zu stehen? Und darum bitte ich Dich, Herr, wenn es so ist, dass wir in eine neue Zeit gehen und ich sie mitgestalten soll: Öffne mein Herze weit und meine Bereitschaft, dieser Erde meine Liebe zu schenken, mein Verantwortungsbewusstsein zu leben für all das, was auf dieser Erde lebt! In bewusste Handlungen der Liebe zu gehen und nicht die Augen zu schließen in Furcht, aus Bequemlichkeit, aus mangelnder Verantwortung!

Befreie mich, Herr, von dem Obrigkeitsdenken; lasse mich jeden Tag neu bewusst erkennen, dass Du für mich die Instanz bist, nach der ich mich ausrichte, die für mich verantwortlich zeichnet. Schenke mir, Herr, die Kraft, den Mut zu leben, mein klares ‚Ja' und ‚Nein' zu sprechen. Hilf mir Herr, dass ich nicht in Handlungen gehe, die Ausdruck meiner Angst sind, meiner Feigheit, und darum meiner Selbstverleugnung! Denn ist es nicht so, Herr, wenn ich mich verleugne, dass ich gleichzeitig auch damit Dich verleugne?

Schenke mir, Herr, die Freude, meine Handlungen der Welt zu schenken; durch meinen Willen die Erde zu erneuern; durch meine Liebe die Liebeskraft auf dieser Erde anzuheben; durch meine offene und helfende Hand Vertrauen unter die Menschen zu bringen, und sie in den Mut zu stellen und zu führen: ‚Ja' zu ihrem Schicksale zu sagen! Schenke mir, Herr, die Einsicht, dass ich nur mit dem Einhalten des Liebesgebotes Dich erfahren kann und damit Deine Schöpfung und Deinen Schöpfungsplan, damit dieses neue Jahr ein reiches Jahr wird; damit dieses neue Jahrtausend ein erfülltes Jahrtausend wird; und damit diese Zeitenwende eine Zeit der Erfüllung wird: Wo nicht mehr Hoffnung ist, sondern Empfangen; wo nicht mehr Verzweiflung ist, sondern Erkennen und Klarheit - und damit Frieden!

Seht, so oder ähnlich könnte ein Gebet sein, das euch durch dieses neue Jahr begleitet. So oder ähnlich könnten eure Gedanken sein, wenn ihr den guten Willen habt, diesem Jahr eure ganze Bereitschaft zu schenken, nicht nur: „Nun ja, es wiederholt sich ja sowieso alles, was sollte denn schon passieren an großen Veränderungen, was kann ich denn schon bewirken?“ Nein, einfach zu sagen: „Ich bin bereit, denn ich kenne mein Ziel. Mein Ziel ist, all meine Möglichkeiten und meine Fähigkeiten in diesem Leben zu leben, um mich in Entwicklung zu führen, in Wachstum und damit in Befriedigung.“ Denn nur dort, wo der Mensch befriedigt geht mit seinen Handlungen, Befriedigung erfährt durch seine Handlungen, dort wird er auf ein erfülltes Leben blicken können. Und dort wird er Freude an seinem Leben haben und Dankbarkeit für seinen Einsatz, den er gelebt hat.

Seht, nie kommt es auf das Ergebnis an! Es kommt immer erst einmal auf den guten Willen an, auf die Bereitschaft zu sagen: Ja, ich tue! Meine Handlungen sollen Handlungen der Verantwortung sein. Ich will das umsetzen, was ich als Wert erkannt habe, was für mich Ausdruck von Achtung ist und damit Beachtung allen Lebens. Ich will den Mut haben, mich zu stellen, mein klares ‚Ja' und ‚Nein' zu sprechen, nicht die Augen zu schließen und fortzublicken - nein, ich will Gott auf dieser Erde zum Ausdrucke bringen, indem ich sein Gebot der Liebe lebe, vorlebe und damit verwirkliche!

Der Mensch trägt nicht nur Verantwortung für seine Handlungen, er trägt auch Verantwortung für das, was er aus Trägheit, aus Unlust, aus Feigheit unterlässt! Und darum, prüft immer wieder einmal: Warum will ich jetzt nicht handeln? Warum stehe ich nicht in dieser meiner Bewegung? Denn denkt daran, Bewegung ist immer ein Fortbewegen und damit Wachstum, damit Erneuerung sein kann!

Heilwerdung ist nicht ein Akt des Willens, sondern der Hingabe an die allumfassende Liebe!

Was ist denn die allumfassende Liebe? Sie ist der Ursprung allen Seins, und sie ist dieser euer Urgrund! Das was ihr von Anfang an gewesen seid, das, was ihr jetzt seid, auch wenn ihr es jetzt nicht bewusst leben könnt, und das, was ihr bewusst sein werdet!

Wenn ich nun spreche: Heilwerdung ist nicht ein Akt des Willens, sondern der Hingabe an die allumfassende Liebe, so wirft sich die Frage auf: Was ist denn ‚heil sein', was ist denn Heilwerdung? Heilwerdung ist, aus seiner Zerrissenheit, aus seiner Gespaltenheit wieder in das Eins-Sein mit sich zu finden. Es bedeutet, wieder ‚ganz' zu werden, komplett zu werden. Und wenn ich jetzt sage ‚funktionstüchtig', dann meine ich damit, nicht mehr in diesem Zwiespalte zu gehen von dem Ego und dem göttlichen Sein. Immer wieder zu prüfen, dort wo ich Leid lebe, wo ich Trauer lebe, wo ich Schmerz lebe, dort bin ich getrennt von diesem göttlichen Sein, von dieser allumfassenden Liebe. Dort wollte mein Ego seinen Weg gehen, aber es war wieder einmal der Weg in die Sackgasse, nicht in die Freiheit, sondern in die Gefangenschaft!

Und der Mensch, der beginnt, immer wieder innezuhalten dort, wo er merkt, wie die Trauer, die Bitterkeit, die Frustration, oder gar die Wut in ihm aufsteigen, weil das nicht ist, was er gerne möchte, weil dort wieder einmal das Ego die Oberhand gewonnen hat. Und darum dort, wo Heil sein soll, Einheit sein soll, ist die Herausforderung, immer in der Kontrolle des Egos zu gehen.

Was ist denn Hingabe? Hingabe ist Leidenschaft! Hingabe ist sich ganz einzulassen, sich nicht mehr zurückhalten zu können, mit dem Thema verschmelzen zu wollen. Hingabe bedeutet, fixiert zu gehen, und darum keine Ablenkung mehr erfahren zu können. Die Leidenschaft hat mich besetzt! Was wird denn das Ergebnis davon sein? Der Mensch beginnt angstfrei zu werden, er hat gar keine Zeit mehr für die Angst, denn die Hingabe, die

Leidenschaft steht im Vordergrunde. Und das bedeutet, er wird grenzüberschreitend. Er nimmt nicht mehr seine Grenzen und Begrenzungen wahr, unter denen er zuvor gelitten hat, vor denen er stand und sich nicht getraute, über sie hinweg zu schreiten.

Wenn Jesus, der Christus, sagt: „Ich und der Vater sind Eins", dann will er damit zum Ausdruck bringen, nicht ist Gott außerhalb von mir, nicht ist die allumfassende Liebe außerhalb von mir, sondern ich bin allumfassende Liebe, mein göttlicher Lebenskern lebt wieder seine Lebendigkeit. Ich habe wieder in mein Christus-Bewusstsein gefunden.

Und jetzt betrachtet euch, wenn ihr im Gebet und in der Bitte steht. Ihr betet zu Gott! Aber habt ihr das Gefühl, dass er inwendig ist? Ist es nicht vielmehr so, dass ihr ihn ferne von euch seht, zu ihm hinbetet? Und bedeutet das nicht die Gefahr der Personifizierung? Wenn ihr Personifizierung Gottes lebt, dann erwartet ihr etwas! Ihr wollt, dass eure Bitte, euer Gebet erhört wird! Und wenn es nicht den Erfolg bringt, den ihr erwartet, geht ihr im Groll, geht ihr enttäuscht. Aber Gott ist keine Person! Ihr wisst, es heißt: Sich von Gott kein Bildnis zu machen, denn Gott ist ein Bewusstseinszustand. Er ist der Zustand allumfassender Liebe. Und darum können die Gebete, die an den Gott im außen gerichtet werden, gar nicht die Erfüllung finden, die ihr erwartet. Der Gott, die Liebeskraft in euch muss aktiviert werden.

Die Herausforderung ist, mit euch zu arbeiten, immer wieder zu prüfen: Wo stoße ich an, wo verletze ich mich, wo leide ich unter mir und damit unter dem Umstand oder den Umständen meines Lebens? Und dann die Frage: Was sollte ich ändern, damit dieses Leid ein Ende findet? Und das bedeutet, mit sich achtsam zu werden, mit sich aufmerksam zu werden. Das ist die Eigenarbeit, die euch zum Ziele führen wird, zurück in die allumfassende Liebe. Das ist die Herausforderung, das ist das Motto, und das ist euer aller Sehnen. Die Christen haben dafür die Kontemplation gewählt, dieses Stillewerden, dieses Innehalten, das Gespräch mit der allumfassenden Liebe und mit dem, was Ausdruck dieser Liebe ist. Und wenn ihr diese Kraft aufwendet, immer wieder mit euch in dieses Stillewerden zu gehen, in dieses Sich-Einsammeln, denn es bedeutet ja, aus der Gespaltenheit, der Zerrissenheit herauszugehen in das Einswerden, dann werdet ihr merken, wie in euch plötzlich eine Leichtigkeit sein wird und eine stille Heiterkeit, ein Vertrauen und eine Zuversicht, und das Gefühl und das Bewusstsein der Grenzenlosigkeit.

Und seht, hier findet die Wandlung und die Verwandlung statt. Und darum ist meine Aufforderung an euch, dass ihr nicht nur eure Gebete und eure Bitten an Gott sprecht, sondern dass ihr auch mit euch in die Eigenarbeit geht, dass ihr beginnt, diese allumfassende Liebe, diesen euren Urzustand endlich wieder in seine Lebendigkeit zu führen. So wie die Knospe in das Erblühen geht, damit die Blume sich in ihrem ganzen Ausdruck, in ihrem ganzen Sein zeigen kann, leben kann und diese Erde bereichern kann. Denn jeder von euch hat den Reichtum in sich, und es ist nicht die Lösung, darauf zu warten, dass von höherer Seite euch zufällt, dass die Gesellschaft oder der Staat für euch reguliert – nein, es ist die Herausforderung, euch selbst in die Erlösung zu führen. Und ihr wisst, alle die, die in die Meisterschaft gefunden haben, die Mysteriker, sie haben um dieses Christus-Bewusstsein gerungen, um wieder in diese allumfassende Liebe zu finden. Und was fanden sie? Grenzenlosigkeit! Sie haben Verschmelzung mit dem Kosmos erfahren, sie wurden Befreite! Das ist euer aller Ziel. Und darum zögert nicht und wartet nicht, und blickt nicht irgendwo hin in der Hoffnung, Gott zu finden, Gott zu erfahren, blickt in euch, damit ihr ihn endlich wahrnehmen könnt, und diese allumfassende Liebe euch in eure Freiheit, in euer wahres Sein führen kann.

Nie strahlt der Mensch soviel Seele aus, als wenn er geht in der Bitte um Verzeihung und selbst verzeiht!

Nie strahlt der Mensch soviel Seele aus, als wenn er geht in der Bitte um Verzeihung und selbst verzeiht! Warum denn das? Ist denn nicht Leben Kampf, und ist denn nicht Leben Durchsetzung und Recht behalten müssen, um den Kampf zu bestehen? Und dort, wo gekämpft wird, rollen da nicht auch die Köpfe, so sagt ihr? Und macht nicht jeder einmal einen Fehler? Und warum denn dann so kleinlich sein? Warum denn um Verzeihung bitten? Erniedrige ich mich denn nicht, wenn ich um Verzeihung bitte, denn der andere fühlt sich erhöht? Ist es denn nicht blamabel, sich zu entschuldigen? Und führt es denn nicht in Scham?

Seht, Scham entsteht dort, wo die Gedanken des Menschen anders sind als seine Worte und seine Handlungen, und der andere es bemerkt. Dort entsteht die Scham! Doch dort, wo der Mut ist, ein Fehlverhalten zu korrigieren, dort findet der Mensch wieder in seine Ordnung und in die Ordnung in der Beziehung. Und das bedeutet, er geht nicht mit sich beschämt oder peinlich berührt. Wozu führt es, wenn keine Ordnung in der Beziehung ist? In Verhärtung, in Starre, es wird nicht mehr die Nähe zu dem gelebt, der verletzt wurde. Nein, der Abstand wird gesucht. Denn habe ich mich falsch verhalten, und es ist mir peinlich, mein Verhalten zu korrigieren, dann suche ich nicht mehr die Nähe dieser Person, nein, mein schlechtes Gewissen hält Abstand. Und beharre ich auf meinem Standpunkt, ist dann nicht Starre und Dickköpfigkeit, Unflexibilität und Behinderung im Lebensflusse?

Seht, dort wo der Mut zur Korrektur gelebt wird, gebt ihr dem anderen die Möglichkeit, aus seiner Enttäuschung und seiner Verbitterung herauszugehen. Ihr führt in eine Ordnung, wo wieder das Aufeinanderzu sein kann, wo wieder das Miteinander gelebt werden kann, und darum Neubeginn!

Und der, der den Mut hat, die Entschuldigung anzunehmen, und damit aus seiner Enttäuschung herauszugehen, er fühlt sich nicht erhöht. Die Annahme der Entschuldigung bedeutet nicht, dass er großmütig ist, nein, er ist großherzig. Und dort, wo ein großes Herze gelebt wird, dort ist Lebensfluss. Da ist die Einsicht, auch ich bin ein unvollkommener Mensch. Und auch ich übe mich noch in der Vollkommenheit, und darum kann ich in die Versöhnung gehen, kann ich sagen: Es ist gut, ich lasse es auf sich beruhen. Auch ich habe schon Fehler gemacht. Auch ich war schon unachtsam und starrköpfig!

Seht, welch eine Freiheit, wie gut, wie einfach! Und warum nun strahlt die Seele des Menschen nie so, wie wenn um Entschuldigung gebeten wird, oder selbst entschuldigt wird? Ja nun, die Seele, Vollkommenheit göttlicher Liebe und göttlicher Schöpfung, geht überschattet von dem Ego und lässt die Seele darum nicht ihre Göttlichkeit, ihre Freiheit leben. Doch wo der Mut gelebt wird und die Kraft zu verzeihen, dort lichten sich die Nebel des Egos, und die Seele kann in ihrer Göttlichkeit strahlen.

Und wenn ich euch solche Worte der Begrüßung spreche, dann habe ich sie gewählt, damit auch ihr überlegt, wo hatte ich nicht den Mut, die Entschuldigung auszusprechen, und wo war ich starrköpfig und wollte sie nicht annehmen, und habe darum in Trennung geführt?

Aber ihr wisst doch, ihr möchtet doch alle miteinander gehen, in der Beziehung immer wieder aufeinander zugehen. Und das ist nur möglich, wenn die Bereitschaft ist, in Einsicht zu finden. Und das bedeutet, gelassener zu werden, eure Worte abzuwägen, die ihr sprecht. Und wenn ihr merkt, der andere neigt den Kopf oder er gerät in Aufruhr, wartet nicht, sondern geht auf ihn zu und sagt: „Entschuldigung, es tut mir leid, ich war unachtsam“.

Das ist der Weg der Freiheit, der Befreiung! Und ihn wählt für euch, damit dieses euer Leben immer leichter wird, damit ihr immer unbeschwerter mit euch geht, damit ihr eurer Seele die Gelegenheit gebt, immer stärker den Ausdruck göttlicher Liebe zu leben!

Was ist Freiheit? Freiheit ist Unverletzbarkeit leben!

Freiheit ist Unverletzbarkeit leben. Dort, wo ein Mensch nicht mehr durch Lebensumstände zu kränken ist, durch andere Menschen, lebt er seine Freiheit und damit seinen Frieden. Stolz und

Unversöhnlichkeit sind zwei große Hindernisse auf dem Wege in die Unverletzbarkeit, in die Freiheit. Seht, der Stolz drückt sich in Überheblichkeit aus und in der Kränkung. Wenn ein Mensch überheblich geht, schneidet er sich von der Weitsicht ab, schneidet er sich von dem Durchblicken, von dem Durchschauen ab, und schneidet sich damit von der Einsicht ab. Er fühlt seine Unvollkommenheit, hat jedoch Angst, sie sich selbst einzugestehen, und beginnt damit, in ein Rollenspiel der Überheblichkeit zu gehen. Er blickt herab, bewertet und beurteilt, macht niedrig und klein, um sich selbst groß fühlen zu können.

Die Überheblichkeit behindert ihn, in die Selbstbetrachtung zu gehen, sich seine Schwächen in Ruhe anzusehen, um sie verstehen zu können, um sie bearbeiten zu können, und damit verabschieden zu können. Überheblichkeit ist ein Abwehren, um sich selbst nicht in seiner Unvollkommenheit erkennen zu müssen. Überheblichkeit ist die arrogante Form der Unsicherheit.

Seht, dort wo ein Mensch Kränkung erfährt, zieht er sich zurück. Er geht ebenfalls in einer Form der Überheblichkeit, in seinem Stolz. Denn über das Sich-Zurückziehen verweigert er sich, schließt sich aus und schließt sich ab, geht nicht mehr im Begleiten. Und auf diese Weise lebt er dem anderen Liebesentzug. Beleidigt, grollend und gekränkt zieht er sich in sich zurück, wartet darauf, dass er gebeten wird, wieder teilzunehmen und teilzuhaben. Er wartet auf die Entschuldigung, also auch hier ein Zeichen von Überheblichkeit, ein Zeichen von Stolz.

Unversöhnlichkeit ist die dritte Form des Stolzes. Dort wo ein Mensch in die Unversöhnlichkeit geht, also nicht das Gespräch aufrecht erhalten kann, die Kränkungen, die ihm scheinbar zuteil wurden, nicht verarbeiten und nicht überwinden kann, dort beginnt er in die Verhärtung zu gehen. Kein Mut und kein Wille ist vorhanden, in die Versöhnung zu gehen, in die Aussprache zu gehen, und damit in die Klärung, so dass eine Akzeptanz der Lebenssituation oder der Person gelebt werden kann. Dort, wo Unversöhnlichkeit ist, dort geht der Mensch darüber gekränkt, dass er nicht verstanden wird, dass nicht die gleiche Sprache gesprochen wird, dass unterschiedliche Lebensphilosophien, unterschiedliche Chemie gelebt wird. Unversöhnlichkeit bedeutet, den Liebesfluss zu unterbrechen. Und der Mensch, der nicht die Kraft hat, in Aussöhnung zu finden, wird mit sich selbst in Verbitterung gehen, wird das Defizit in sich fühlen.

Seht, mit diesen Worten der Begrüßung möchte ich euch animieren, ihr alle wollt Freiheit leben. Und Freiheit kann nur dort sein, wo ihr unverletzt geht. Jede Kränkung, die zu lange dauert, macht den Menschen krank, vergiftet sein Blut und lässt damit die Organe in Erkrankung gehen. Und dort, wo ihr erlernt, unverletzt zu sein, dort blickt ihr nicht auf den anderen herab, nein, denn ihr lebt mit euch eine tiefe Zufriedenheit. Ihr geht mit euch einig. Das heißt: Ihr habt euch angenommen und anerkannt und darum benötigt ihr nicht das Vergleichen und das Messen an dem anderen, an seinen Lebensumständen. Ihr ruht in euch und darum könnt ihr unbefangen auf den anderen zugehen, nicht herabblickend und nicht aufblickend, nein, ihm gegenüber stehend als gleichwertiger Mensch, als vollwertiger Partner. Und ihr müsst euch nicht gekränkt zurückziehen, weil der andere euch nicht versteht, weil er ein anderes Bewusstsein lebt, weil er nicht so auf euch eingehen kann, wie ihr es euch wünscht, nein, ihr könnt es akzeptieren, dass keine Verständigungsmöglichkeit ist. Und das Gleiche wird dort sein, wo die Versöhnung mit seinen Lebensumständen stattfindet, mit dem was ihr Schicksal nennt, wo Versöhnung mit einem Menschen stattfindet, wo Verhärtung und Verbitterung sich breit machen wollten, und zur rechten Zeit das Friedensangebot gemacht wurde.

Wollt lebensfrohe Menschen sein, wollt in einem leichten Sinne gehen. Wollt in der permanenten Freude stehen, Ausdruck allumfassender Liebe sein, Ausdruck göttlicher Schöpfung sein! Macht es euch immer wieder bewusst: Ich bin Geist von reinem Geist, ich bin reiner Geist von Gottes Geist. Und darum ist das, was das Leben mir an Begrenzungen und damit an Herausforderung bietet, ein Spiel, das ich spiele, das ich angenommen habe, in dem heutigen Leben zu spielen. Und je weniger ich über die Rolle die ich übernommen habe gekränkt bin, weil ich glaube, sie steht mir nicht gut an, sie genügt mir nicht, die Rolle des anderen ist schöner, stellt sich besser dar, solange ihr nicht diese eure Rolle annehmen wollt und könnt, werdet ihr immer leidend gehen. Doch dort, wo ihr sagt: Ich spiele mit und ich spiele mit, um zu gewinnen. Seht, in dem Moment geht ihr den Weg in die Freiheit, werdet ihr unverletzbar, weil ihr in eurer Freude steht, weil ihr Neugierige geworden seid, weil ihr wacher geworden seid, weil ihr Bereitwillige geworden seid. Und so geht euren Weg! Und wenn ihr merkt, jetzt falle ich wieder in das Grübeln, jetzt falle ich wieder in meine Sorge und meinen Ärger, in meinen Neid oder in meinen Missmut, jetzt falle ich wieder in meine Überheblichkeit und in mein Gekränktsein, jetzt gehe ich wieder unversöhnt mit diesen meinen Lebensherausforderungen: Haltet inne, atmet tief durch und sagt: Nein, ich spiele die Rolle, die mir Gott zugedacht hat.

Denn seht, der Welt ward ein Kind geboren, damit die Gewaltherrschaft ein Ende nehme und die Gottesherrschaft beginnen kann!
Wie will ich dich empfangen und wo begegne ich dir?

Wie will ich dich empfangen und wo begegne ich dir? Wenn ihr einen Menschen empfangen wollt, müsst ihr wissen, wen ihr empfangen wollt. Und darum die erste Frage: Wen will ich empfangen? Ihr steht in der Zeit des Advent. Und Advent bedeutet Ankunft, Ankommen. Und wer will da zu euch kommen, will vor dieser eurer Türe stehen, anklopfen und in Erwartung stehen, dass ihr ihm öffnet? Ihr, die ihr geht in der christlichen Religion, ihr sagt, es will ankommen Jesus, der Christus, der Messias, der Erlöser, das Heil der Welt!

Seht, und wenn ihr ihn empfangen wollt, dann ist selbstverständlich die Frage: Wie will ich ihn empfangen, wenn er an diese meine Tür klopft? Was will ich ihm zur Begrüßung sagen? Will ich sagen: Endlich bist du da, mein Herz ist voller Sorgen und voller Nöte, wie lange warte ich schon auf dich! Höre dir an, was ich an Ängsten und Unsicherheiten lebe. Oder vielleicht sogar: Wie häufig habe ich nach dir gerufen und du bist nicht gekommen. Warum denn jetzt, was willst du denn jetzt? Ich bin von dir enttäuscht. Oder will ich ihn mit Freuden empfangen, mich einmal für einen Moment ganz zurücknehmen, nicht was ich für Erwartungen an ihn habe, sondern ausschließlich die Freude leben: Er klopft an meine Türe. Er steht vor meiner Türe, um mit mir Begegnung zu leben, und jetzt will ich ihn ganz auf mich wirken lassen, will mich ganz von ihm berühren lassen.

Wie will ich dich empfangen? Das ist die Frage, und das ist die Entscheidung, die ihr in dieser Zeit der Ankunft lebt, damit ihr an dem Fest der Weihnacht wisst, wie ihr ihn empfangen wollt, wie ihr euch berühren lassen wollt.

Und wo begegne ich dir? Wo findet denn dieses Fest der Begegnung statt? Findet es in der Kirche statt? Findet es an dem Ort seiner Geburt statt? Findet es zu Hause in dieser meiner Wohnung statt? Wo findet die Begegnung statt? Egal wo ihr seid, die Begegnung sie findet in eurem Herzen statt. Seht, und wenn ihr ihn begrüßen könnt, diese Liebe, diese Heilwerdung in eurem Herzen begrüßen könnt, freudig, fröhlich, jubelnd, nicht fordernd, sondern empfangend, dann wird sich an euch das Wort des Propheten vollziehen, das da heißt: „Dann wird das Auge des Blinden sich auftun, und das Ohr des Tauben wird hören, dann springet der Lahme wie ein Hirsch, und die Zunge des Stummen wird singen!"

Und ihr wisst, wenn gesagt wird: Dann wird das Auge des Blinden sich auftun, dass es nicht die Augen sind, die in die äußere Welt blicken. Dass es nicht der Blinde ist, der nicht mehr den Baum sieht, die Menschen und Farben – nein! Es bedeutet, dieses eine Auge der Wahrheit wird sich dem öffnen, der ihn mit freudigem Herzen empfängt; er wird Erkennen leben, er wird die ganze Ausdruckskraft der allumfassenden Liebe erkennen. Er wird Einblick nehmen in die Liebe Gottes.

Und das Ohr des Tauben wird hören. Es bedeutet nicht, dass der Taube, der Gehörlose plötzlich wieder Geräusche wahrnimmt, das Lied, oder den Gesang des Vogels – nein! Es ist gemeint: Das Ohr des Tauben wird die Botschaft der Liebe hören. Er wird hören, was Gott für den Menschen bestimmt hat, und was sein Ziel mit dem Menschen ist.

Dann springt der Lahme wie ein Hirsch. Und nicht ist der gemeint, der im Bett liegt und sich nicht mehr bewegen kann, weil seine Beine ihn nicht mehr tragen – nein! Es ist der gemeint, der in der Lethargie lebt, in der Kraftlosigkeit, in der Mutlosigkeit, in dem Desinteresse, in der Gleichgültigkeit: Er versteht die Botschaft, er hat sie gesehen mit seinem eigenen Auge, mit seinem Auge der Einsicht, der Einfalt; und er hat sie gehört mit seinen Ohren. Und jetzt springt er vor Freude, und er tanzt und hüpft und kann sich nicht mehr halten.

Und der Mund des Stummen wird singen. Und nicht ist es der, der ohne Sprache ist, sondern es ist der gemeint, der sprachlos geworden ist, weil er nicht mehr weiter weiß, weil ihm die Worte fehlen, weil er in Bedrückung steht. Er begreift nun, denn er hat die Wahrheit erfahren und er kann sie nicht für sich behalten, er muss sie heraussprechen, er muss seine Freude heraussingen!

Seht, und das ist die Bedeutung des Weihnachtsfestes, auf das ihr euch hin bewegt. Was ihr empfangen könnt, wenn das Herze die Offenheit und die Bereitschaft lebt. Wenn ihr sagt: In diesem Jahre soll die Krippe in meinem Herzen sein, das Kind soll in mein Herze gelegt werden. Der Liebesbeweis Gottes soll in meine Krippe gelegt werden, in meinem Herzen Einkehr halten, dann werdet ihr diesem Kinde, diesem Beweis Gottes großer Liebe und Zärtlichkeit für den Menschen, eure Hingabe leben. Dann werdet ihr dieses Kind hegen wie eine liebende Mutter und wie ein liebender Vater, und ihr werdet wie die Hirten vor der Krippe knien. Ihr werdet die Bescheidenheit, die Einfachheit der Hirten leben!

Und ihr werdet an der Krippe stehen wie die Weisen aus dem Morgenlande, die Wissenden, die erkannt und verstanden haben: Dort wo der Stern leuchtet, ist der Welt ein Friedensfürst geboren worden, ein Erneuerer, ein Veränderer, ein Verwandler! Und die gekommen sind, um diesem Fürst des Friedens ihre Aufwartung zu machen, um ihn zu ehren und Gott zu danken, dass er wieder einmal der Welt seine Liebe zeigt, durch einen großen Meister, durch einen Mensch gewordenen Erlösten, der seine Botschaft des Friedens, des Heiles und damit der Heilwerdung nicht nur einmal im Jahr den Menschen bringen will, sondern permanent denen, die in der Bereitschaft stehen zu sagen: Ich will meine Herzenstür weit öffnen, um den Fürst des Friedens zu empfangen!

Wie will ich dich empfangen und wo begegne ich dir? Und dies nehmt in eure Überlegungen, wenn ihr in den Tagen des Advent geht, damit ihr ein gnadenreiches Fest lebt!

Fülle deinen Korb mit den Früchten deiner Ernte!

Ihr steht in der Erntezeit. Das bedeutet: Das, was der Landwirt im Frühjahr ausgesät und gepflanzt hat, das, was der Gärtner in seinem Garten angepflanzt hat, wird nun geerntet.

Was ist vorausgegangen? Vorausgegangen ist die Aufbereitung des Landes, das Bereitmachen des Landes, damit der Same in ihn gelegt werden kann, damit die Pflanzen gesetzt werden können. Und je nachdem, wie eifrig und wie sorgfältig der Landwirt und der Gärtner gewesen sind, wie umsichtig und achtsam hegend und pflegend, wird nun die Ernte nach Hause getragen, für die Zeiten der Unfruchtbarkeit, für die Notzeiten, um Nahrung zu haben, um sich von dem Geernteten ernähren zu können.

Und jetzt sagt ihr: Das wiederholt sich jedes Jahr, das ist nichts Neues. Aber ich wollte mit einem Beispiel beginnen, um euch jetzt zu verdeutlichen: Egal, ob ihr ein Land bewirtschaftet, einen Garten bewirtschaftet oder nicht: Jeder Mensch ist Gärtner seines inneren Gartens. Und jeder Mensch bereitet mehr oder weniger diesen Boden seines Gartens auf und überlegt: Was ist an Wünschen und Wollen in mir, was will ich säen und pflanzen, damit es in Wachstum findet, damit es in Vollendung findet, in Reifwerdung, um geerntet werden zu können? Damit ich dann, wenn eine Notzeit sein wird, durch diese Ernte geistige Nahrung und damit Sicherheit leben kann. Habt ihr nicht gerade eine Notzeit erlebt und lebt ihr nicht noch immer in dieser Notzeit? Die Welt wurde erschüttert! Die Menschen wurden aufgeschreckt, denn es wurde ihnen deutlich: Es gibt keine Sicherheit! Gefahr ist überall, sie ist nicht kontrollierbar, nicht kalkulierbar, und darum permanent präsent.

Seht, eine Notzeit! Und wie seid ihr mit dieser Notzeit umgegangen? Welche Früchte aus eurem Korbe konntet ihr nehmen, um diese Zeit zu durchleben, zu durchtragen? Waren es Früchte des Vertrauens, der Gelassenheit, der Hoffnung und der Zuversicht, oder waren es Früchte der Verzweiflung, der Furcht, der Sorge und der Angst, der Bedrückung und der Beklemmung? Welche Früchte nahmt ihr aus diesem eurem Korbe, um diese Notzeit zu durchleben?

Ein großes Ereignis wurde der Welt gegeben. Und dieses Ereignis hat nicht nur eine Nation getroffen, es hat alle Nationen betroffen. Es bedeutet: Jede Nation horcht auf, hält inne. Und das ist die große Chance!

Ihr sprecht immer von den zwei Seiten der Medaille. Da gibt es Täter, sie inszenieren Chaos, und es gibt Opfer, die sich für dieses Chaos zur Verfügung stellen, ihr Leben lassen bei einem solchen Chaos. Ihr sprecht von einer Katastrophe, das ist richtig – aber da gibt es noch die andere Seite der Medaille: Menschen, Täter wie Opfer haben sich zur Verfügung gestellt, um jeden einzelnen in das Nachdenken zu führen, einmal Bilanz zu ziehen: Wo stehe ich, wie reagiere ich, ist da Groll und Hass und Wut, und der Ruf nach Rache? Oder ist da ein In-Sich-Blicken und Sich-Bewusstwerden: Wie kann auf der Welt Frieden sein, wo doch in mir der Krieg ist?

Ich habe immer wieder gesagt: Solange der Krieg in dir ist, kann nicht der Frieden in der Familie sein. Solange nicht der Frieden in der Familie ist, kann nicht der Frieden im Lande sein. Solange nicht der Frieden im Lande ist, kann nicht der Frieden unter den Nationen, den Kulturen und Religionen sein. Und solange nicht der Frieden unter den Nationen und Kulturen und Religionen ist, kann nicht der Frieden mit Gott sein, ist permanent Krieg zwischen mir und Gott!

Seht, und dieses große Ereignis gibt den Menschen die Chance zu sagen: Ich will darauf achten, dass mein Land gut bereitet ist, damit der Same des guten Willens, die guten Vorsätze leicht aufgehen können. Und ich will durch mein Wollen und mein Bemühen hegen und pflegen, dass dieser Same in eine reife Frucht findet. Denn all das, was ihr an Tugenden einsammelt, das seid ihr, das ist euer Eigentum, das euch niemand nehmen kann, nicht in Kriegszeiten und nicht in Friedenszeiten! Und wahre Friedenszeiten können nur dort sein, wo der Mensch mit sich in den Frieden gefunden hat.

Und darum möchte ich euch bitten, in dieser Zeit der Ernte, dass ihr innehaltet und immer einmal wieder betrachtet: Was habe ich damals, als dieser Jahreswechsel war, mir vorgenommen, falls ihr euch etwas vorgenommen hattet, was habe ich mir vorgenommen und wie weit bin ich gekommen, wie treu bin ich mir geblieben? Und wenn ihr merkt, ich habe mich wieder ablenken lassen, ich bin wieder vom Wege abgekommen, ich habe wieder nicht das Unkraut gejätet – nein, ich habe wachsen lassen: Dann verzagt nicht, seid nicht zu streng mit euch, sondern sagt: Ich will nachholen, ich will mich wieder an die Arbeit machen, dass mein Früchtekorb gefüllt ist, die unterschiedlichsten Früchte eingesammelt sind, und dann werdet ihr merken: Egal, was sich auf dieser eurer Welt bewegt, ihr lebt in euch den Frieden und werdet damit zu Friedensträgern dieser eurer Erde! (Attentat in Amerika)

Denn wer da hingibt, der empfängt!

Denn wer da hingibt, der empfängt! Was ist denn da zu geben und zu empfangen? Was möchtet ihr denn hingeben, um eine Gegengabe zu empfangen, die euch etwas wert ist, euch Wert bringt, woran ihr Freude habt und Genugtuung?

Der Mensch kann zum Beispiel seine Habsucht und seine Eifersucht hingeben. Er kann seine Ungeduld und seine Missgunst, seine Verbitterung und seine Sorgen, seine Zweifel und seine

Furcht hingeben. Wäre es nicht wunderbar, all das hinzugeben! Was wäre denn das Ergebnis davon, wenn er diese Eigenschaften abgeben könnte? Er würde in die Gunst, in das Wohlwollen und in die Großmut, in die Nachsicht, in die Gelassenheit und die Souveränität finden. Und wären nicht diese Eigenschaften Lebensfülle? Würde es nicht bedeuten, in einem reichen Maße entbunden zu gehen von den Nöten des Lebens, die er jetzt noch lebt?

Denn wer dahingibt, der empfängt: Alles ist Echo, alles ist Resonanz. Und dort, wo der Mensch die Kraft hat zu sagen: „Ich will entlassen, um gelassen zu werden". Was geschieht denn dann? Er vergisst das ‚Ich', das ‚Ego', das ‚Ich will aber haben', und ‚Es muss gelingen'. Wer das ‚Ich' vergisst, der findet! Was gibt es denn zu finden?

Ihr seid Seele, Geist und Körper. Euer Geist ist Gottes Geist, und eure Seele ist der Ausdruck seiner Liebe! Denn der Mensch ist fleischgewordene Liebe Gottes. Ich habe euch immer wieder gesagt: Nicht nur sind eure Eltern eure Eltern, nein – auch Gott ist eure ‚Eltern'. Er, der den Menschen geschaffen hat, ihm zum Bilde. Und wenn der Mensch das versteht, dass er fleischgewordene Liebe Gottes ist, dann muss er zwangsläufig einsehen, ich bin Liebe! Das ganze allumfassende Liebespotential ist in mir!

Ihr sagt: Gottes Sohn ist als Mensch geboren, und dabei denkt ihr an Jesus. Aber im Grunde ist damit etwas ganz anderes gemeint. Ihr sprecht von Vater, Sohn und Heiligem Geist, und der Sohn Gottes ist das Christus-Bewusstsein, das sich durch Jesus, den Menschen, zum Ausdruck brachte. Und da auch ihr ein Kind Gottes seid, kann sich diese Sohnschaft, dieses Christus-Bewusstsein auch durch euch offenbaren. Und es kann sich dann offenbaren, wenn der Mensch erkennt: Meine Seele ist Vollkommenheit, geschaffen durch den All-Einen. Und das, was mich in dem Leben in dem Zwiespalt hält, und auch in diesem Sehnen, in diesem Heimweh, in dem Sehnen nach Ankommen, das ist die Seele, die nach ihrer Heimat, nach Gott ruft.

Doch der Mensch lebt Persönlichkeit, und diese Persönlichkeit ist der Polarität unterworfen, und hält den Menschen in

Hoffen und in Bangen, in Sehnen und in Enttäuschung. Es gilt zu erkennen, und darum wird immer wieder gesagt: „Die Erde ist Trug, ist nur ein Traum, den der Mensch träumt". Darum wird auch immer wieder gesagt: „Lebt den Mut, immer stärker in den Ausdruck göttlicher Liebe zu finden". Und das bedeutet, herauszugehen aus den Zwängen, denen ihr euch jetzt noch unterworfen fühlt, weil Erwartungshaltungen sind, weil Träume sind und Illusionen und Hoffnungen und Wünsche. Werdet Realisten und macht euch bewusst, solang die Erfüllung im Weltlichen gesucht wird, wird das Sehnen und das Begehren Begleiter des Menschen bleiben. Und wenn der Mensch erkannt hat, ich, Ausdruck göttlicher Fülle, wenn ich mein ‚Ja' zum Leben spreche, dem Leben gegenüber immer gelassener und souveräner werde, dann wird dieses Leben nicht Kampf sein, sondern es wird mich lehren und schulen, informieren, es wird mir immer deutlicher zeigen, was mein Ziel sein soll. Denn wer dahingibt, der empfängt. Wer das ‚Ich' vergisst, der findet, und wer da stirbt, der erwacht zum Ewigen Leben.

Seht, da ist nicht der irdische Tod gemeint, darum geht es nicht. Dort, wo das „niedere Ich" gestorben ist, das Ego in das Schweigen gefunden hat, dort erwacht der Mensch in seiner Gottes-Kindschaft. Er erwacht in dem Christus-Bewusstsein. Und ein Mensch, der in dieses Christus-Bewusstsein gefunden hat, kann nicht mehr der Täuschung unterliegen, und kann nicht mehr Enttäuschung erfahren. Er ist desillusioniert, weil er den Überblick gewonnen hat, weil er durchblickt, weil er sich von den irdischen Banden und Herausforderungen und Versuchungen gelöst hat, weil er in das All-Eine geschwungen ist, in die einzige Wahrheit, in das Einzig-Seiende. Er lebt seinen Selbstwert, weil er bewusst als Gotteskind lebt.

Prüft Euch, wie tief ist euer Sehnen und eure Trauer, dass sich nicht erfüllen wollte, erfüllen konnte, wie tief ist eure Enttäuschung und Verbitterung, euer Ärger, wie groß sind eure Zweifel? All das, was euch an äußerer Lebensqualität verloren geht, was ihr betrauert, behindert, dass ihr echte Lebensqualität habt, verhindert, dass ihr den freien und unbeschwerten Schritt geht, den Frieden, die Freude und die Fülle in euch lebt, dem euer aller Sehnen gilt.

Darum beginnt zu sortieren: „Welche Werte will ich leben? Muss ich mich verteidigen, muss ich dem anderen zeigen, dass ich stärker bin, oder kann ich lächelnd darüber hinweggehen? Kann ich sagen: Es ist für mich nicht von Bedeutung, meine Ruhe und meinen Frieden will ich haben, das hat Priorität." Also fordert euch das Leben heraus, Prioritäten zu setzen.

Lasse mich, Herr, jeden Tag den Willen haben, um Deinen Beistand zu bitten, denn ohne Dich bin ich nichts! Mit Dir bin ich Alles!

Scheinbar willkürlich fällt ein Same zu Boden. Der Wind hat ihn getragen; und als der Wind verstummte, fiel er herab, fiel er zur Erde. Der Wille des Samens ist, in den Keim zu gehen. Der Wille des Samens ist, in Wachstum zu gehen, eine Pflanze zu bilden, die blüht, die Früchte trägt, damit sich neuer Same bildet. Scheinbar willkürlich wird ein Mensch auf einem Kontinent geboren, in eine Kultur hinein, in eine Konfession, in eine Familie, in ein Umfeld.

Wieso willkürlich? Es gibt keine Willkür! Denn alles lebt Gottes Plan! Und die Seele, die zurückkehrt zur Erde, hat mit Gott ihren Lebensplan gezeichnet, abgestimmt, wo der Mensch die besten Möglichkeiten findet, einen Keim zu bilden, zu wachsen, um zu erkennen, um Samen zu bilden. Und damit meine ich nicht die körperliche Fortpflanzung, sondern die geistige, das geistige Wachstum.

Seht, scheinbar willkürlich wird ein Mensch in eine Familie hineingeboren. So empfindet ihr es häufig, wenn euch das Umfeld, in das ihr hineingestellt wurdet, nicht gefällt. Doch was ist die Herausforderung des Menschen? Der Same, er fragt nicht: Gefällt mir dieser Standort oder gefällt er mir nicht? Er folgt seinem Auftrage: Er keimt, er bildet eine Pflanze! Die Herausforderung des Menschen ist, dass er die Vorteile seines Umfeldes nutzt, die ihm die Möglichkeit geben, in Erkennen zu finden, in Verstehen zu finden, Wissen und Wahrheit und damit Weisheit zu erlernen. Die Herausforderung des Menschen ist, in diesem Umfelde Entfaltung zu leben und dort, wo er keine Möglichkeiten der Veränderung sieht, in der Kraft zu stehen, zu sagen: „Ich nehme an!"

Ich habe immer wieder einmal das Beispiel gebracht, das Gleichnis von den Sonnenblumenkernen. Und es passt in diese Worte der Begrüßung, darum möchte ich es wiederholen: Zwei Sonnenblumenkerne fallen zur Erde. Der eine Kern, er fällt auf einen fruchtbaren Boden, und es wird eine wunderschöne gerade Sonnenblume wachsen, groß wird sie sein, denn die Bedingungen sind ideal. Die Menschen werden vor ihr stehen und werden sie bewundern, werden sagen: „Innerhalb einer solch kurzen Zeit wächst aus einem solch kleinen Kern so eine wunderschöne Blume."

Der andere Kern fiel zwischen Steine, und er hat große Mühe, Fuß zu fassen, Wurzeln zu bilden und einen Keim. Und er wird große Anstrengung haben, sich zwischen den Steinen hindurchzuzwängen: Er wird nicht einen geraden Stiel haben, nein – es wird ein krummer Stiel sein. Und es wird nicht eine wunderbare schöne große Blüte sein, nein – es wird eine kleine Blüte sein; und vielleicht, wenn ihr sie seht, wenn ihr sie wahrnehmen würdet, würdet ihr sagen: „Ein Krüppel, Ausschuss!"

Aber – was haben denn diese beiden Sonnenblumen gemeinsam? Sie sind ihrem Auftrage gefolgt: Wurzeln zu bilden, einen Keim zu bilden, in Wachstum zu gehen, zu blühen, Samen zu bilden, damit neues Leben sein kann.

Und mit diesem Beispiel will ich euch verdeutlichen: Es kommt nicht auf die idealen Bedingungen an, es ist wunderschön, wenn ihr sie vorfindet – aber wo sind sie wirklich? Es kommt darauf an, seinen ganzen Willen, seine ganze Bereitschaft, seinen Mut und seine Kraft für das ‚Ja' zum Leben einzusetzen, damit Wachstum sein kann, Reifwerdung sein kann, neues Bewusstsein sein kann.

Seht, in wie vielen Familien wird der Streit gelebt, die Auseinandersetzung. Und ich will die Familien, wie ihr es alle tut, mit einem Stammbaum vergleichen: Da sind die Ahnen, die Eltern, da sind die Kinder, die jetzige Generation. Sie bilden Zweige und Äste. Und jetzt nehmt euch einen Baum vor euer geistiges Auge:

Nach allen Seiten streckt er seine Zweige und seine Äste aus. Und das bedeutet: Jeder lebt seine Anlagen, seine Gaben, seine Möglichkeiten und seine Fähigkeiten. Und dort, wo der Bedarf nach der Stärke des anderen ist, wird getauscht, wird gegeben. In einer solchen Familie ist der andere nicht der Gegner, der umgestimmt oder bekämpft werden muss, nein, er ist wahrhaft Bruder oder Schwester. In der Gemeinschaft sind sie fast unschlagbar, denn sie ziehen an einem Strang.

Und auch bei diesem Baume werdet ihr feststellen, da sind Äste und Zweige, die in die gleiche Richtung gehen. Und das sind die Familienmitglieder, die in einem großen Gleichklange stehen, die gleiche Ideale haben, die gleiche Werte leben. Es ist befruchtend, das ist wunderbar. Aber wenn Äste und Zweige nur in eine Richtung wachsen, was werdet ihr sagen? Welch ein merkwürdiger Baum, wie eigenartig! Es wird euch deutlich werden, er ist gefährdet, denn er wird nicht dem Sturme standhalten, er lebt die Gefahr, entwurzelt zu werden.

Seht, und damit will ich aussagen: Ihr möchtet alle Einklang leben und Gleichklang leben, verstanden werden und Zuwendung erfahren. Dazu ist es nicht notwendig, in die gleiche Richtung zu blicken oder in die gleiche Richtung zu gehen. Denn dort, wo ihr permanenten Einklang und Einstimmigkeit lebt, wie könntet ihr wachsen und reifen? Wo könnte da Reibung sein? Nein, betrachtet euch den Baum, der seine Äste und Zweige nach allen Richtungen ausstreckt.

Und wenn der Mensch erkennt und das ist sein Lernprozess: Der Andere, der Andersseiende ist für mich weder Gefahr, noch ist er mein Gegner! In dem Moment kann ein Austauschen der Stärken sein und ein Schützen und Beschützen des Schwächeren.

Mit diesen Worten der Begrüßung möchte ich euch ermutigen, dass ihr, wenn ihr euch gebeugt und gebückt fühlt von euren Lebensherausforderungen, nicht verzagt, nicht sagt: „Herr, was hast Du Dir gedacht, hast Du hier Willkür gelebt?" Sondern dass ihr sagt: „Mit Gott in Übereinstimmung habe ich diesen meinen Lebensplan gezeichnet. Und darum habe ich auch die Kraft, ihn zu leben. Ich habe den Mut, ihn anzunehmen und meine tägliche Bitte jeden Tag neu um den Schutz Gottes lässt mich in Vollkommenheit finden." Ohne Dich, Herr, bin ich nichts, mit Dir, Herr, bin ich Alles!

Wie häufig fühlt ihr euch alleine gelassen, sagt: „Herr, Du siehst meine Not, aber es geschieht nichts. Du verwandelst sie nicht." Seht, Gott ist allumfassende Liebe. Und das bedeutet, er schenkt dem Menschen die Möglichkeit, seinen Lernprozess zu absolvieren, damit er Wachstum leben kann. Und das Wachstum besteht darin, die Angst zu überwinden. Denn der große Gegner der Menschen ist die Angst, Angst ist der Gegenpol der Liebe!

Und die Herausforderung ist: Ich vertraue mich der göttlichen Führung an, und darum kann ich getrost und gelassen in den Tag gehen. Was geschieht dann? Ihr zieht eure Energie von der Angst und von der Furcht ab und könnt diese Energie für Veränderung, für Verwandlung, für den Neubeginn nutzen. Ihr wisst, wie Angst und Furcht lähmt, wie hilflos sie den Menschen machen, wie ausgeliefert er ist. Und dort, wo ihr den Mut habt zu sagen: „Ich gehe durch sie hindurch, ich lasse sie hinter mir" - und das geht nur über das Vertrauen und die Gelassenheit - lebt diese eure Seele Frieden, Freude und Freiheit, und damit ihre lebendige Gotteskindschaft!

Auf dem Wege zu mir finde ich zu Dir, Herr!

Der Mensch strebt nach Erlösung. Von was möchte er erlöst werden? Er leidet unter Themen der Vergangenheit, die er nicht abrufen kann, die nicht mehr in seinem Tagesbewusstsein sind. Er leidet unter seiner Furcht und seinen Sorgen, seinen Ängsten, seinen Unsicherheiten, seinen Zweifeln und seiner Missgunst. Wir können beliebig aufzählen. Er leidet und geht in der Suche nach Erlösung.

Wie ist denn Erlösung zu leben? Ausschließlich über die Selbstbetrachtung: Das Sich-Suchen, um sich zu finden, um sich zu erkennen, um sich zu erfahren. Selbstbetrachtung bedeutet: Innehalten, bedeutet sich Zeit für sich nehmen, um mit sich Begegnung zu leben, um sich zu finden, so wie ein Detektiv versucht herauszufinden, was im Verborgenen ist.

Jeder unrichtige Gedanke, jedes unrichtige Wort und jede unrichtige Handlung ist Ausdruck mangelnder Unterscheidungskraft. Der Mensch kann nicht unterscheiden: Was will mein ‚Ich' und damit mein ‚Ego' und was will mein göttliches Selbst? Ihr sagt: „Ich weiß, was ich will, ich will Frieden, ich will Freude, ich will Ruhe, ich will Geborgenheit." All das wollt ihr! Und der Mensch glaubt dies zu finden, wenn das Ego Befriedigung erfährt, und damit verstrickt er sich immer stärker in der äußeren Welt.

Ich sagte: Mangelnde Unterscheidungskraft. Woher kommt sie? Mangelnde Unterscheidungskraft kommt durch Ruhelosigkeit, sich nicht die Zeit mit sich nehmen und darum nicht Begegnung mit sich leben können. Und ich habe euch immer einmal wieder dieses Beispiel gebracht von dem See:

Ist ein starker Wellengang, kann sich in dem See nichts tief spiegeln, alles ist verzerrt. Und das ist Ausdruck des Ichs, des Egos. Doch dort, wo die Wellen in der Ruhe stehen, spiegelt sich alles tief in dem See. Alles ist unverzerrt erkennbar und das bedeutet, in seinem göttlichen Selbst zu ruhen, die Muster, die Fesseln, die Verstrickungen zu durchschauen.

Der Mensch geht im Sehnen, und Sehnen führt in Leiden. Er sucht Erlösung aus diesem Sehnen, und aus diesem Leid. Er sieht im anderen dessen Sehnen und dessen Leid, findet in ihm somit einen Partner. Gleiche Themen werden gelebt, er fühlt sich erkannt, verstanden, und damit angezogen. Es findet Verstrikkung statt, und nun ist das Chaos schon fast perfekt.

Wie könnte denn nun eine solche Selbstbetrachtung aussehen, damit das Sehnen und das Leid ein Ende nehmen, damit der Mensch sich erkennt, sein Selbst erfährt, sein göttliches Selbst? Zuerst, was will ich? Nicht das Ego, sondern was will dieses mein Selbst? Was hält mich vom Frieden und damit von meiner Freiheit fern?

Und dazu möchte ich mit euch eine kurze Übung machen. Wenn ihr möchtet, setzt ihr euch aufrecht hin, die Beine nebeneinander, die Daumen und die Zeigefinger und die Mittelfinger zusammen gelegt, die Handrücken auf eure Oberschenkel, und jetzt schwingt ihr ein wenig vorwärts und rückwärts, um euch einzupendeln.

Ihr geht in einen Park, und ihr setzt euch auf eine Parkbank. Die Sonne scheint, es ist nicht zu heiß und der Wind ist nicht zu kühl, angenehm ist es. Was wird von euren Sinnes-Wahrnehmungen aufgenommen? Da ist eine Wiese, und ein paar Menschen lagern auf dieser Wiese, ihr blickt sie an. Wie berühren sie mich? Was fühle ich, was denke ich? „Sie haben recht, sie nehmen sich die Zeit zur Entspannung, zu genießen." Oder: „Das sind Nichtsnutzer, verantwortungslos, am hellichten Tage herum zu liegen, statt zu arbeiten." Wie berührt es mich, was ich da sehe? Wie fühlt es sich für mich an, welch ein Echo ist da?

Eine Mutter kommt mit einem Kind des Weges. Das Kind lernt gerade laufen. Ich sehe sie kommen. Wie empfinde ich für diese Mutter mit ihrem Kinde? Fühle ich Zärtlichkeit für das Kind, lächle ich, fühle ich Fürsorge, Freude mit der Mutter über ihr gesundes Kind. Lebe ich Trauer, weil meine Mutter mich nie an die Hand genommen hat, oder Trauer darüber, was wird diesem armen Kinde noch alles bevorstehen? Oder Neid, weil ich ein krankes Kind habe, oder kein Kind habe? Oder ist es mir gerade egal? Was fühle ich, was berührt mich, wie berührt es mich?

Neben der Parkbank ist ein Papierkorb. Aber das Papier liegt nicht im Korb, es liegt auf dem Weg. Was macht es mit mir? Ärgere ich mich über die Verantwortungslosigkeit der Menschen, über ihre Nachlässigkeit, die alles verschmutzt? Bedaure ich es, diese Nachlässigkeit der Menschen? Stehe ich auf und werfe das Papier in den Papierkorb? Was tue ich, wie berührt es mich?

Und jetzt höre ich durch ein offenes Fenster, wie jemand Klavier übt. Und dieser Jemand kann es schon sehr gut. Es hört sich ganz harmonisch an. Dieser Jemand spielt flüssig. Wie wirkt es auf mich? Empfinde ich Freude, Genuss, erinnert mich diese Melodie an etwas? Wenn ja, welch ein Gefühl wird ausgelöst, oder lebe ich diesem Musikstück gegenüber Ablehnung, tut es mir in den Ohren weh, ist es nicht mein Geschmack? Was tut es mit mir?

„Oh je! Und jetzt ein Presslufthammer! Ausgerechnet jetzt, wo ich mich schon mal auf eine Parkbank setze! Immer dieser Krach!“ Ärgere ich mich, oder habe ich die Kraft, von diesem Lärm Abstand zu nehmen, ihn aus meinem Bewusstsein auszuschalten, um mich nur auf das zu konzentrieren, was mich angenehm berührt?

Was haben wir nun mit dieser Übung getan? Zu was dient sie? Ihr lebt dieser Welt Echo! Und das bedeutet: So wie sie sich mit euch in Berührung bringt, wie ihr sie aufnehmt, so seid ihr! Die rastenden Menschen: Sie sind faul, verantwortungslos, oder sie haben recht. Das Kind: Die Zärtlichkeit oder die Trauer. Ich will euch mit diesem Beispiel verdeutlichen: Ihr seid nicht Ausgelieferte, ihr seid nicht Opfer, ihr habt eine Entscheidungskraft. Ihr könnt ‚ja' und ihr könnt ‚nein' sagen, ihr könnt euch für den Frieden entscheiden, und ihr könnt euch für die Ruhelosigkeit entscheiden. Und ihr könnt euch nur erfahren, euren Stand erfahren, wenn ihr mit euch auf diese oder ähnliche Weise in Betrachtung geht.

Und wenn ihr Erlösung aus euren Verstrickungen und Nöten ersehnt, wenn ihr eurem Leide ein Ende bereiten wollt, dann nehmt ihr euch die Zeit und dann habt ihr die Muße, mit euch in solche Betrachtungen zu gehen. Permanent werdet ihr berührt und beeindruckt, permanent lebt ihr Echo! Aber es ist wichtig, dies bewusst zu tun, um steuern zu können: Nehme ich an oder lasse ich an mir vorüberziehen? Und so findet ihr in die Selbstannahme, findet ihr in euer göttliches Selbst und damit in eure Freiheit und in euren Frieden!

Das Lachen ist das Atemholen der Welt!

Einmal sich so richtig auslachen. Was versteht ihr unter ‚auslachen'? Ihr denkt, über den anderen lachen, weil er ein dummes Wort gesprochen hat, weil er naiv ist, weil ihm ein Versehen unterlaufen ist. Einen anderen auslachen ist aber nicht das Lachen, das ich meine. Den anderen auslachen bedeutet, sich über ihn zu erheben, ihn lächerlich zu machen. Er hat sich lächerlich gemacht; er hat also eine Blöße gezeigt, er hat einen Fehler gezeigt – Unvollkommenheit. Aber wer ist vollkommen? Lebt ihr nicht auch Fehler und Blößen und Unvollkommenheit? Und warum solltet ihr nicht einmal über euch lachen, euch auslachen? Denn das würde bedeuten, dass ihr eure Mängel auslacht. Diese eure Schatten, die euch gefangen halten, unter denen ihr leidet, die Unvollkommenheiten, über die ihr euch schämt, denn sie auszulachen heißt ja, sie nicht ernst zu nehmen. Seht, lachen bedeutet, im Frohsinne zu gehen. Und im Frohsinne zu gehen bedeutet, einmal absehen zu können von den eigenen Befangenheiten, von den Sorgen und Nöten und Betroffenheiten und Ängsten. Im Frohsinn zu gehen heißt, in das Leben außerhalb von mir zu blicken, und damit Anteil an Lebenssituationen zu nehmen. Seine frohen und schönen und komischen und kuriosen Seiten zu erfahren und sich von ihnen beeindrucken zu lassen.

Das Lachen ist das Atemholen der Welt. Was geschieht, wenn ihr lacht? Was geschieht mit eurem Körper? Ihr sagt, jeder Muskel kommt in Bewegung, kommt in Schwingung! Aber nicht nur jeder Muskel, sondern jede Zelle. Und noch etwas ganz anderes: Wenn ihr lacht, bewegt sich das Zwerchfell, der Solarplexus, der Sitz der Emotionen. Und all das, was an Betroffenheit, Ängsten, Bitternis oder Missgunst in euch ist - wie auch immer dies aussehen mag - wird geschüttelt, gerüttelt, in Bewegung gebracht, nicht damit sie noch stärker werden, nein – damit sie aus diesem eurem Energiefelde Abschied nehmen können, heraustreten können.

Ihr sagt, lachen befreit, und damit meint ihr doch von der Herzensenge, von dem, was das Herze in Betroffenheit hält und das Herze in Gefangenschaft hält. Was könnt ihr tun, um häufiger zu lachen? Ihr sagt, ich habe so wenig Grund dazu! Ja nun, wenn immer das Problem angesehen wird, ihr um es herum kreist und euch damit an es bindet, da kann nicht Lachen sein, da ist die Trauer zu Hause!

Aber es gibt einen ganz einfachen Weg, um in die Leichtigkeit des Herzens zu gehen und die Basis für das Lachen zu legen: Und dieser Weg ist, dass ihr beginnt zu lächeln, bewusst übt, wie ein Kind das Schreiben und das Lesen übt, um darin perfekt zu werden, um Bücher lesen zu können und Briefe schreiben zu können, Einkaufszettel für die Mutter: Das Lächeln, das Euch-Zulächeln! Und am einfachsten ist es, wenn ihr euch vor einen Spiegel stellt und euch zulächelt. Wenn es nicht funktioniert, dann nehmt die Mundwinkel und schiebt sie ein wenig hoch. Dann werdet ihr merken, ihr werdet beobachten, wie plötzlich eine ganz andere Energie in euch sein wird, eine viel größere Leichtigkeit. Und mit dieser Leichtigkeit kommt das Vertrauen in das Leben und kommt das Vertrauen, dass ihr diese eure Lebensprobleme meistern werdet. Das Lächeln, das Euch-Zulächeln!

Wir wollen noch gar nicht von dem Lächeln sprechen, das ihr den anderen schenkt, was Verbindung bringt, verbindlich ist, sondern erst dieses Euch-Zulächeln. Ihr werdet merken, wenn ihr euch zulächelt, dass ihr in den Mut findet und mit diesem Mut in die Kraft, zu sagen: Jetzt werde ich diesem Problem meine Energie entziehen. Davon ist das Problem noch nicht gelöst, aber es bedeutet, dass ihr nicht angstvoll vor ihm steht wie das Kind vor strafenden Eltern. Probiert dieses Lächeln aus und ihr werdet merken, wie ihr beginnt euch gut zu sein und damit beginnt, dem Leben gut zu sein, es gelassener hinzunehmen und die Lebensprobleme einmal stehen oder gehen lassen zu können.

Das Lachen ist das Atemholen der Welt! Warum? Ihr lebt alle ein Energiefeld. Und hat der Kummer in euch Einzug gehalten, dann ist dieses euer Energiefeld Dichte, Dunkelheit. Die Zellen können nicht in ihrer Lebensenergie schwingen, sie leben Lähmung. Und diese Energie schenkt ihr der Welt, helft also damit, dass die Welt noch düsterer wird, noch unerfreulicher, noch weniger Veränderung und Verwandlung sein kann. Jedoch lebt ihr das Lächeln und lebt das Lachen, dann schenkt ihr dieser Welt Kraft zur Erneuerung. Dann schenkt ihr dieser Welt, und damit meine ich den Menschen auf dieser eurer Welt, Mut und Vertrauen, Lebensenergie, die den Menschen aufbauen kann. Und den ganz einfachen Beweis habt ihr: Sitzt ihr neben einem heiteren Menschen und ihr seid betrübt, wird seine Heiterkeit euch anstecken! Sitzt ihr neben einem depressiven Menschen, dann werdet ihr euch bald sehr unwohl fühlen. Ihr versucht, aus seinem Energiefeld herauszutreten, um euch zu schützen.

Das Lachen ist das Atemholen der Welt! Und bewusst habe ich heute diese Worte der Begrüßung gewählt, weil ihr in der Zeit des Faschings steht, wo Spaß gelebt wird, Ausgelassenheit – ich lasse mich aus! Das bedeutet: All das, was an Enge in mir ist, an Problemen und Problematik wird jetzt vergessen, weil ich mich in den Spaß stürze!

Wie ist denn diese Idee des Faschings geboren? Das Sich-Einmal-Auslassen, das die Identität tauschen? Der Mensch zieht ein Kostüm an, wird ein anderer, wird plötzlich in der Kleidung des Herrn zum Herrn! Der Knecht hat die Möglichkeit, das Kleid des Fürsten anzuziehen. Was für einen Sinn macht diese Zeit, das ‚über den anderen spotten', seine Blößen aufdecken und darüber lachen? Seht, der tiefe Sinn dieser Zeit des Faschings ist in einer Zeit geboren, wo noch Knecht und Herr gelebt wurde – Obrigkeit. Und der Knecht, der einfache Mensch, ging in der gebeugten Haltung, dienend, buckelnd, sagt ihr. Und wie hat er unter dieser Obrigkeit gelitten, unter den Herren unterschiedlichster Couleur!? Er hat Aggressionen gesammelt, Bitternis des Herzens. Diese Zeit des Faschings, wo ihr in eine Rolle geht, wo Narrenfreiheit ist, denn der Narr darf sagen, was er denkt, es ist ihm in dieser Zeit erlaubt, er wird nicht bestraft, nicht wegen Verleumdung und Beleidigung belangt, dient dazu, um all diese inneren Spannungsfelder auszuleben, dass Befreiung sein kann, dass Druck abgebaut werden kann! Denn was kommt nach Fasching? Es kommt der Aschermittwoch und damit die Zeit der Passion.

In früheren Zeiten hat der Mensch sich am Aschermittwoch mit Asche das Kreuz auf die Stirn gezeichnet, und die Bedeutung war: ‚Mensch, bedenke, dass du sterben musst, auf dass du klug wirst! Von Erde bist du genommen, zu Erde wirst du werden'! Bedeutet nun Passionszeit Leidenszeit? Ja nun, selbstverständlich nicht. Sie bedeutet Zeit der Besinnung! Mensch bedenke, dass du sterben musst, auf dass du klug wirst! Von welcher Klugheit ist denn hier die Rede? Es geht nicht um irdischen Tod – nein, es geht um etwas ganz anderes. Der Aufruf sagt aus: Mensch bedenke, was du willst, was dein Ziel sein soll, damit du den Weg auf dieses Ziel gehen kannst. Und was ist das Ziel des Menschen? Es ist die Gottesfindung! Nicht nur um ihn wissen, nicht nur sich nach ihm sehnen, nicht nur zu ihm beten – nein es bedeutet: Ich muss in mir verändern. Was? All diese meine Schatten. Was sind die Schatten? Die Mutlosigkeit und Verzagtheit, die Wut und der Ärger, das schnelle Wort und die Eifersucht, die Missgunst! All das, was euch in Gefangenschaft hält, was euch nicht lachend oder lächelnd durch das Leben gehen lässt. Denn das Ziel ist die Überwindung des Kreuzes.

In der Passionszeit geht ihr auf das Kreuz zu. An das Kreuz geschlagen zu werden bedeutet, die Missachtung der eigenen Person abzulegen, bedeutet die Aussöhnung mit sich selbst; bedeutet, sich zu genügen, um endlich mit sich den Frieden leben zu können; bedeutet zu sagen: „Gott, Dein Kind bin ich. Du hast mich geschaffen, so wie ich jetzt hier stehe! Und damit hast Du mir gezeigt: Ich genüge Dir! Und darum will ich jetzt endlich beginnen, mir zu genügen." Was ist denn das Ergebnis, wenn ihr euch genügt? Ihr liebt euch! Ihr lasst euch stehen, ihr akzeptiert euch! Ihr werdet mit euch unschuldig, schuldenfrei, und lebt darum dem Nächsten Wohlwollen und Gunst. Es bedeutet an das Kreuz zu schlagen all das, was euch in eurer Gefangenschaft hält. Denn hinter dem Kreuz ist die Auferstehung. Von was? Als Befreite diesen euren Lebensweg, euren Seelenweg zu gehen und gehen zu können, weil ihr in der Liebe steht, weil ihr zu Liebenden geworden seid. Und darum ist auch die Herausforderung, dass ihr in dieser Zeit der Passion, wenn ihr euch überhaupt mit ihr beschäftigt, nicht sagt: Der Leidensweg Christi, sondern dass ihr euch sagt, ich gehe jetzt auf mein Kreuz zu und an dieses Kreuz will ich all das nageln, was mein Herze in Befangenheit hält, was mein Herze in Gefangenschaft hält. Ich will abwerfen meine Unzufriedenheit mit mir. Ich nehme mich an, so wie Gott mich angenommen hat als sein Kind. Und das ist die Bedeutung der Passionszeit, eine Zeit der Besinnung! Was will ich an mein Kreuz nageln? Was will ich endlich hinter mir lassen?

‚Mensch bedenke, dass du sterben musst, auf dass du klug wirst'. Wenn ihr diesen euren irdischen Körper ablegt und kehrt zurück in die feinstoffliche Welt, in die geistige Welt, dann lebt ihr euer Bedauern und eure Trauer, dass ihr so ernst mit euch gewesen seid, so kompliziert, so wenig gütig. Dass ihr euch nicht das ‚Ja' sprechen konntet. Und die Zeit dieses Karnevals, des Faschings dient dazu, dass ihr ausgelassen geht, herauslasst das, was Emotionen der Enge sind, damit ihr dann freudig, zuversichtlich und vertrauensvoll zum Hammer und zum Nagel greifen könnt, um all das, was ihr nicht mehr benötigt, weil ihr Kinder der Liebe seid, an dieses Kreuz zu schlagen. Das Lachen ist das Atemholen der Welt! Und wenn ihr es nicht vorlebt, wer sollte es tun?

Über das Schenken und Beschenkt werden!

Seht, vom Schenken ist die Rede, vom Beschenkt werden! Lasst uns folgendes Bild nehmen: Ihr bekommt ein Geschenk überreicht; und auf Grund der Verpackung könnt ihr erkennen, wie achtsam dieser Schenkende mit euch gewesen ist; wie liebevoll und aufmerksam er dieses Geschenk verpackt hat. Denn es beweist, dass er bereits beim Verpacken mit seinen Gedanken bei euch war, euch Hinwendung und Zuwendung gelebt hat, dass es ihm Freude bereitet hat, euch ein Präsent zu verpacken.

Und ihr könnt auf Grund dieser Verpackung davon ausgehen, dass er sich auch bei der Wahl des Geschenkes bemüht hat, überlegt hat, hinterfragt hat, was euch Freude bereiten würde.

Nun, es ist aber nicht nur so, dass ihr andere beschenkt, ihr beschenkt euch ja auch selbst! Mit was beschenkt ihr euch? Vielleicht mit einem Urlaub, oder mit einem neuen Kleide! Jetzt ist zu prüfen, wenn ihr euch etwas kauft, bereitet es eine Freude, besteht eine Notwendigkeit, oder ist die Handlung aus der Frustration, aus einem Zwange heraus geschehen, um eine Befriedigung zu schaffen? Nur der, der schon einmal eine solche Situation erlebt hat, aus einer Frustration heraus sich etwas Gutes tun wollte, er hat sehr bald gemerkt, dass er gar nicht Freude daran hatte, dass im Grunde das, was er sich schenkte, ein Ventil war für seine innere Spannung und Anspannung, und bald liegt achtlos das, was er sich gekauft hat.

Ihr könnt euch mit einem guten Abendessen im Kreise von Freunden beschenken oder mit einem schönen Konzert. Und je nachdem, wie teuer das Geschenk ist, das ihr euch macht, wird es einen Wert für euch haben. War es also ein günstiger Kauf, dann werdet ihr Freude haben, dass ihr es preiswert erworben habt. War es ein sehr teurer Kauf, dann werdet ihr damit sehr achtsam umgehen und ihr werdet euch etwas wert fühlen!

Und jetzt erkläre ich euch, auf was ich hinaus will, denn ich sprach: „Die Liebe, der Frieden und der Segen des Höchsten durchflute eure Herzen und stelle euch in die Kraft des Schenkens!“ Von Kraft ist die Rede, nicht von Freude, nicht von Bereitschaft, nicht von Frustration - von Kraft! Kostet denn ein Geschenk, das ich mir mache, Kraft? Wie denn das?

Seht, ihr alle habt schon einmal gedacht: „Wäre ich klüger gewesen, wäre mir das nicht passiert! Hätte ich gewusst, wie das Ergebnis ist, hätte ich anders gehandelt!“ Ihr alle seid schon in dem Selbstvorwurfe gegangen und habt euch damit in Leid gestellt. Und vor allen Dingen habt ihr euch damit in eurem Selbstwerte verleugnet, habt euch erniedrigt. Hätte ich gewusst, dann hätte ich getan! Und dieser Selbstvorwurf kann die ganze Lebensqualität eines Menschen vernichten. Warum? Er hat sich schuldig gesprochen und keiner ist da, der ihm die Schuld abnimmt! Und selbst, wenn sein Umfeld sagt: Nun gut, lass auf sich beruhen - nein, er kann sich nicht freisprechen!

Woher kommt denn dieses schlechte Gewissen? Es muss doch einen Ursprung haben, dass der Mensch beginnt, zu bewerten: Das habe ich gut gemacht und sich darüber freut! Und diese Handlung war unklug - und nun in das Gefühl der Schuld fällt! Es ist die mangelnde Selbstannahme. Aber es muss doch eine Ursache geben, dass der Mensch sich nicht annehmen kann, wenn er sich plötzlich in seiner Fehlbarkeit erlebt.

Seht, diese Schuld, dieser Schuldzuspruch ist geboren durch die Erziehung: Das tut man, und das tut man nicht, das darf man, und das darf man nicht! Diese Schuld ist durch die Religion geboren, dem scheinbar strafenden Gott, der den Finger hebt und sagt: Kind, so war es nicht gedacht, eben hast du gesündigt! Eben habe ich dich schuldig gesprochen. Und nun ist das Leid! Über viele Generationen, Jahrhunderte, wird dieses Muster gelebt, und ich möchte fast sagen: Es ist in euren Genen programmiert! Jeder Mensch lebt Unvollkommenheit, und jeder Mensch lebt darum einen Mangel an Erkennen, an Verstehen. Jeder Mensch ist aber auch auf dem Wege in die Vollkommenheit. Und wenn er auf diesem Wege in die Vollkommenheit seinen guten Willen zeigt, wird er auch zwangsläufig die Einsicht leben, Fehler bleiben nicht aus! Unwissen führt zu Fehlern, und jeder Fehler, den ich gemacht habe, führt mich in ein Erkennen, weitet meinen Horizont!

Wenn der Mensch sich überlegt, Gott, der Schöpfer allen Seins, hat eine so wunderbare Kreatur geschaffen, in einer solchen Vielfalt, und in einem solchen Reichtume: Kann eine solche Kraft Willkür sein und in der Schuldzuweisung gehen? Nein, Liebe ist ein Zustand, und kann nicht schuldig sprechen. Liebe ist ein Zustand der versteht und darum in dem ewigen Zulächeln geht! Wenn der Mensch sich das verinnerlicht hat, nicht nur glaubt und hofft, sondern von seinem Herzen her weiß, dass, egal bei welcher Handlung, Gott ihm zulächelt, denn er kennt die Not des Menschen und kennt die Motive des

Handelns oder der Unterlassung, die Verzweiflung und die Hilflosigkeit, wenn der Mensch die Kraft hat, sich ein Geschenk zu machen, nämlich: „Ich vergebe mir, nicht Gott vergibt mir. Ich muss mir meine Fehlhandlung, von der ich glaube, dass sie eine Fehlhandlung war, vergeben, damit ich mit dieser Handlung in die Aussöhnung finde", dann atmet er auf, er atmet durch, er beginnt, sich anzunehmen. Und in dem Moment, da er sich selbst angenommen hat, fühlt er sich angenommen und aufgenommen vom Außen! Er geht nicht mehr in dem Verstecken, und in dem Verwischen und in dem Verheimlichen, stellt nicht mehr den Fuß auf den Fehler - nein, er kann sogar darauf hinweisen! Denn ein ‚Darauf hinweisen' bedeutet: „Ich stehe zu meiner Handlung, meiner Unterlassung!" Und das ist nicht ein ‚Sich Anklagen', nein, es ist: Mut leben zu sich selbst! Und Lebensfreude und Lebensqualität können nur dort sein, wo der Mensch mit sich selbst mutig geht, seine Eigenverantwortung erkannt hat, und sich unabhängig macht von den Bewertungen des Umfeldes, der sagt: „Ich stehe zu mir, und ich glaube an die allumfassende Liebe. Ich habe erkannt, nur indem ich mir vergebe und damit mit mir in die Versöhnung gehe, mit dem Thema in die Versöhnung gehe, kann ich Vergangenes hinter mir lassen und kann im ‚Jetzt' stehen und kann am Zukünftigen bauen!" Freiheit und Befreiung finden statt und damit Kreativität und Produktivität, Handlungsmöglichkeit!

Und wenn ich euch diese Worte der Begrüßung spreche, so spreche ich sie euch sehr eindringlich, denn ihr krankt alle an diesem Gefühl der Schuld. Der eine kann sie formulieren, er kann sie benennen, und der andere weiß gar nicht, für was er sich schuldig fühlt. Es bedeutet, eingesperrt zu gehen, es bedeutet, reduziert zu gehen, es bedeutet, sein schöpferisches Potential nicht ausleben zu können, an das Ego gebunden zu bleiben, an die Ich-Sucht gebunden zu bleiben, statt in das ‚Sein' zu finden. Und das Sein zu finden bedeutet: Ich habe mich angenommen, so wie Gott mich angenommen hat!

Alles was du tust, tust du um deines göttlichen Selbst willen! Doch nicht alles, was du tust, führt in dieses dein göttliches Selbst!

Was will ich mit den Worten der Begrüßung zum Ausdrucke bringen? Alles was du tust, tust du um deines göttlichen Selbst willen. Alle Handlungen, die ihr lebt, haben ein Motiv. Und das Motiv ist die Suche nach Sicherheit, nach Geborgenheit, nach Ruhe, nach Frieden, nach Freude: Gleichklang wollt ihr leben. Aber wenn ihr dieses leben wollt, setzt es voraus, dass ihr diese eure Handlungen prüft, die ihr einsetzt, um dieses Ziel zu erreichen.

Ich sprach von der Sicherheit, wer möchte nicht Sicherheit leben? Denn Sicherheit bedeutet Angstfreiheit, also sagt ihr: Ich muss mich für den Notfall absichern, damit ich auf etwas zurückgreifen kann. Das ist auch richtig, das ist auch klug. Und wenn ihr es getan habt, dann prüft ihr, bin ich jetzt in meiner Ruhe, bin ich in meinem Gleichklange, stehe ich in meiner Gelassenheit und in meinem Frieden und in meiner Freude?

Und dann werdet ihr merken, nur zu einem bestimmten Teil. Die Unruhe ist noch da, die Freude will sich nicht so recht einstellen, die Gelassenheit bedarf auch noch der Verbesserung. Das bedeutet also, dass immer wieder Lebensumstände sind und sein werden, die euch in einer Stimmungsschwankung halten. Euer Kontrahent, der dies verursacht, ist die Polarität, in der ihr lebt. Und solange diese Polarität nicht in Einklang gebracht ist, ist immer die Unzulänglichkeit im Menschen.

Was ist nun zu tun, wenn ihr in dieses göttliche Eins-Sein finden wollt? Die Erkenntnis ist wichtig! All das, was Begehren bedeutet, ist gesteuert von der Begierde. Und dort, wo die Begierde ist, ist der Wunsch nach Befriedigung im Außen. Und dort, wo der Wunsch nach Befriedigung im Außen ist, kann nicht Freiheit sein, kann nicht eine Sicherheit sein. Denn es wird die Abhängigkeit von der Launenhaftigkeit der Polarität gelebt.

Wenn der Mensch sein göttliches Selbst leben will, was jeder möchte, dann ist die Voraussetzung dafür, dass er beginnt, nicht einzusammeln, sondern auszusortieren, zu prüfen: Was hält mich von diesem inneren Einklange fern? Mein Partner verhält sich nicht so, wie ich es mir wünsche, er sollte mehr Rücksicht nehmen. Vielleicht denkt er das Gleiche von euch. Solange ihr erwartet, dass er auf euch Rücksicht nimmt, steht ihr in einer Abhängigkeit. Der Mensch jedoch, der seinen inneren Frieden leben will, darf nicht mehr von den äußeren Bedingungen abhängig bleiben, sondern er muss sich bewusst machen, dass all das, was Frieden, was Ruhe, was Geborgenheit, was Sicherheit bedeutet, er nicht im Außen findet, sondern alles in ihm vorhanden ist!

Wie ist nun an diese Quelle zu finden? Ich sagte bereits, nicht durch das Einsammeln, sondern durch das Aussortieren. Ihr seid wie ein Zimmer, das mit Möbeln sehr vollgestellt ist. Da sind ganz wunderbare Möbelstücke, und es sind Möbelstücke, die keinen besonderen Wert haben. Und da das Zimmer so voll gepfropft ist, könnt ihr es gar nicht wirklich genießen. Es ist gar nicht Behaglichkeit, kein Ausruhen oder Erbauung und Erholung – nein, es drückt und bedrückt euch. Und darum die Frage: Was will ich aussortieren, was will ich entrümpeln, damit dieser mein Raum licht wird, und ich in ihm das leben kann, was mich in den Frieden führt, in die Erbauung, in meine Freude.

Und das, was ausrangiert werden sollte, sind selbstverständlich die Eigenschaften, die euch in der Ruhelosigkeit und in der Rastlosigkeit halten. Je größer das Vertrauen in euch ist, je größer das Bewusstsein in euch ist, welch wunderbares Inventar ihr in euch tragt, und wenn die Bereitschaft ist, dieses Inventar endlich zu aktivieren, dann wird die Folge davon sein, dass ihr euch nicht von dem Äußeren, von der äußeren Welt abwendet, dass ihr aber stärker wie Beobachtende geht, die sich nicht gleich herausgefordert oder gar verletzt fühlen. Dann werdet ihr merken: Ich kann bei mir bleiben, beobachtend, auf mich wirken lassend. Aber ich entscheide: Will ich letztendlich darauf reagieren, ist es der Mühe wert? Will ich mich nicht lieber davon beeindrucken lassen, was mich in meinen inneren Reichtum führt, was diesen meinen Wohnraum licht macht, und leicht macht, und mich in Wärme hüllt, in Behaglichkeit!

Seht, und das bedeutet, sich all dem zuzuwenden, was natürlich ist, was Natur ist, denn dies ist das Göttliche! Betrachtet euch jetzt die Natur: Alles ist im Werden, und alles, was im Werden ist, jede Pflanze, jeder Strauch, jeder Baum, wächst und blüht um seiner Selbst willen. Nicht um zu gefallen, nicht um zu ärgern, nicht um herauszufordern. Ja nun – herausfordern können wir schon sagen, dass ihr stehen bleibt und beobachtet. Aber die Natur ist um ihrer selbst willen, um ihres göttlichen Selbst willen. Und wenn ihr sagt: „Ich will sie mir zum Vorbild nehmen, auch ich will um meines göttlichen Selbst willen handeln", dann werdet ihr merken, wie ihr in euch friedvoller werdet. Ihr werdet merken, dass das Wort des anderen euch nicht mehr aufhorchen lässt: War es nun freundlich gemeint oder war es ironisch gemeint, ihr könnt es einfach so stehen lassen. Oder sogar der nächste Schritt: Ihr kommt gar nicht auf die Idee, dass es ironisch gemeint sein könnte, denn in euch ist nicht mehr die Energie der Ironie.

Ich möchte euch bitten, ihr alle geht den Weg in dieses euer göttliches Selbst. Und ihr alle sehnt euch so sehr nach dieser Ruhe und dieser Gelassenheit, dieser Sicherheit, nach dem Frieden und nach der Freude. Erwartet nicht, dass das, was ihr begehrt, von außen kommen wird. Beginnt mit euch zu leben, was ihr erreichen wollt! Denn jetzt geschieht das Wunderbare: Die Sicherheit stellt sich ein. Ihr erkennt plötzlich, meine Lebensumstände haben sich gar nicht verändert, nicht ist etwas hinzugekommen, was mir eine größere Sicherheit geben könnte, aber – ich bin ganz ruhig und gelassen in mir. Ich habe gar nicht den Gedanken, dass etwas kommen könnte, passieren könnte, was mir meine Sicherheit nimmt. Und dann werdet ihr merken, was es bedeutet, den Weg in das göttliche Selbst zu gehen! Den Weg in die allumfassende Liebe! Denn je weiter ihr ihn geht, umso stärker werdet ihr durchdrungen von der kosmischen Liebe. Ihr werdet zu ihr und damit werdet ihr Freie, werdet ihr Erlöste!

Entbindet euch von der Polarität. Das bedeutet nicht, dass ihr nicht mehr reagiert, dass euch alles gleichgültig und egal ist, nein - es bedeutet eine permanente innere Gelassenheit und Heiterkeit! Ihr könnt die trüben Tage annehmen, und ihr könnt ihnen gut sein, weil ihr wisst, sie haben für mich eine Bedeutung. Ich soll beweisen, wie stark ich noch von ihnen zu berühren bin, wie ich mich von ihnen manipulieren lasse. Nur dafür sind sie da, nicht um mich zu kränken, zu verletzen, zu erniedrigen oder zu missbrauchen – nein, ausschließlich damit ich prüfen kann, wie weit stehe ich noch in der Resonanz?

Ihr, Kinder des Lichtes und der Liebe, beginnt den Zwiespalt in euch zu beenden, beginnt den Krieg gegen euch zu beenden. Habt ihr den Mut und den guten Willen, mit euch in die Aussöhnung zu gehen. Und je bereitwilliger ihr dies tut, um so selbstverständlicher werdet ihr euch zwangsläufig mit all dem und denen, die euch Kränkung brachten, aussöhnen. Ihr seid euch gut, darum werdet ihr dem Leben gut sein. Ihr könnt dem, was Vergangenheit ist, wieder gut sein. Ihr löst und erlöst die Schatten der Vergangenheit, und darum liegt die Zukunft nicht zwanghaft vor euch, nein – ganz rein, ganz frei, ganz licht, heißt sie euch willkommen und sagt euch: Lebe mich, fülle mich aus mit dir, damit du Erfüllung erfährst!

„Freu dich, Erd und Sternenzelt, halleluja!
Gottes Sohn kam in die Welt, halleluja!
Euch zum Heil erkoren, ward er heut geboren!“

„Euch zum Heil erkoren“, was bedeutet denn Heil, Heilsein? Heilsein bedeutet, in seiner Freiheit zu stehen. Es bedeutet, in die Wahrheiten allumfassender Liebe hineinzuschwingen, zur Wahrheit Gottes zu werden. Solange der Mensch an diese seine Emotionen gebunden geht, lebt er in sich Zwanghaftigkeit und damit Ferne von der Freiheit. Doch wo die Wahrheit Gottes zur Wahrheit des Menschen wird, dort hat er endlich sein Ziel erreicht, er ist heimgekehrt.

Ich möchte noch einmal die Erzählung von der Herberge aufgreifen. Ein König ruft das Volk zu einer Zählung auf. Er will wissen, wie viele Menschen leben in meinem Reich, über wie viele regiere ich? Er fordert sie auf, an den Ort ihrer Geburt zurückzukehren, um sich dort registrieren zu lassen. Und ihr kennt die Geschichte: Maria und Josef machen sich auf nach Bethlehem, um sich der Volkszählung zu stellen. Und sie suchen eine Übernachtung, sie klopfen an der Herberge, und der Herbergswirt sagt: „Kein Raum mehr, kein Platz, geht weiter!"

Und jetzt das Gleichnis: Gott hat gesagt, ich habe den Menschen nach meinem Bilde geschaffen, und ich habe ihn in seine Freiheit ziehen lassen. Ich möchte wissen, wer erinnert sich noch an mich, an seine Urheimat. Wer trägt noch meinen Namen auf seinen Lippen und in seinem Herzen? Und er bittet die Boten der Liebe: ‚Zählt mein Volk!'

Seht, auch ihr gehört zu diesem Volke Gottes. Und es finden Zählungen der Boten der Liebe statt, wer erinnert sich noch an ihn, an die Quelle allen Seins. Auch ihr habt eine Herberge, auch ihr seid der Wirt dieser Herberge. Und diese Herberge ist euer Herze. Was lasst ihr ein in dieses euer Herze, wie ist sein Ausdruck? Ist es ungeduldig, lebt es Zwanghaftigkeit, lebt es mit sich Zerrissenheit und Gespaltenheit, Misstrauen und Unbillen? Oder ist dieses euer Herz eine Herberge? Und wenn an ihr angeklopft wird, sagt ihr: „Es ist gut belegt, aber wir rükken zusammen, für euch ist noch Platz!" Denn dort, wo die Liebe ist, kann keine Platznot sein. Dort, wo die Liebe ist, ist genügend Raum für alle.

Ich möchte euch mit diesen Worten der Begrüßung auffordern, und ich möchte euch mit diesen Worten der Begrüßung ermutigen: Blickt einmal in diese eure Herberge und prüft, wie viel Raum habe ich in ihr für die, die in den Zeiten der Nächte anklopfen. Das sind die Nächte der Verzweiflung, der Verbitterung, der Angst und der Not! Wie bereit bin ich, Unterkunft zu gewähren, eine Ruhestätte zu bieten, damit wieder Mut gelebt werden kann, und Kraft und das ‚Ja' zum Weitergehen.

Ihr steht in der Zeit des Advent. Diese Zeit hat die dunkelsten Nächte, die längsten Nächte. Aber was wird danach sein? Sie werden von dem Lichte abgelöst, denn hinter der Dunkelheit kann nur das Licht sein. Und diese dunklen Nächte in euch, sie sind nicht jahresbedingt, sie sind situationsbedingt. Und wenn ihr in diesen dunklen Nächten steht, in euren dunkelsten Nächten des Lebens, so lebt nicht die Verzagtheit noch die Resignation, sondern wisst: Ihnen folgt das Licht, das aufsteigende Licht.

Ihr geht auf das Christfest zu, und das bedeutet, Jesus wird geboren, jedes Mal neu geboren für den, der bereit ist, seiner Botschaft in dem Herzen Einkehr zu gewähren. Jesus, der in das Christus-Bewusstsein gefunden hat, und dem Menschen die Botschaft der Wahrheit vermittelt hat. Und wenn ihr bereit seid, euch auf diese Botschaft der Wahrheit und der Weisheit einzulassen, wenn ihr euch Zeit nehmt, euch von dieser Liebe berühren zu lassen, dann werdet ihr merken, wie sich euer Herze lichtet, wie ihr vertrauensvoll werdet, wie die Hoffnung wieder einkehrt und damit die Ausrichtung auf euer Ziel. Denn was ist denn im Leben notwendig, damit Entwicklung sein kann? Es ist notwendig, dass ihr euer Ziel formuliert, dass ihr wisst, wo ihr hinwollt. Und wenn ihr sagt, ich komme aus der allumfassenden Liebe, und mein Weg ist die Rückkehr in die allumfassende Liebe, dann habt ihr euer Ziel erkannt und ihr habt es formuliert. Und jetzt beginnt der Rückweg, der Nachhauseweg. Und wie ist er zu gehen? Er ist zu gehen, indem ihr herausgeht aus diesem eurem Ego, das euch in Emotionen gefangen hält und befangen hält, in Bewertungen, in Verurteilungen und damit euch in einem Käfig hält. Und euer aller Sehnen ist, euch aus diesem Käfig zu befreien.

Seht, ihr träumt von dieser Freiheit. Ihr blickt durch die Gitterstäbe und überlegt: Wie komme ich hier heraus? Aber es gibt eine ganz einfache Lösung, indem ihr die Gitterstäbe nicht mehr wahrnehmt. Denn nur das, was ihr wahrnehmt, ist eure Wahrheit. Ich will das, was ich bin, leben, damit das, was noch in mir verborgen ist, sich entfalten kann und von mir genutzt werden kann, gelebt werden kann, umgesetzt werden kann, und es bedeutet, ich will mir jetzt genügen. Ich will mir erlauben, so zu sein, wie ich jetzt bin. Dann werdet ihr aufhören euch an euch zu reiben. Ihr werdet aufhören, mit euch in permanenter Kritik zu gehen, und damit auch in die Kritik an eurem Nächsten. Ihr werdet beginnen, euch zuzulächeln. Und das bedeutet, eurem göttlichen Selbst zuzulächeln. Das ist die Herausforderung, und das ist die Botschaft der Weihnacht: ‚Ich nehme mich an, so wie mich Gott angenommen hat. Ich bin Ausdruck allumfassender Liebe, und jetzt will ich sie endlich leben!'

Ein Mensch ohne Glauben ist wie ein Wagen ohne Räder!

Ein Mensch ohne Glauben ist wie ein Wagen ohne Räder! Wozu dient ein Wagen? Ein Wagen dient zur Fortbewegung. Wozu dient ein irdisches Leben? Ein irdisches Leben dient zur Fortbewegung, denn Fortbewegung ist Entwicklung, ist Wachstum, ist Reifwerdung. Also bedeutet es, dass der Mensch in eine Bewusstseinserweiterung findet, sich die Nebel um ihn lichten, und er sein Ziel wieder deutlicher und klarer erkennen kann.

Aber was ist denn erforderlich, wenn Wachstum und Reifwerdung sein sollen? Es ist erforderlich, dass der Mensch sein Ziel kennt, dass er weiß, wohin er will, dass er es formulieren kann. Denn dort, wo das Ziel für ihn geklärt ist, geht er heraus aus der Unsicherheit, aus dem Zögern, aus dem Zagen, aus der Furcht. Er beginnt sich auf das Ziel zu konzentrieren, auszurichten, zu zentrieren. Und ihr wisst alle, dort wo ihr eure Aufmerksamkeit hinlenkt, geht ihr einen sicheren Weg, ihr geht einen mutigen Weg, und geht einen beständigen Weg. Und all das, was euch zuvor in Unstimmigkeit geführt hat, euch in Zögern und Zagen gehalten hat, tritt in den Hintergrund.

Was ist aber noch notwendig, damit der Weg zum Ziel gegangen werden kann? Es ist notwendig, dass der Mensch sich sein Vertrauen lebt. Denn nur, wenn er im Vertrauen an sich und seine Möglichkeiten geht, geht er auch im Sich-Getrauen. Er hat den Mut und die Stärke, sein Ziel zu verfolgen. Das bedeutet, er lebt den Glauben an sich! Und ein Mensch, der den Glauben an sich lebt, ist nicht ein Mensch, der in einem großen Ego steht und Selbstdarstellung betreibt, der sich beweisen muss, um vom anderen angenommen zu sein, nein – ein Mensch der den Glauben an sich und seine Möglichkeiten lebt, ihm ist seine Gottes-Kindschaft bewusst. Er weiß, diese meine Seele und mein Geist sind Ausdruck göttlicher Vollkommenheit. Zwar kann ich sie noch nicht leben, weil diese meine Seele noch überschattet geht von dem Ego, von den Emotionen. Doch dort, wo die Unsicherheit mich wieder ereilen will oder die Bequemlichkeit sich wieder breit machen will, dort will ich mich dieser meiner Gottes-Kindschaft erinnern. Ich will Geduld mit mir haben, und will Gelassenheit mit mir leben, und das unumstößliche Wissen dort, wo ich an meine Grenze gelange, wo ich den Weg nicht mehr verfolgen kann, doch um dieses mein Ziel weiß, dort will ich mein Vertrauen in die göttliche Führung leben.

Seht, was wird sein? Ein Aufatmen und ein Durchatmen! Denn ihr kennt doch alle diese Situation: Dort wo ihr ein Problem habt, wo ihr in einer Sorge geht, wo ihr nicht wisst, wie die Situation ausgeht, weil ihr sie nicht nach eurem Wünschen und Wollen lenken könnt, dort sehnt ihr euch nach einem Menschen, der euch eine Hilfe und eine Anregung sein kann, der euch einen Rat geben kann, so dass wieder der Blick nach vorne klarer wird. Und der Mensch, der ganz im Vertrauen an diese seine göttliche Führung geht, wird - wenn er mit sich die Geduld lebt - wieder das Licht erfahren, es wird um ihn gelichtet werden und darum kann er vertrauensvoll seinen Weg fortsetzen.

Ihr leidet alle unter euren Unsicherheiten, unter euren Zweifeln. Schaffe ich es, schaffe ich es nicht? Kann ich es, kann ich es nicht? Aber nur der wird den Sieg erfahren, der dieses Sich-Bezweifeln einmal zur Seite stellt und in das Vertrauen geht, der für sich arbeiten lassen kann, für sich fügen lassen kann von der göttlichen Liebe, der göttlichen Wahrheit und der göttlichen Weisheit. Und wollt ihr Gewinner dieses eures Lebensspieles sein, wollt ihr die Schatten der Vergangenheit hinter euch lassen, damit die Zukunft sich euch zeigen kann. Wollt herausgehen aus den Bedrückungen vergangener Tage, wollt akzeptieren, was gewesen ist, damit Neues euch berühren kann.

Das bedeutet, das ‚Ja' zum Leben zu sprechen, und darum dem Alltag seine Präsenz und seine Wachheit zu leben, um die

Zeichen erkennen zu können, die Hilfen verstehen zu können, um sie annehmen zu können. Immer wieder das Sich-Erinnern: Ich, Ausdruck göttlicher Liebe, sehne mich zurück in diese Liebe, in diese Selbstannahme. Und beginnt, euer Ziel zu formulieren, euch zu überlegen: Was soll denn dieses mein Lebensziel sein, auf was will ich denn zurückblicken können und sagen, der Weg war gut, den ich eingeschlagen habe? Was ist euer Wünschen und Wollen und eure Erwartung an das Leben? Und egal, wie ihr es formulieren werdet, es wird immer der Friede mit euch selbst sein, der Einklang mit euch selbst. Denn dort, wo ihr mit euch in dem Einklange steht, hat der Krieg in euch ein Ende gefunden, und die Freiheit wird gelebt. Und mit dieser Freiheit die Freude am Leben!

Ich bin von Gott angenommen ohne Vorleistung!

‚Ich bin von Gott angenommen ohne Vorleistung'. Wer das glauben kann, ist das nicht ein glücklicher Mensch? Angenommen zu sein ohne Vorleistung, wo gibt es das? Eltern, die sich ein Kind gewünscht haben und das Kind ist geboren, sie nehmen es an, aber – ist das ohne Vorleistung? Ist da nicht eine Erwartungshaltung, die diesem Kinde gelebt wird?

Gott nimmt mich an ohne Vorleistung! Nicht muss ich etwas beweisen, nicht muss ich ihm entgegeneilen durch ständige Kontrolle: Darf ich dieses noch und muss ich jenes lassen? Ich kann mir diese meine Unzulänglichkeiten erlauben. Ich darf noch immer meinen Kleinmut und meinen Kleinglauben leben. Ich darf noch immer vergrämt gehen, und ich darf noch immer hetzen und eilen und hasten, obwohl ich gar nicht weiß wohin! Ich darf auch noch missgünstig sein, ich muss mich all dessen nicht schämen. Gott nimmt mich an ohne Vorleistung! Einfach so, wie ich bin. Welch eine Erlösung! Welch eine Freiheit! Ich darf den Kopf aufrecht halten, muss mich nicht dieser meiner Schwächen schämen.

Wo begegnet mir das denn in der materiellen Welt, unter Menschen? Wo bin ich denn da ohne Vorleistung angenommen?

Muss ich nicht immer etwas beweisen? Seht, alle die, die schon einmal von Herzen geliebt wurden, sie haben erfahren, wie sich dies anfühlt: ganz angenommen zu sein ohne Kritik, ganz so wie ich bin, und auch hier ohne Vorleistung! Ich muss nichts beweisen, ich muss nichts darstellen, denn der andere hat sich in mich verliebt so wie ich bin! Egal wie lange dieses Verliebtsein auch anhalten mag, aber dieses Gefühl: Ich darf sein, wie ich bin, so bin ich geachtet, so bin ich willkommen, und so bin ich begehrt! Wie wunderbar ist doch dieses Gefühl gewesen, wenn ihr euch erinnert, wenn ihr es erfahren habt, dass ein Mensch verliebt in euch ging!

Seht, ein Beispiel: Ihr werdet einer Persönlichkeit vorgestellt, und diese Persönlichkeit hat sich durch hohe Menschlichkeit ausgezeichnet. Selbstverständlich freut ihr euch, dass ihr vorgestellt werdet. Diese Persönlichkeit geht auf euch zu, sucht das Gespräch mit euch, kein höfliches Gespräch, kein flüchtiges und oberflächliches Gespräch – nein, ihr fühlt euch ernst genommen, ihr fühlt euch beachtet und geachtet, denn der andere geht mit euch in der Achtsamkeit. Und in diesem Gespräche signalisiert er euch: „Wissen Sie was, auch Sie wären doch geeignet an diesem Thema mitzuarbeiten, ich fühle in Ihnen das Potential dazu! Wollen Sie es sich nicht überlegen? Es wäre doch wunderbar, wenn Sie zu unserer Gemeinschaft gehören würden!“ Wie fühlt sich das denn an? Ein solcher Mensch, der das erfahren hat oder erfährt, fühlt sich wichtig, er fühlt sich erhaben, denn er fühlt sich in seinen wahren Werten erkannt und anerkannt. Und was ist die Folge davon? Die Folge davon ist, dass er sich nicht mehr an seinen Unzulänglichkeiten und an seinen Ängsten festhält. Er hebt sich über diese seine Grenzen und Begrenzungen hinweg, an denen er sonst scheitert, sich klein sieht, und darum sein wahres Potential nicht ausschöpfen kann. Er überwindet die Furcht, nicht zu genügen, denn er wurde von einer Persönlichkeit, von einem geachteten Menschen anerkannt.

Seht, und was geschieht weiter mit diesem Menschen? Dieser Mensch entdeckt plötzlich in sich sein schöpferisches Potential.

Er erkennt seine Möglichkeiten und Fähigkeiten und mit Freuden lebt er sie! In Freude und in Dankbarkeit gibt er, was er zu geben hat! Er hat seine Quelle entdeckt, die lebendig sprudelnde Quelle! Und jetzt ist das tiefe Bedürfnis in ihm: Ich will von mir abgeben, ich will teilnehmen lassen und ich will teilhaben lassen! Ich will mich mitteilen und ich will austeilen! Und das ist Lebendigkeit, das ist dazu zu gehören, das ist mitmachen, das bedeutet: Ich schenke dieser Welt etwas von mir! Nicht von meinem Gram und nicht von meiner Kleinmütigkeit, nicht von meiner Verzagtheit und nicht von meiner Missgunst und von meinen Zweifeln – nein, von meiner Fülle schenke ich dieser Welt etwas! Und in dem Maße, in dem ich ihr schenke und mich damit verschenke, wachse ich in diese meine allumfassende Liebe! Ich gehe mit mir ausgesöhnt, endlich kann ich mich annehmen!

Die frohe Botschaft lautet: ‚Ich bin von Gott angenommen ohne Vorleistung'! Ihr, die ihr euch hier zusammengefunden habt, prüft einmal: Wie groß ist denn meine Wahrhaftigkeit, meine Glaubenstiefe? Ja, ist es ein Wünschen und ein Wollen, oder ist es lebendig gelebte Glaubenstiefe, Urvertrauen? Denn wenn es wahrhaft gelebte Glaubenstiefe wäre, wäre da nicht der Grund zum Lachen und zum Tanzen, und zum Hüpfen? Freiheit – ich muss mich meiner Unzulänglichkeiten nicht schämen! Ich muss nichts beweisen – nein, angenommen bin ich ohne Vorleistung. Da steht die allumfassende Liebe mit ausgebreiteten Armen, lächelt mir zu, denn Liebe ist immer Lächeln und sie erwartet mich! Ich muss nicht mit gesenktem Kopfe gehen und überlegen: Was habe ich falsch gemacht, wofür muss ich die Rechnung bezahlen? Nein – ich darf hinter mir lassen, ich darf sein, was ich bin! Ein Kind allumfassender Liebe, das noch ein wenig im Nebel lebt, noch ein wenig in Unsicherheit und im Schatten, und darum in Begrenzung, und damit hilfebedürftig ist. Aber, wenn ich meinen Blick hebe und in die geöffneten Arme sehe, da darf ich Vertrauen haben, da darf ich das Kind sein, das weiß: Meine Eltern versorgen mich, sie sind mir Schutz und Sicherheit.

Ich bitte euch: Wenn ihr wahrhaft den Weg allumfassender Liebe gehen wollt und nicht mit gesenktem Kopfe, sondern leicht, erleichtert, prüft euch auf eure Glaubenstiefe und prüft euch, wie weit ihr euch annehmen könnt ohne Vorleistung?

Einen Menschen zu achten bedeutet, Gott in ihm zu achten. Einen Menschen zu verurteilen bedeutet, Gott in ihm zu verurteilen. Einen Menschen zu loben bedeutet, Gott in ihm zu preisen!

Wo liegt eigentlich die Freiheit eines Menschen? Wo sind seine Freiheiten? Ihr sagt, ich kann von einem Orte zum anderen umziehen, mir einen neuen Wohnort suchen. Ich kann mir einen neuen Arbeitsplatz suchen, und habe ich viel Geld, kann ich mir ein Haus bauen oder ein schönes Auto kaufen. Ich kann in eine Freundschaft gehen, und ich kann eine Freundschaft beenden. Ich kann mich satt essen und ich kann auch sagen, jetzt mache ich eine Diät. All das sind Freiheiten. Aber sind es wahrhaft Freiheiten, wenn ihr euer ‚Ja' und ‚Nein' sprechen könnt, eure Zusage oder euer Verweigern? Ist es nicht vielmehr so, dass ihr im Rahmen eurer Möglichkeiten nur diese Freiheiten lebt? Aber, diese Art der Freiheiten, ihr kennt das alle, sind nicht von Bestand. Sie führen in eine Befriedigung oder in eine Zufriedenheit, aber Befriedigung und Zufriedenheit sind vorübergehende Zustände. Frieden ist ein Dauerzustand, aber Befriedigung, Zufriedenheit eine kurzweilige Sache.

Wo liegt nun die Freiheit eines Menschen? Wo ist sie zu finden? Die wahre und einzige Freiheit eines Menschen besteht darin, sich für oder gegen die Liebe zu entscheiden. Das bedeutet für oder gegen Gott! Das Sich-für-Gott-Entscheiden heißt, statt verurteilen, großmütig sein, statt Neid und Eifersucht zu leben, in Vertrauen zu gehen. Statt Zorn und Verbitterung, Nachsicht und Sanftmut leben.

Seht, das ist die Entscheidungsfreiheit des Menschen. Und da ist es ganz uninteressant, in welchen Lebensbedingungen er steht. Ob er in der Hände Fülle geht oder ob er in der Armut geht. Ob es ein großer und reifer Geist ist, ein hoher Intellekt gelebt wird, oder ob es ein schlichter Geist ist. Es interessiert nicht, weil das nicht mit Bildung zu tun hat. Es hat mit dem Herzen zu tun, das ‚Ja' für die Liebe oder gegen die Liebe hat mit der Herzensbildung zu tun. Denn wenn der Mensch verstanden hat, und darauf kommt es an: Das ganze Einsammeln von Wissen ist im Grund nur Zeitvertreib; wenn der Mensch erkannt hat, dass er nur in die Liebe findet durch das Lieben der Lebenssituationen, wird er Freiheit leben. Was meine ich nun mit Lebenssituationen?

Ihr kennt das alle: Der Ärger über den Partner, der Zorn. Seht, nicht den Ärger und den Zorn leben, sondern die Nachsicht leben, die Verständigung suchen. Denn wie häufig macht ihr euren Gemütszustand von den äußeren Bedingungen abhängig. Lasst uns bei diesem Partner bleiben: Ihr sagt, wenn er anders wäre, dann könnte es schön sein mit ihm. Aber er ist nicht anders. Ihr erwartet von ihm, dass er sich ändert. Wenn er sich geändert hätte, würdet ihr feststellen, dass eure Unzufriedenheit noch immer ist. Die Unzufriedenheit und die Unzulänglichkeiten leben in dem Menschen selbst, und er macht die äußere Situation dafür verantwortlich. Er klagt an. Und Anklagen ist immer ein von sich absehen, ist immer ein von sich abweisen. Ich kann nichts dafür, ich bin unschuldig.

Seht, und wenn nun dieser Mensch erkennt, nur über den eigenen Wandel, über die eigene Verwandlung, nämlich aus dem Zorn herauszugehen in die Gelassenheit, aus der Unruhe, der Hektik in die Geduld, wird er beginnen, mit sich liebender zu werden. Und wenn er beginnt, mit sich liebender zu werden, beginnt er auch, mit sich ehrlicher zu werden, aufrichtiger. Er hat den Mut zu fragen, wo ist eigentlich mein Anteil? Wo sind denn meine Fehler, die mich in dieser Unruhe halten, die mich in dem Kampfe mit mir selbst halten und darum in dem Kampfe mit dem anderen. Das ist wahrhaft Mut, und das ist der Weg zu der Selbstannahme, wenn ein Mensch sagen kann: Ja, das ist mein Teil. Der Mut, dies zu sagen, bedeutet frei zu werden, bedeutet durchatmen zu können, nicht mehr verstecken und verschließen zu müssen, nein, vorzeigen können!

Diesen Mut zu leben bedeutet, in sich geschlossen zu werden, rund zu werden. Diesen Mut zu leben, bedeutet gleichzeitig, einfach zu werden. Ihr müsst nicht mehr dieses Spiel der Täuschung leben, nein, ihr werdet mit euch einfach, und das bedeutet wahrhaftig. Wahrhaftig in euren Gedanken, wahrhaftig in euren Worten und wahrhaftig in euren Handlungen. Und ein Mensch, der mit sich wahrhaftig geht, er achtet sich, und damit liebt er sich. Und das ist das ganze ‚Ja' zu Gott.

Ich sprach euch als Begrüßungsworte: „Einen Menschen zu achten bedeutet, Gott in ihm zu achten." Das heißt, wenn ich mich achte, achte ich Gott in mir. Wenn ich mich verurteile, verurteile ich Gott in mir. Und wenn ich mich lobe für mein Bemühen, für meinen Einsatz zu verändern, dann ehre ich Gott in mir, denn ich will nur Ihn. Mein Sehnen und Suchen gilt dieser Liebe, dieser göttlichen Liebe und darum ist der Weg dorthin die Selbstachtung.

Wenn ihr euch verleugnet, wenn ihr nicht diese Achtung leben könnt, werdet ihr nicht in die Fülle der göttlichen Liebe finden können. Gott ist Fülle, und nur, wenn ihr bereit seid, euch dieser Fülle zu öffnen, achtsam mit euch zu werden, werdet ihr sie leben. Denkt daran! Egal in welcher Lebenssituation ihr jetzt gerade steht, in Sorge um das Kind, im Kummer um die Partnerschaft, in der Angst um den Arbeitsplatz, in der finanziellen Not oder der Enttäuschung, denkt immer daran, ihr habt die Freiheit, euch zu entscheiden für Verbitterung oder für Liebe. Und wenn ich von Liebe spreche, dann bedeutet das, Versöhnung mit den Lebensherausforderungen, mit den Lebensumständen. Das „Ja Herr, ich folge Dir", bedeutet, ich folge dem Weg der Liebe, dem Wege der Erlösung und des ewigen Friedens.

Und Gott spricht: Wer mich liebt, der sucht mich, und wer mich sucht, der findet mich, und wer mich findet, der tötet das Verderbliche in sich, und wer das Verderbliche in sich tötet, dessen Lohn bin ich!

Solange der Mensch noch Unbewusstheit lebt, geht er in dem Sehnen nach Gott. Jedoch fixiert er dieses Sehnen auf Menschen, auf Gegenstände. Der bewusste Mensch, der Mensch, der erkannt hat, dass nur das Finden Gottes dieses Sehnen stillen kann, geht in der Suche nach Gott.

Seht, was ist das Verderbliche im Menschen? Geht ihr nicht alle in diesem Sehnen nach Gott? Oder lasst uns erst einmal sagen, in einem Sehnen? Jeder Mensch lebt dieses Sehnen und die wenigsten wissen und können formulieren, wem und was ihr Sehnen gilt. Sie projizieren ihr Sehnen auf Menschen. Sie verlieben sich: „Wenn ich mit diesem Menschen zusammenleben kann, bin ich glücklich, werde ich endlich angekommen sein." Aber ihr wisst, wie schwer ein Zusammenleben ist, nachdem die Zeit des Verliebtseins Abschied genommen hat. Und ihr kennt auch das. Ein Projizieren des Sehnens auf Gegenstände oder Lebewesen wurde erfüllt. Doch der Hunger ist noch immer da. Der bewusste Mensch weiß also, dass dieses Sehnen nur im Finden Gottes gestillt wird.

Aber wie findet er zu ihm? Ich sagte: „Der tötet das Verderbliche in sich." Was ist nun das Verderbliche? Das Verderbliche ist der Kleinmut, der Kleinglaube, es ist die Angst, die Sorge, die Kleinherzigkeit, die Unversöhnlichkeit. All das, was das Herze in Enge hält, es nicht aufatmen lässt, es nicht durchatmen lässt, nicht erlaubt, dass ihr auf einen anderen frei und froh und unbeschwert und unvoreingenommen zugeht, oder auf eine Lebenssituation. Es ist das, was ihr nennt, die Nabelschau, die Ichsucht, das Um-sich-Kreisen, um seine eigenen Belange.

Selbstverständlich müsst und sollt ihr um eure Belange kreisen, aber das muss doch nicht so ernsthaft sein. Das kann doch mehr beobachtend sein. Das kann doch mehr zerpflückend sein. Die Not des Menschen, sie besteht darin, dass er sich zu häufig festbeißt. Und in diesem Festbeißen kann nicht Entwicklung sein, kann nicht Fortschritt sein und damit auch nicht Verwandlung. Ein Wissender, ein bewusster Mensch, er hat erfahren, dass alles im Leben Wandel ist. Dass nach Tagen des Lichtes Tage der Dunkelheit kommen, nach Tagen der Fülle auch die Tage des Mangels.

Wozu die Tage des Mangels? Es sind die Prüfungen im Leben, wie ernst und wie wahrhaft ihr auf der Suche nach Gott geht. Ob dies nur ein Wünschen ist und nur ein Lippenbekenntnis oder ob euer ganzes Herze und eure Sinne auf dieser Suche, auf dieser Gottes-Suche sind. Ein Mensch, der sich auf Gott fixiert hat, wird von Ihm in seinen Gedanken besetzt. Das heißt, in all seinen Handlungen ist Gott eingeschlossen, in all seinen Worten, in all seinen Gedanken ist Gott einbezogen. Er hat sich ganz auf Ihn eingelassen. So, wie wenn ihr verliebt geht, ihr euch ganz auf den Partner einlasst. Um euch herum verliert alles an Bedeutung, dieser Partner wird zu eurer Mitte. Ihr habt nur noch Augen für ihn. Und das Wunderbare daran ist: Nur noch Augen für Gott zu haben, von seiner Schöpfung berührt zu gehen bedeutet, dass Freude und Dankbarkeit zwangsläufig Einkehr halten.

In die Begegnung mit Gott zu finden bedeutet, in das Licht zu gehen, gelichtet zu werden. Und ein Mensch, der gelichtet geht, wird herausgehoben aus der Enge irdischer Gesetze. Er schwingt hinein in die lichten Gesetze, in die Gesetze der Freiheit, der Einfachheit, der Reinheit. Mit Gott Begegnung zu leben bedeutet, nur Gewinner sein zu können, denn Gott kann nicht enttäuschen. Liebe kann nicht enttäuschen. Ihr wisst, wenn ihr auf einen Menschen fixiert geht, oder auch im täglichen Umgang mit ihnen, wie häufig da Enttäuschungen stattfinden. Ein falsches Bild habt ihr euch gemacht, eine falsche Erwartungshaltung gelebt. Ihr wisst, wie oft Täuschungen, Enttäuschungen sein können, wenn ihr etwas plant, eine Reise, oder ihr kauft euch einen Gegenstand, den ihr besitzen möchtet. Wie häufig findet danach eine Enttäuschung statt, weil das, was ihr erworben habt, euch nicht mehr genügt. Aber Gott zu erwerben, kann nicht Enttäuschung bringen, denn Gott fordert nicht, Gott ist! Und das bedeutet: Der Mensch, der die Begegnung mit Gott lebt, steht in einem permanenten Empfangen, Empfangen von Liebe, Empfangen von Frieden. Und das heißt, angekommen sein. Das bedeutet, das Sehnen wird für immer gestillt sein. Das Erkennen, dass Sehnen in der äußeren Welt, in der irdischen Welt geht immer Hand in Hand mit Enttäuschung, doch die Begegnung und das Sich-Einlassen auf Gott ist die eine ewige Quelle der Kraft und der Freude!

Gewaltlosigkeit ist das Ergebnis von Zuwendung und Vergebung!

Gewaltlosigkeit ist das Ergebnis von Zuwendung und Vergebung. Wann wendet ihr euch einem Menschen zu? Wenn ihr das Bedürfnis habt, ihn zu beachten. Wenn ihr ihn erfahren wollt, wenn ihr ihn verstehen wollt, begreifen wollt. Eine Zuwendung hat nie etwas zu tun mit einer Auseinandersetzung. Zuwendung ist ausschließlich ein Verstehenwollen, den anderen ganzheitlich verstehen und wahrnehmen wollen.

Was ist Vergebung? Vergebung ist ein Auslöschen allen Geschehens, es ist ein Aussöhnen mit dem, was in Kränkung und Verletzung geführt hat. Es ist In-einen-neuen-Tag-Gehen, das was war, hinter sich lassen können und in diesem neuen Tag leben, vorwärts blicken.

Wie findet ihr nun in die Gewaltlosigkeit? Durch die Vergebung aller Kränkungen, durch die Vergebung aller Verletzungen. Was geschieht bei einer Kränkung? Ein Mensch spricht euch eine Kränkung. Euer Herzmuskel zieht sich zusammen, denn ihr habt nicht die Beachtung erfahren, die ihr euch erhofft habt, erwünscht habt, und nun ist ein Gekränktsein, Trauer. Das Herze ist der Ort der Liebe, und wenn ihr in eurer Liebe verletzt werdet, verkrampft sich das Herz. Das Herz ist ein Muskel und sobald er verkrampft geht, sobald er verspannt geht, kann nicht das Gleichgewicht des Menschen gelebt werden. Ihr kennt Muskelverspannungen und ihr wisst, welch ein unangenehmer

Schmerz das ist, welch eine Verhärtung dort stattfindet und welche Mühe es macht, diese Verhärtung wieder zu lösen. Kränkung macht also das Herze hart, macht es krank.

Was ist eine Verletzung? Ihr verletzt euch, es entsteht eine Wunde, der Körper blutet, der Körper weint. Und genau das Gleiche geschieht, wenn euch ein Mensch eine Verletzung spricht. Nicht nur der Körper weint, auch das Ego weint. Was ist denn nun die Ursache dieser Kränkungen und Verletzungen? Es sind die unerfüllten Wünsche, die Erwartungshaltung, die ihr an einen Menschen oder eine Situation gelebt habt, an eine Sache. Die Erwartungshaltung, die Wünsche, die Vorstellung, die Hoffnung, die sich nicht realisiert hat. Auf diese Weise findet Verletzung statt. Was ist nun zu tun, um aus dieser Verletzung zu gehen? Oder lasst mich zuvor sagen, wie reagiert der Mensch? Je nachdem, in welch einem Temperamente er steht. Ist er ein aktiver Mensch, geht er in Aggression, er lebt Wut, er lebt Hass, er sinnt auf Rache, er schlägt zurück. Ist er ein passiver Mensch, dann wird er in die Depression oder in die Resignation gehen. Es ist aber ebenfalls ein aktiver Zustand. Auch hier ist Bewegung, nicht vorwärts, sondern rückwärts.

Was ist nun zu tun, um mit diesen unerfüllten Wünschen, mit diesen Hoffnungen, die sich nicht realisiert haben, diesen Erwartungshaltungen, in die Versöhnung zu finden? Der erste und wichtigste Schritt ist, dass ihr aufhört zu klagen: Warum haben sie nicht, warum durfte ich nicht, oder warum konnte ich nicht? Also, nicht in der Schuldzuweisung zu gehen. Die bequemste Art ist die Schuldzuweisung, aber auch die sinnloseste, denn sie hält in der Gefangenschaft. Sie gibt den Menschen nicht frei, sie macht ihn zum Opfer, und die Welt benötigt nicht Opfer, die Welt benötigt Täter. In der Handlung sollt ihr stehen, im Mut zum Leben.

Also die Überlegung: Warum war mir denn dieser Wunsch so wichtig? Welch eine Erwartung hatte ich denn, als ich die Hoffnung gelebt habe? Was verändert sich denn nun wirklich in meinem Leben, oder an mir, in mir, wenn sich nicht erfüllt? Wie weit schlägt es sich tatsächlich auf meine Lebensqualität nieder?

Denn ihr habt bestimmt schon alle das Erlebnis gehabt, ihr hattet einen Wunsch, eine Hoffnung, und es hat sich erfüllt. Und nach einer Zeit merktet ihr, im Grunde bin ich keinen Schritt mit mir weiter gekommen. Ich lebe noch immer meine Unzufriedenheit, meine Unzulänglichkeiten.

Es ist also wichtig, gegenüber anderen Menschen nicht in dem Vorwurfe zu gehen, den Eltern, Erziehern, dem Umfeld, in das ihr hineingeboren und gewachsen seid. Sie nicht dafür verantwortlich zu machen, nicht die Lebensumstände verantwortlich zu machen, sondern zu sagen: So, das ist jetzt die Bilanz, hier stehe ich, jetzt sehe ich klar. Und auf diesem Stande kann ich aufbauen und kann vorwärts gehen. Das bedeutet, aus Kränkungen und Verletzungen eine Erkenntnis zu ziehen und damit in Handlung zu kommen. Das bedeutet, Täter zu sein und nicht Opfer. Wenn die Menschen sich als Opfer des Geschickes sehen und leider tun sie es, wie kann sich denn dann diese eure Welt verändern? Wie kann sie sich verbessern, wenn jeder in der Rolle des Opfers stehen bleibt? Es ist so wichtig, dass ihr nicht den Glauben an das Leben verliert. Dass ihr den Glauben an die Wandlung und Verwandlung nicht verliert, dass ihr euch unabhängig macht von den äußeren Lebensumständen. Wenn ihr euch von ihnen abhängig macht, bleibt ihr Sklaven. Wandlung und Verwandlung des eigenen Ichs soll sein. Wenn ihr sagt: Mein Ziel ist Freiheit, ich möchte Freiheit leben, dann ist diese Freiheit nicht abhängig von euren Lebensumständen, sondern sie ist abhängig von eurem Herzensfrieden. Ein Mensch, der die Kraft lebt, an das Gute, an die Wandlung zu glauben, wird das Gute, wird die Wandlung erleben.

Ihr kennt die Kraft der Gedanken, zumindest wurde euch davon berichtet. Die Kraft der Gedanken, die zum ‚Ja' und ‚Nein' führen können. Ihr sprecht von dem Satan, ihr sprecht von dem Teufel, von dem Bösen auf der Welt. Ich sage euch: Eure Gedanken sind häufig der Teufel und eure Gedanken sind häufig der Satan. Denn halten sie euch nicht von dem Lichte fern. Lebt ihr nicht eher die Verzagtheit und den Missmut und die Ungeduld, die Unwilligkeit, die Verbitterung? Wie häufig habt ihr die Kraft, zu dem Tief zu sagen: Ich will dich akzeptieren, damit ich erlerne, dir gegenüber unberührt zu werden. Denn seht, das ist das Geheimnis des Lebens: Unberührt zu werden gegenüber den Lebensumständen. Das bedeutet, in dem Leide nicht zu klagen und in der Freude bescheiden zu bleiben. Wenn ein Mensch die Kraft hat, seine Gedanken an die Zügel zu legen, dann wird er in ein neues Leben finden. Und dies wird kein armes Leben sein, dies wird kein bescheidenes Leben sein, dies wird ein Leben der geistigen Fülle sein. Der Mensch, der diesen Weg geht, beginnt sich zu lichten. Und ein Mensch, der gelichtet geht, in ihm kann sich die allumfassende Liebe spiegeln.

Wie häufig ist die Frage: Wo ist denn Gott? Warum hilft er mir denn nicht? Wie kann er euch erreichen, wenn eure Gedanken in der ständigen Unrast und Hetze gehen, wenn sie voller Zerrissenheit sind? Nur in der Ruhe, in der Stille kann die Gott-Begegnung sein. Denkt an den See: Geht er aufgewühlt, geht er in einem großen Wellengang? In dem Maße, in dem ihr den Wellengang dieser eurer Gedanken unter Kontrolle führt, in dem Maße kann sich Gott, die göttliche Liebe in euch spiegeln. Nur über die Gewaltlosigkeit könnt ihr den wahren Frieden leben, und darum beginnt, mit euch gewaltlos zu werden. Beginnt, euch nicht mehr zu kränken und zu verletzen.

Der Kluge rühme sich nicht seiner Klugheit, und der Schöne sich nicht seiner Schönheit. Der Starke rühme sich nicht seiner Stärke, und der Reiche rühme sich nicht seines Reichtums. Möchte sich einer rühmen, so rühme er sich, dass er an den lebendigen Gott, an die Urquelle allen Seins, an die allumfassende Liebe glaubt!

Der Kluge rühme sich nicht seiner Klugheit, und der Schöne sich nicht seiner Schönheit. Der Starke rühme sich nicht seiner Stärke und der Reiche sich nicht seines Wohlstandes. Sage ich nicht immer zu euch, steht zu euch und lebt eure Freude an eurer Fülle? Nicht sage ich: Versteckt sie, macht euch klein und unscheinbar, nein, euren Platz im Leben sollt ihr einnehmen und ausfüllen. Aber bedeutet seinen Platz einnehmen und seinen Platz ausfüllen im Stolze zu gehen? In Eitelkeit zu gehen? Selbstverständlich nicht! Der Mensch, dem bewusst wird, dass sein Erkennen, sein Verstehen, sein Wissen ein reicheres ist als das der anderen, was würde es bedeuten, wenn er im Stolze mit sich ging? Würde es nicht bedeuten, dass er sich über die anderen stellt? Dass er auf sie herabblickt? Und der Starke, der sich ganz seiner Stärke bewusst ist, den anderen vielleicht damit einschüchtert, ihn verängstigt? Und der Schöne, der sich in seiner Eitelkeit ergeht, im Vergleichen und im Messen, in der Selbstgefälligkeit. Und der Reiche, der sagt: „Ich habe mehr, du hast gar nichts?" Warum bringt dem Menschen diese Darstellung, das sich Rühmen und das Rühmen seiner Stärken nichts? Weil es immer bedeutet, in dem Vergleiche zu gehen. Weil es immer bedeutet, in dem Messen zu gehen: Du bist weniger, ich bin mehr.

Der Mensch, der Gott erkannt hat als die Urquelle allen Seins, der sein Herze dem Göttlichen geöffnet hat, wird er nicht immer bescheidener? Das heißt, nicht dümmer, weniger schön, weniger stark oder weniger wohlhabend, nein, es bedeutet: Das, was ist, das was er ist, er lebt es, er akzeptiert es, doch er stellt es nicht dar. Und weil er es nicht darstellt, weil er nicht im Messen und im Vergleichen gehen muss, kann er eingesammelt gehen. Geht er nicht zerrissen, zerstreut? Nein, er geht auf sich konzentriert. Und möchte sich einer eines rühmen, so rühme er sich, dass er Gott als die Urquelle allen Seins erkannt hat. Denn wenn er sich dessen rühmt, dann ist sein Herze in Freude, dann ist sein Herze in Dankbarkeit, dann ist sein Herze in Geborgenheit. Denn dieser Mensch hat erkannt! Alles Äußerliche, alles Weltliche unterliegt dem Wandel, lebt die Vergänglichkeit, das Geborenwerden und das Sterben. Doch all das, was die Seele erfährt an Bewusstwerdung und damit an Reifwerdung, all das, was das Herze führt in eine Berührung, in Ergriffenheit, lässt den Menschen jeden Tag ein Stück mehr in Wachstum gehen.

Seht, jetzt gibt es noch den Menschen, der sagt: Ich gehe den spirituellen Weg. Ich will mich ganz Gott öffnen, ich will ihm ganz dienen. Und dieser Mensch versäumt darüber die Welt, den Alltag, er möchte sich abnabeln von der Welt, um ganz Gott zu lieben, um ihn ganz zu erfahren. Gott zu lieben bedeutet nicht, sich von der Welt zu isolieren, sondern es bedeutet, sich der Welt zuzuwenden. Die Sehnenden, die nach Gott sich Sehnenden, wie gerne wären sie schon Engel auf der Erde, statt erst einmal Mensch zu sein auf der Erde, Menschlichkeit zu leben. Menschlichkeit zu leben bedeutet nämlich zu begleiten, bedeutet, die Hand auszustrecken, um die Not, das Leid, den Schmerz des Anderen zu lindern, bedeutet, in jede Handlung seine Achtung und Beachtung zu legen.

Große Werke sind selten. Es liegt in der Natur des Menschen, dass er Großes vollbringen will, Gewaltiges. Aber große Gelegenheiten sind selten und es macht nicht Sinn, auf diese großen Gelegenheiten zu warten, um Gott und der Welt zu beweisen: Ich diene Dir, ich diene Ihm, sondern jeden Tag in den kleinen Möglichkeiten, in den kleinen Diensten, in den kleinen Herausforderungen zu zeigen: Gott, ich habe Deine Botschaft der Liebe erfahren. Nur wenn ein Mensch die Kraft hat, den Weg der kleinen Schritte zu gehen und das bedeutet: Die kleinen Schritte auf sich selbst zu, durch die Selbstbetrachtung, durch das Prüfen: Wo lebe ich meine Unzulänglichkeiten, wo lebe ich meine Schwächen, wo sind meine Ängste, durch was wurden sie ausgelöst? Nur so kann Seelenerlösung sein! Also immer wieder in die Selbstbetrachtung gehen. Heraus aus dem Vergleichen und Messen an dem anderen, der äußeren Welt, sich das ‚Du' leben, um sich zu erfahren.

Euer Herze geht unruhig und die Gedanken, sie sind in einem ständigen Wirbel, und nur wenn die Kraft gelebt wird, mit sich in die Ruhe zu gehen, sich ertragen zu lernen, kann der Frieden sein. Es gibt Entspannungsübungen, wo ihr über eine längere Zeit in das Schweigen geht, über Tage in das Schweigen geht. Was ist das Besondere daran? Seht, ihr alle habt schon einmal einen Zweig in der Hand gehalten und ihr habt begonnen, ihn zu biegen. Und zuerst ließ er sich ganz leicht biegen und kurz bevor er bricht, ist der stärkste Druck auf diesem Zweige. Und genau so ist es mit den Gedanken, mit dieser inneren Unruhe in solcher Zeit des Schweigens. Zuerst ist da die Bereitwilligkeit: Ja, ich will es tun, denn ich will mich endlich finden. Aber nach einiger Zeit kommt die große innere Unruhe immer stärker. Wie ein Ungeheuer steht diese Unruhe vor euch und will euch zerreißen. Und der Mensch, der die Kraft hat, diesen Druck auszuhalten, bis diese Unruhe in sich zusammenbricht, bricht so wie der Zweig, ist zu einem Befreiten geworden. Und darum ist es so wichtig, den Weg der Einkehr zu leben, den Weg der Zentrierung zu leben, den Weg der Selbstbetrachtung und der Selbstachtung!

Nur aus der Selbstbeachtung kann Selbstachtung erwachsen!

Von Selbstbeachtung ist die Rede, damit Selbstachtung gelebt werden kann. Selbstbeachtung bedeutet nicht, sich zu produzieren, sich darzustellen im Außen. Das wäre, in der Ichbeachtung zu gehen, in der Ichsucht zu gehen, sich nach außen darzustellen, um ein Echo zu erfahren: Wie komme ich an?

Selbstbeachtung bedeutet, sich zu betrachten: Wo sind meine Ängste? Wie formulieren sie sich? Wo habe ich das Gefühl, dass das Leben mir aus der Hand geglitten ist? Wo beginne ich, unorientiert zu gehen? Es bedeutet, zu prüfen, wann bin ich vom rechten Wege abgekommen? Vom rechten Wege abkommen bedeutet, nicht mehr in seiner Kraft zu stehen, nicht mehr die Selbstbestimmung zu leben, sich der Depression, Resignation oder Aggression ausgeliefert zu fühlen. Um Herzensfrieden zu finden, wieder zu finden, um sein Leben annehmbar gestalten zu können, gilt es zu prüfen: „Ja, wo habe ich mich verfahren?" Und der nächste Schritt ist, an diesen Ausgangspunkt zurückzukehren.

Jetzt gehen die Menschen in unterschiedlicher Mentalität. Lasst uns das Beispiel nehmen mit dem Auto: Ihr habt euch verfahren. Der eine, sobald er es merkt, kehrt um. Er kehrt an den Punkt zurück, wo er sich verfahren hat. Der andere geht verärgert, frustriert, sucht herum, macht Umwege, wird dabei immer verärgerter, sucht nicht die Schuld bei sich, sondern sucht die Schuld bei der schlechten Ausschilderung oder der schlechten Wegbeschreibung durch die Menschen, die ihn erwarten. Oder er gibt die Schuld dem langsamen Fahrer vor sich, weil er sich über ihn aufregen musste und darum die Kontrolle über den rechten Weg verloren hat. Er wird zu einem Opfer der Situation, verstrickt sich in ihr, je länger er den Ausgangspunkt sucht, an dem er sich verfuhr. Und es kann sogar sein, dass er aufgibt und sagt: „Schluss, ich mache gar nichts mehr, ich fahre wieder nach Hause."

Seht, jeder Mensch hat sich im Leben schon einmal verfahren, und hat es mit Schrecken festgestellt. Und er hat Angst bekommen: „Wie geht es weiter? Wie finde ich wieder in die richtige Richtung?" Es ist so wichtig, dass ihr nicht glaubt, Zeit zu versäumen, wenn ihr an den Ausgangspunkt zurückkehrt, wo ihr merktet: „Jetzt ging mein Leben in eine Richtung, die ich nicht wollte".

Was gehört dazu? Es gehört Mut zur Selbstbetrachtung und zur Selbstbeachtung. Denn es bedeutet, nicht seine lichten Seiten, sondern seine Schatten zu betrachten, all das, was in Befangenheit hält, in Unsicherheit hält, in Sorge hält, in Begrenzung hält, in Gefangenschaft hält. Und immer haben diese Themen mit Angst zu tun.

Jeder Mensch lebt in einer Angst oder in Ängsten. Und diese Angst hält ihn befangen bis hin zu gefangen. Und immer ist Angst Trennung von Liebe. Ein Mensch, der in der Kraft der Liebe geht, und nicht spreche ich von der irdischen Liebe, die ihr einem Menschen lebt oder Menschen, eurer Familie lebt, nein, ich spreche von der göttlichen, von der allumfassenden Liebe. Ein Mensch, der in der Liebe steht, lebt nicht Angst, denn Liebe bedeutet: Licht, durchlichtet, durchflutet zu sein, die Schatten aufzulösen. Und ihr kennt auch diese Zeiten, wo ihr in euch ruhig geht, stabil geht, wo das Selbstvertrauen in euch wächst, wo ihr sagt: „Das schaffe ich schon, das mache ich."

Und wenn ihr in der Zeit der Angst geht, möchte ich euch bitten, dass ihr euch erinnert: „Ich lebe Trennung von der Liebe. Ich kann diese Liebe noch nicht leben, aber ich weiß um die Quelle der Liebe, ich weiß um die göttliche Liebe, um die göttliche Begleitung, und ich will mein Vertrauen dieser Liebe leben!“ Darauf habt ihr Einfluss. Ihr habt keinen Einfluss auf euren Liebesgrad, aber ihr habt Einfluss auf euer Bemühen. Das heißt, wenn die Ängste aufsteigen, könnt ihr mit ihnen in die Zwiesprache gehen. Ihr könnt sie beschwichtigen. Ihr könnt und ihr müsst sie sogar annehmen. Denn was ist denn das Normale? Da steht die Angst, ihr fürchtet euch vor ihr, und ihr schließt die Augen oder ihr blickt fort. Aber dadurch wird die Bedrohung nicht geringer, die Bedrohung bleibt! Und darum ist es notwendig, die Ängste zu beachten, mit ihnen das Gespräch zu suchen, mit ihnen in die Verhandlung zu gehen, zu sagen: „Ich weiß, du willst mich vor etwas bewahren, aber gleichzeitig behinderst du mich, und ich möchte dich austauschen gegen Vertrauen. Ich möchte dich austauschen gegen Gelassenheit“. Und das ist eine Lebenssituation, wo ihr mit eurem Verstande arbeiten könnt, wo ihr mit eurem Verstande zur Ordnung rufen könnt.

Ihr könnt nur in die Selbstachtung finden und das bedeutet, euch wertschätzen, euch annehmen wie ihr seid, euch euer ganzes ‚Ja‘ sprechen und damit in Selbstverantwortung finden, in Mündigkeit, in Erwachsensein, wenn ihr in dieser Selbstbetrachtung geht. Nehmt euch immer wieder einmal Zeit, und lasst die Jahre an euch vorüberziehen. Blickt zurück und merkt euch und haltet fest: „Wo ist meiner Meinung nach mein Leben aus dem ruhigen Gleis gekommen?“

Seht, das ganze Leben, ihr wisst es, ist Herausforderung, ist Wandlung, ist Veränderung, ist Erneuerung und ist Abschied. Und nur dort, wo ihr die Bereitschaft lebt, diese Verwandlungen und diese Veränderungen, diese Neuanfänge und Abschiede mitzumachen, bleibt ihr in Entwicklung, könnt ihr Wachstum leben und könnt Reifwerdung leben. Und gleichzeitig bedeutet es aber auch, die Angst abzubauen, die euch in dem Zustande der Lähmung hält, in dem Zustande der Stagnation. Seid ihr euch eurer Gottes-Kindschaft bewusst. Wollt ihr Beweger und Veränderer sein! Stampft mit dem Fuße auf und sagt: „Ich gehe diesen meinen Lebensweg voller Spannung, voller Erwartung. Ich bin dabei, ich mache mit!"

Alles Beseelte ist ein Widerspiegeln Gottes!

Alles Beseelte ist ein Widerspiegeln Gottes! Wenn das so ist, warum ist Verzagtheit? Warum ist Trauer? Warum ist Begrenzung, Sorge und Angst? Warum ist nicht Leichtigkeit und Beschwingtheit und Freude und Grenzenlosigkeit? Ist nicht Gott grenzenlos?

Wir wollen wieder das Beispiel vom See nehmen. Hat der See keinen Wellengang, können sich die Bäume, die an dem Ufer wachsen, klar in ihm spiegeln, kann sich die Sonne oder der Mond in ihm spiegeln. Ihr habt das alle schon beobachtet. Aber ist Wellengang, was wird sein? Nicht eine klare Spiegelung, sondern eine Verzerrung von dem, was sich spiegelt.

Und nun zum Menschen. Warum kann er, Ausdruck göttlicher Schöpfung, sich nicht in Gott klar spiegeln? Was schafft bei ihm die Verzerrung, lässt ihn nicht deutlich erkennen? Es ist der begrenzte Geist! Was führt denn in die Begrenzung des Geistes? Es ist die Vorstellungskraft. Ihr sagt, das kann ich mir vorstellen, jenes kann ich mir nicht vorstellen. Oder, ich glaube es nicht, es ist für mich nicht greifbar. Das heißt also, ihr schafft einen Rahmen um das, was ihr euch vorstellen könnt. Und was nicht vorstellbar ist, ist außerhalb dieses Rahmens.

Wodurch kommen nun diese Begrenzungen, diese mangelnde Vorstellungskraft oder die begrenzten Vorstellungen? Wir können sagen: Durch Erziehung, durch das, was euch vorgetragen wurde in den Tagen eurer Kindheit: Das, was eure Eltern, eure Lehrer, euer Umfeld als ihr Verstehen und ihre Wahrheit euch vorgestellt haben. All das hat in euch ein Bild geschaffen, hat euch in eine Vorstellungskraft geführt von dem, was möglich ist, und von dem was nicht möglich ist. Häufig haben

Erzieher Kinder in Ängsten gehalten, denn Angst bedeutet, kein Risiko einzugehen. Und kein Risiko einzugehen bedeutet, in der Überschaubarkeit zu halten. Aber auch die eigenen Erfahrungen haben in Begrenzung geführt. Kennt ihr nicht alle diesen Zustand, wenn ihr etwas verändern möchtet, aber nicht den Mut zum Risiko habt? Das Ungewisse steht vor euch. Aber wie leicht könnt ihr dann diese Situation akzeptieren? Geht ihr nicht mit euch enttäuscht, traurig, resigniert?

Wie könnt ihr nun diesen Zustand erreichen, dass der Geist die Grenzenlosigkeit lebt? Seht, all das, was beseelt geht, spiegelt sich in Gott, wird von Gott widergespiegelt. Also auch die Grenzenlosigkeit des Geistes. In eurer Urheimat war diese Grenzenlosigkeit des Geistes, da war das In-der-allumfassenden-Liebe-Schwingen. Seit der Mensch aus der Einheit mit Gott gefallen ist, fühlt er sich in Enge, fühlt er sich in Begrenzung. Und diese Begrenzungen haben angehalten bis zu eurem heutigen Tage. Egal, welche Wünsche ihr euch erfüllt, egal, welche Möglichkeiten ihr nutzt, ihr werdet immer wieder feststellen: Ich fühle mich eingeengt. Ich fühle mich begrenzt. Immer diese innere Unruhe und die Getriebenheit. Ihr sagt: Wann hören sie auf? Was muss denn noch geschehen, damit ich mit mir in Ruhe finde? Die Vorstellungskraft, die Begrenzung schafft, wäre sie aufgehoben, wäre da nicht das Sich-Widerspiegeln in Gott? Wäre da nicht die Heimat hier und jetzt?

Ich will euch mit diesen Worten der Begrüßung verdeutlichen, welch eine Macht in euren Händen liegt. Welch eine Möglichkeit euch gegeben wird, wenn ihr erkennt: Nicht das Äußere schafft Grenzen und Begrenzungen, ich schaffe sie durch meine Vorstellungskraft. Ist eure Vorstellungskraft klein, kann sich Gott auch nur klein spiegeln. Ist eure Vorstellungskraft groß, so kann sich Gott groß spiegeln. Ist eure Vorstellungskraft grenzenlos, ist die Begegnung mit Gott endlich ganz.

Was ist zu tun? Beginnt, nicht die Begrenzung zu sehen, die ihr heute lebt, nicht das Problem festzuhalten, indem ihr eure Gedanken ständig an es bindet, sondern sagt: Dieses Ergebnis will ich sehen. Das soll mein Ziel sein. Das soll meine Erfüllung sein.

Ihr wisst selbst, ihr geht in einer Erkrankung. Und was passiert? Ihr möchtet die Erkrankung verabschieden, aber eure Gedanken gehen, kommunizieren ja ständig mit ihr. Wie kann sie euch verlassen, wenn ihr euch ständig mit ihr im Gespräche befindet. Stellt sie neben euch. Lasst sie zu einer eigenständigen Persönlichkeit werden. Vollzieht eine Trennung zwischen ihr und euch. Betrachtet sie wie einen Besuch, nicht gerade erwünscht ist, aber da. Und nun könnt ihr euch die ganze Zeit ärgern und drauf warten, dass er endlich abreist und ihr könnt sagen: „Ich bleibe gelassen, die Stunde der Abreise kommt schon." Also: Beginnt ihr eure Vorstellungskraft zu verändern!

Und eine wunderbare Hilfe ist euch dabei die Affirmation, klar formuliert und beständig im gleichen Texte wiederholt. Denn viele Handlungen sind Handlungen des Unterbewusstseins. Ihr wisst nicht, warum ihr sie tut. Ihr wisst nicht, warum ihr so bewertet. Viele Erfahrungen schöpft ihr aus dem Unterbewusstsein. Und es ist wichtig, dass das Unterbewusstsein sich verändert, damit auch das Bewusstsein Veränderung erfahren kann. Also eine klare, präzise Formulierung! Und immer wieder die gleichen Worte sprechend, voller Ruhe, voller Vertrauen und voller Gelassenheit. Und auf diese Weise schreibt ihr euer Leben um. Schreibt ihr um das, was ihr Schicksal nennt. Ihr beginnt zu bestimmen, was Schicksalsschläge sein könnten.

Was hilft euch noch, in die Grenzenlosigkeit des Geistes zu finden, damit sich Seele und Geist in Gott widerspiegeln können? Damit sie Heimat leben können? Es ist selbstverständlich das Gebet. Wenn ihr euch in Gott widerspiegeln möchtet, dann bedeutet es, dass ihr mit Ihm die Zwiesprache suchen müsst. Und geht auf Ihn zu wie gleichberechtigte Partner, wie zwei Geschäftspartner aufeinander zugehen. Der eine Geschäftspartner hat erkannt: Ich finde hier keine Lösung für ein Problem. Ich weiß nicht mehr weiter, ich habe keine Idee mehr. Ich will mit meinem Partner sprechen und mir seine Anregung holen, seine Hilfe holen, damit alles wieder in den Fluss kommt. Und dieser euer Geschäftspartner ist Gott. Wenn ihr sagt, das ist mir nicht ehrfurchtsvoll genug, mit Gott wie mit einem Geschäftspartner zu reden, dann betrachtet ihn wie euren Vater. Aber kommt nicht als Bettler, kommt nicht in der Bitte: „Herr, ich bin nichts“, sondern sagt: „Herr, ich möchte mich in Dir ganz spiegeln, denn ich bin Dein Ausdruck. Und hier bedarf ich Deiner Hilfe, Deiner Unterstützung. Was ich tun kann, habe ich getan oder will ich noch tun, aber ohne Deine Begleitung sehe ich jetzt nicht Licht. Doch mit Deiner Begleitung gehe ich immer wieder den sicheren und den geborgenen Schritt, voller Vertrauen“.

Und in dem Maße, in dem dieses euer Gebet oder diese Affirmation nicht nur ein Bewegen der Lippen ist, sondern wenn es ein Bewegen des Herzens wird, dann werdet ihr sehen, wie die Hilfe auf euch zukommt, wie eine Veränderung ist. Nicht nur im Äußeren, in dem Alltäglichen, das euch häufig in Not und Enge, in Verzweiflung hält und in Tränen, - nein! Nicht nur im Äußeren wird Veränderung sein, in euch selbst wird die Veränderung beginnen. Das bedeutet, die Begrenzung eurer Vorstellungskraft hebt sich langsam auf. Die suchenden und grübelnden und verzweifelnden Gedanken werden ruhig und still, oder lasst uns sagen, stiller. Und damit wird der Wellengang des Sees nicht mehr verzerrt wiedergegeben. Nicht mehr verzerrt zeigt sich die Sonne oder der Mond oder die Bäume. Nein, vielleicht noch ein wenig Bewegung, aber für euch ganz deutlich erkennbar. Und das bedeutet, ihr erkennt Gott in euch, seine Ausdruckskraft, seine Grenzenlosigkeit, seine Maßlosigkeit. Ihr beginnt, die Freiheit in euch zu leben. Und der Geist kann sich endlich wieder ganz zum Ausdruck bringen. Und dann beginnt für euch die heile Welt. Dann geht ihr beglückt. Und dann geht ihr verzückt. Und dann merkt ihr, ich habe gedacht: Das, was ich in Grenzen gehalten habe, war für mich Sicherheit. Aber jetzt, da die Grenzen fort sind, merke ich erst, was Sicherheit ist. Denn nun steht mir alle Hilfe Gottes zur Verfügung. Nun kann ich wahrhaft meine Gottes-Kindschaft leben, steht mir all das, was ist, zu meinem Dienste.

‚Alles Beseelte ist Widerspiegelung Gottes.' Denkt daran und beginnt ihr, den Geist in die Freiheit zu führen, indem ihr diese eure Vorstellungskräfte überprüft und sie für ungültig erklärt, euch mit ihnen nicht mehr zufrieden gebt. Denn es kann nur das auf euch zukommen, was ihr hereinlasst.

Wer da hat, dem wird gegeben, damit er die Fülle habe!

Wer da hat, dem wird gegeben, damit er die Fülle habe. So steht es geschrieben Aber ist das nicht Ungerechtigkeit? Ist das nicht Willkür Gottes: Hier ist Fülle und dort ist Not - und zu dieser Fülle soll noch mehr Fülle fließen? Ist denn Gott kein barmherziger Gott und kein gütiger Gott, und sieht er denn nicht das Leid der in Not Geratenen?

Was bedeuten diese Worte: Wer da hat, dem wird gegeben, damit er die Fülle habe? Ich will euch ein Beispiel geben, ein Gleichnis: Ein Bauer hat drei Söhne, sie helfen ihm bei der Arbeit auf dem Felde, verstehen sich also auf die Arbeit von Säen und Ernten. Und als er alt ist und der Tod naht, teilt er sein Land gerecht unter den Söhnen auf. Und er teilt nicht nur das Land unter sie auf, er verteilt auch das Saatgut des vergangenen Jahres, der vergangenen Ernte. Und als der Vater stirbt, treten die Söhne ihr Erbe an.

Und der erste sagt: Wunderbar, ich habe einen Acker und ich habe Saatgut, ich bin ein wohlhabender Mann, ich kann mir das Leben schön machen. Ich verkaufe das Saatgut und lasse es mir gut gehen. Und er tut es. Nach einiger Zeit stellt er fest: Das Geld wird immer weniger, und bald werde ich gar keines mehr haben. Was ist zu tun? Ja, nun, da ist ja noch dieser wunderbare Acker. Ich verkaufe den Acker. Und er verkauft dieses sein Land, sein ererbtes Land. Und nach einiger Zeit stellt er wieder fest, dass das Geld, das er für dieses Land erhalten hat, zu Ende geht und er merkt: Das, was ich an Erbe angetreten habe, ist mir durch meine Finger gelaufen, ich habe nicht verantwortungsbewusst mit meinem Erbe gearbeitet.

Und der zweite Sohn sagt: Wie wunderbar, ich bin ein wohlhabender Mann! Ich verkaufe die Saat und lasse es mir gut gehen. Und nach einiger Zeit stellt er fest: Das Geld, es braucht sich auf, es wird immer weniger. Was tue ich, wenn es ausgegeben ist? Und es wird ihm bewusst: Wenn ich jetzt noch den Acker verkaufe, dann wird auch dieses Geld irgendwann zu Ende sein, und ich stehe vor dem Nichts. Er hat gelernt, ihm ist bewusst geworden. Und er nimmt ein Darlehen auf seinen Acker auf. Er kauft Saatgut und beginnt das Land zu bestellen. Und da er sich bemüht, kann er jedes Jahr von diesem Darlehen abtragen, bis die Zeit kommt, wo die Schulden beglichen sind und er nun Erlös erzielt.

Und der dritte Sohn, er beginnt im Frühjahr das Land aufzubereiten, er streut das Saatgut in die Erde, er hegt und pflegt und jätet und hält den Acker frei von Unkraut. Es kommt die Zeit der Ernte und er trägt seine Ernte nach Hause. Er legt Saatgut zurück für das neue Jahr. Mit dem Ertrag geht er sparsam um und im Frühling merkt er: Von meiner Ernte ist noch übrig, ich kann von ihr verkaufen und dafür ein Entgelt erzielen. Und so macht er es einige Jahre, bis er feststellt: Ich habe so viel angespart, ich kann mir einen zweiten Acker kaufen und kann ihn bebauen.

Und seht, was soll denn jetzt dieses Gleichnis aussagen? Ihr als göttliche Schöpfung, ihr habt eine Seele und diese Seele ist der Acker, der bebaut werden will, der gehegt werden will, damit Ernte sein kann und Fülle und Überfluss. Und euer Bewusstsein, das ist das Saatgut. Und der Mensch, der sich auf diese seine Gottes-Kindschaft besinnt, erkennt: Auch ich habe von meinem Vater ein Erbe bekommen, das bewirtschaftet werden will, damit ich in der Fülle lebe. Ein Mensch, der sich das bewusst macht, er wird sagen: Der Boden ist da, das Saatgut ist da, es ist an mir, an die Arbeit zu gehen. Und das bedeutet, sich nicht über die Mühe, über das Bestellen des Landes zu beklagen oder zu stöhnen, sondern zu sagen: Ich arbeite auf eine Ernte hin, und diese Ernte soll mich nähren und speisen, sie soll mich in Bewusstseinserweiterung bringen, damit ich endlich an die Wurzeln meiner allumfassenden Liebe komme und aus der Not befreit werde.

Denn wer da hat, dem wird gegeben, damit er die Fülle habe! Jeder von euch hat und jedem wird dazugegeben, um die

Fülle zu leben, wenn er bereit ist, mit sich in die Arbeit zu gehen, wenn er bereit ist, jeden Tag neu, sich dieser Kindschaft bewusst zu werden und daran zu arbeiten. Und da gibt es Menschen, die es euch vorgemacht haben, wie an dieser Gottes-Kindschaft zu arbeiten ist, indem sie prüften: Was ist wert, gelebt zu werden? Welche Ernte will ich wahrhaft einbringen? Ist mir die weltliche Lust wichtiger als die Glückseligkeit? Was muss ich tun, um in diesen meinen Frieden zu finden? Und das, was erforderlich ist, ist die ganze Hingabe an Gott, den Schöpfer allen Seins. Und dass ich mit dieser Hingabe in das Vertrauen finde, dass dort, wo ich beginne, mir Zeit für Ihn zu nehmen, Bewusstseinserweiterung sein wird, dass ich in Erkenntnis finde und mich damit meiner wahren Heimat immer stärker nähere. Die Menschen, die sich für Gott entschieden haben und hatten, - was haben sie getan? Sie sind in die Meditation und in die Kontemplation gegangen, sie haben den geistigen und den körperlichen Yoga gelebt, sie haben sich ganz Gott verschrieben und haben damit erkannt, was ethische Werte sind. Sie haben versucht, im ständigen Zwiegespräch mit Gott zu verharren. Nicht nur irgendwann einmal das Gespräch zu suchen oder das Gebet zu sprechen, nein, sie sind in einem ständigen Gebet gegangen, um Gott immer näher zu kommen.

Denn wer da hat, dem wird geben, damit er die Fülle habe! Ich habe es wiederholt gesagt, da ist dieser schlichte und einfache Mensch, sagen wir ein Analphabet, der nicht geistig erbauende Literatur studieren kann, um sein Bewusstsein zu weiten, um in neue Erkenntnisse zu finden, nein, er ist auf das, was er hat angewiesen. Und da ist dieser Hochschultheologe, der Professor, der die Bibel wunderbar zu interpretieren weiß, der sich in sie vertieft hat, weil ja auch er in der Suche nach Gott geht. Und wäre es nicht ungerecht von Gott, wenn dieser Professor die besseren Chancen hätte? Natürlich wäre es das, aber bei Gott ist Chancengleichheit. Beide können sie ihr Ziel erreichen, denn der Weg zu Gott ist der Weg des Herzens, ist der Weg der Einfachheit, der Weg der Einfalt. Und Einfalt bedeutet nicht Dummheit und bedeutet nicht, geistige Schlichtheit, Beschränktheit, nein, Einfalt bedeutet: Ich gehe einfach, damit dieses mein Auge sich öffnen kann, das Auge der Wahrheit sich öffnen kann und sich mir die ganze Wahrheit Gottes erschließt. Und wenn dieser Schlichte, dieser Analphabet in dieses Gottesbewusstsein gefunden hat, dann muss er nicht mehr schreiben können und nicht mehr lesen können, er benötigt keine Bücher der Erbauung, denn ihm ist die Wahrheit und die Weisheit in sein Bewusstsein gegeben, er schöpft aus dem Allwissen und wird jeden Professor noch belehren können.

Und ein solcher Mensch ist nicht mehr an die Polarität gebunden. Er unterliegt nicht mehr diesem Gesetz von Ursache und Wirkung. Er hat in die Freiheit gefunden, er versteht die Elemente nach seinem Willen zu bewegen. Er ruht im Gottesbewusstsein, für ihn gibt es keine Not mehr, er lebt die Fülle. Die Basis war da, und ihm wurde von der Fülle Gottes gegeben. Denn wer die Bereitschaft hat, dem wird gegeben, damit er die göttliche Fülle erfährt. Und ihr seid klug, wenn ihr sagt: „Das soll auch mein Lebensziel sein!"

Die Essenz eures Lebens, es sind die Stunden, in denen ihr Erkennen und Verstehen gelebt habt. Die Qualität eures Lebens, es sind die Stunden, in denen ihr geliebt habt!

Ihr alle steht in Herausforderungen, die euch zwingen euch in ein Thema zu vertiefen, weil es für euren Lebensunterhalt notwendig ist, zu eurem Leben notwendig. Und es gibt Themen, in die ihr euch gerne vertieft, weil sie euch Freude sind, weil das Interesse vorhanden ist. In diesem Vertiefen ist ein Lernprozess enthalten, der euch Zusammenhänge deutlich macht und euch damit in ein Erkennen und ein Verstehen führt. Und je tiefer ihr in die Themen eintaucht, um so mehr kommt ihr auf die Essenz des Themas und damit auf den Extrakt, auf den Auszug. Ihr geht immer stärker in die Mitte des Themas, und darum findet eine immer größere Erkenntnis statt, die Ausdruck eurer Intelligenz oder eures Denkvermögens, eures Intellektes ist, eine Bewusstseinserweiterung.

Was ist das Ergebnis davon? Erkennen und Verstehen bedeutet Freiheit. Es bedeutet Handlungsfreiheit, bedeutet, die Entscheidungen mit höchster Wahrscheinlichkeit richtig zu treffen. Dort, wo ihr in ein Thema gegangen seid, das mit euch kommunizierte, das euch interessierte, dem ihr eure ganze Aufmerksamkeit geschenkt habt, findet eine tiefe Befriedigung statt, Freude findet statt. Das bedeutet nun, dort, wo Intelligenz und Intellekt in einer freudigen Offenheit stehen, dass der Mensch in eine große Handlungsfreiheit findet, aber noch immer steht ihm die Entscheidung frei: In welche Richtung will ich mich bewegen? Will ich aus diesen Erkenntnissen und aus diesem meinem Wissen meine Vorteile auf Kosten anderer ziehen? Oder will ich mein Erkennen und Verstehen und Wissen nutzen, um Hilfe zu sein, um Begleitung zu sein.

Ich sagte, die Qualität dieses eures Lebens, es sind die Stunden, in denen ihr geliebt habt Nach was misst Gott den Menschen? Was lebt der allumfassenden Liebe Echo? Ist es die Intelligenz, ist es der Intellekt oder ist es das Herze, die Herzensöffnung und die Hingabe an die Liebe? Die Mythologie eines fremden Landes sagte: In frühen Zeiten, wenn ein Mensch starb, wog der Gott des Todes das Herze auf einer Waagschale. Und das Gewicht der anderen Waagschale war eine Feder. Wenn beide Waagschalen im Gleichgewichte standen, war die Seele als rein befunden, der Verstorbene als rein befunden und er durfte den Weg durch die Unterwelt gehen, in die jenseitige Welt. Aber hat das nicht immer noch Gültigkeit? Ist diese Mythologie Vergangenheit, nicht mehr zeitgemäß, oder lebt sie nicht auch noch in dieser eurer heutigen Zeit den gleichen Wert? Nach was beurteilt die allumfassende Liebe, Gott? Wie wird hier abgewägt und gewogen? Ist es nicht die Herzensliebe, die ein Mensch lebt? Es ist Gottes Gerechtigkeit, dass der Ungebildete, der Unwissende, der, der schlichten Geistes ist, dessen Denkvermögen ein wenig begrenzt ist, die gleiche Chance hat in die allumfassende Liebe zu finden, wie der Wissende, der Intellektuelle, der Gebildete. Es ist Gottes Gerechtigkeit, dass beide die gleiche Chance haben, ihn zu erkennen, um zum Ausdruck göttlicher Liebe zu werden.

Es kommt nicht auf die Sprache der Intelligenz und des Intellektes an, es kommt auf die Herzenssprache an, und diese Herzenssprache, sie versteht sich auf Güte und sie versteht sich auf Großmut, auf Nachsicht und auf Barmherzigkeit. Diese Herzenssprache, sie ist eine Zudeckende und wenn ich sage zudeckend, dann bedeutet dies, da ist nicht das Analysieren und das Zerpflücken, da ist nicht das mit dem Verstand begreifen wollen und fassen wollen, nein, diese Herzenssprache lässt stehen, beschwichtigend, nicht bloßstellend, nein, zudeckend. Seiner Wege zu gehen ist leicht, zu sagen: Ich will mich finden. Ich will mich nicht mehr schürfen und will mich nicht reiben, dort, wo Unbequemlichkeit ist. Aber, findet dort nicht Vereinsamung statt? Findet dort nicht Rückzug statt und damit Ausschluss? Wenn ein Mensch sagt: Ja, die Herzenssprache soll Priorität haben, die Herzenssprache soll das letzte Wort haben, seht, dann wird Intelligenz und Intellekt bereichernd hinzukommen, und dieser Mensch wird Erkennen und Verstehen mit seinem Verstande und er wird Erkennen und Verstehen mit seinem Herzen. Und die Werke, die daraus entstehen, werden gesegnete Werke sein.

Die Essenz eures Lebens, es sind die Stunden, in denen ihr Erkennen und Verstehen gelebt habt. Die Qualität eures Lebens, es sind die Stunden, in denen ihr geliebt habt. Und das bedeutet, dass diese eure Güte und Barmherzigkeit, die ihr lebt, euch lebt und damit zwangsläufig auch dem Ausdruck göttlicher Schöpfung, also eurem Nächsten, sich positiv auswirkt. Überlegt euch: Wenn mein Herze jetzt auf die Waagschale gelegt würde, wie groß und schwer müsste die Feder sein? Würde sie ausreichen, um das Gleichgewicht zu halten? Will ich mich damit zufrieden geben, dass ein anderes Gewicht als die Feder auf die Waagschale gelegt wird oder will ich im Bemühen gehen, dass mein Herze der Feder standhält?

Der Mensch sehnt sich nach Glück!

Der Mensch sehnt sich nach Glück, denn er glaubt, wenn das Glück eingekehrt ist, ist alles für ihn geordnet, hat er seine Ziele erreicht, hat der Kampf ein Ende und haben die Sorgen ein Ende. Er hat den Überblick, es läuft alles wie er wünscht, nach Plan. Er kann sich bequem zurücklehnen. Doch wenn der Mensch beginnt nachzudenken, dann wird er erkennen müssen, dass das Glück in der äußeren Welt nicht sein kann. Es gibt Glücksmomente, wenn sich etwas erfüllt hat, wenn etwas verabschiedet werden kann. Aber es gibt nicht das dauerhafte Glück in der äußeren Welt. Warum nicht? Weil ihr auf dieser eurer Erde in der Polarität steht. Und in der Polarität stehen bedeutet, in Zuneigung zu gehen und in Abneigung, in Erwartung und in Enttäuschung, wenn die Erwartung nicht eingetroffen ist. Der Mensch lebt Emotionen, und darum wird nie ein dauerhaftes Glück in der äußeren Welt sein. Die Momente des Glückes, ihr wisst, wie schnell sie vergehen, weil ein neues Thema vor der Türe steht und euch herausfordert, von euch bewältigt werden will, und das Glück tritt in den Hintergrund, ein Problem ist wieder da.

Wonach der Mensch sich in Wahrheit sehnt, ist nicht das Glück, sondern es ist die Glückseligkeit. Denn in der Glückseligkeit zu stehen bedeutet, der Mensch ist in sein Urvertrauen zurückgekehrt. Er sehnt sich nicht mehr nach Gott, er hofft nicht, dass Gott ihm gnädig ist, nein. Er hat Gott wahrhaft gefunden, und darum geht er unerschütterlich und unbeeindruckt von dem Lebensspiele, von den Herausforderungen des Lebens, von den Zuneigungen und den Abneigungen, es gibt sie für ihn nicht mehr, er steht in der Glückseligkeit.

Wie ist denn nun eine solche Glückseligkeit zu erreichen? Zuerst ist einmal wichtig, dass ihr euch bewusst macht: Solange Seele und Ego nicht Hand in Hand gehen ist Kampf, ist Zwiespalt in euch. Die Seele ruft nach Glückseligkeit, sie ruft nach dem Frieden und das Ego, es ruft nach der Befriedigung und somit ist Diskrepanz. Notwendig ist, dass der Mensch sich überlegt: Was ist mein Ziel? Was will ich wahrhaft? Und dass er sagt: "Ja, mein Ziel ist diese Glückseligkeit, zurückkehren zu den Wurzeln, in mein Urvertrauen und damit in meine gelebte Gotteskindschaft." In dem Moment wird er immer dann, wenn das Ego ruft: Das will ich und jenes will ich und das soll sich erfüllen und warum nicht ich? Dann wird er innehalten und sagen: „Die Befriedigungen in der äußeren Welt sind von kurzer Dauer. Im vergangenen Jahr wünschte ich mir dieses und ich habe es erhalten und wie beachte ich es heute? Schenke ich ihm noch meine wirkliche Aufmerksamkeit?" Nachdem der Wunsch erfüllt wurde, erlahmte das Interesse. Warum? Weil die Seele keine Ruhe gibt, weil die Seele in ihr Glück finden will und darum das Ego nie Befriedigung erfahren kann.

Und wenn ihr das versteht, dann werdet ihr euch mit dem Leben viel schneller und viel leichter arrangieren können. Dann werdet ihr dort, wo ihr merkt: Wieder kommt die Unruhe, wieder kommt die Unzufriedenheit, sagen: „Ist das wahrhaft für mich lebensnotwendig, trägt dies wahrhaft zu meiner Glückseligkeit bei?" Das ist der erste Schritt, Seele und Ego in den Gleichklang zu führen, dass sie nicht mehr gegeneinander oder voneinander abgewandt stehen, sondern dass sie einander zugewandt gehen. Und der zweite Schritt, mit dem ihr in diese Glückseligkeit findet, ist: Das Vertrauen, die Gelassenheit und die Geduld. Denn dort, wo das Vertrauen gelebt wird, hat der Mensch zu seinen Wurzeln gefunden, lebt er das Urvertrauen und unterliegt damit nicht mehr den irdischen Gesetzen, die kosmischen Gesetze arbeiten ihm zu. Er muss nicht mehr in der Ungeduld gehen, er kann die Geduld leben, denn er weiß: Das, was für mich bestimmt ist und was zu meinem Heile beiträgt, das wird mir widerfahren. Er muss nicht mehr nachlaufen und er muss nicht mehr entgegen laufen, nein, er kann stehen bleiben, er kann auf sich zukommen lassen oder er kann auch entlassen, gehen lassen oder stehen lassen, denn er lebt seine bewusste Gottes-Kindschaft.

Vertrauen, Gelassenheit und Geduld; ihr kennt alle das Thema Geduld - Ungeduld, es geht nicht schnell genug, schneller soll sich erfüllen und dabei reibt ihr euch auf. Aber, wenn ihr euch überlegt: Was ist denn mein Ziel? Und wenn dieses euer Ziel der Herzensfriede ist, was ist denn dann zu überwinden? Es ist die Angst und die Sorge, die Zweifel und die Furcht zu überwinden. Die Gegner der Liebe sind zu überwinden. Und je stärker ihr in euer Vertrauen, in eure Gelassenheit und in eure Geduld geht, um so fester werden die Gegner an eurer Türe rütteln, denn sie wollen euch nicht entlassen, sie wollen euch nicht in die Freiheit gehen lassen. Und darum ist es so wichtig, sich immer wieder zu sagen: „Ich, Ausdruck göttlicher Schöpfung, ich, das Kind allumfassender Liebe, muss mich nicht vor diesen Herausforderungen fürchten. Ich brauche mich nicht zu fürchten. Ich gehe in Ruhe diesen meinen Weg weiter." Dann werdet ihr euer Ziel erreichen, denn seht: Wer in den Himmel will, und damit meine ich jetzt nicht den irdischen Tod, sondern damit meine ich die allumfassende Liebe, wer in den Himmel will, muss die Hölle überwinden. Und die Hölle ist die Angst. Denkt an euer Ziel, an den Himmel. Der Schutz der geistigen Welt ist euch gewiss.

Jauchzet, frohlocket, auf preiset die Tage, rühmet, was heute der Höchste getan!
Lasset das Zagen, verbannet die Klage, stimmet voll Jauchzen und Fröhlichkeit an:
Gottes Sohn wird als Mensch geboren!

Wo habt ihr denn schon einmal einen Menschen jauchzen gesehen? Da müsst ihr bestimmt lange überlegen. Ich gebe euch eine Hilfe. Ein Säugling, an einem ein paar Monate alten Säugling, an ihm könnt ihr erleben, was jauchzen ist. Wenn er die Zusprache, den Zuspruch der Eltern fühlt, wenn sie ihm zärtlich zulächeln, wenn sie den Säugling berühren, was tut er? Er strampelt mit den Beinen und mit den Armen und er lacht und seine Stimme überschlägt sich. Er jauchzt. Was bedeutet denn, in dem Zustande des Jauchzens zu sein? Ein Mensch, der jauchzt, oder lasst uns zurückkehren zu diesem Säugling, es ist Ausdruck vollkommener Hingabe, vollkommener Sorglosigkeit, Unbeschwertheit, Offenheit. Er lebt Empfang. Und das, was er aufnimmt, bereitet ihm Wohlbehagen, Sicherheit und darum wird er zum Echo, er jauchzt.

Wie zeigt sich denn ein Mensch, der im Frohlocken geht? Ihn könnt ihr schon besser einordnen. Ein Mensch, der frohlockt, hat in der Regel recht behalten. Ein Vorhaben, das er verfolgte, ist geglückt trotz der Warnung von anderer Seite: Überlege es dir! Meinst du auch wirklich, dass es gut ist? Aber er ist sich in seinem Vorhaben treu geblieben und er hat Erfolg gehabt. Er frohlockt. Es hat nichts mit Schadenfreude zu tun, mit Recht haben wollen: Ich habe es dir bewiesen. Nein, er frohlockt, er ist dankbar und glücklich und heiter über diesen seinen Erfolg.

Jauchzet, frohlocket, auf preiset die Tage, rühmet, was heute der Höchste getan! Ruhm! Mit diesem Wort könnt ihr etwas beginnen, ihr kennt Menschen, die im Ruhme leben. Sie sind durch eine Handlung oder durch eine Gabe, in die Öffentlichkeit getreten oder gestellt worden. Sie haben sich durch irgend etwas ausgezeichnet und damit aus der Masse hervorgetan. Und in dem Dunstkreise eines Berühmten zu gehen bedeutet: Ich bekomme etwas von diesem Ruhme ab, auch ein wenig Glanz fällt auf mich. Mein Name wird in einem Atemzug mit dem Namen des Berühmten genannt. Aufwertung findet statt.

Jauchzet, frohlocket, auf preiset die Tage, rühmet, was heute der Höchste getan! Lasset das Zagen, verbannet die Klage. Seht, es bedeutet, der Höchste, durch den ich bin, dessen Ausdruck ich bin, hat mir etwas geschenkt. Er hat seinen Sohn zur Erde gesandt, um die Dunkelheit zu verdrängen, damit Licht und Lichtung und Durchschauen ist. Denn dort, wo Licht und Lichtung und Durchschauen ist, verabschieden sich die Furcht, die Sorge und die Angst. Gottes Sohn ist als Mensch geboren. Das große Geschenk Gottes, dass er wieder einmal eine Seele zur Erde sendet, ein Mensch geboren wird, der in dem Christusbewusstsein steht. Denn ‚Gottes Sohn‘ bezieht sich nicht auf die Person, sondern es ist der Zustand des Christusbewusstseins. Ein

Avatar wird geboren, ein Befreiter, der nicht mehr in der Polarität steht, der nicht mehr den Gesetzen der Erde unterliegt. Ein Kind wird geboren, das dieser Erde Licht und Wahrheit bringt, denn dort, wo Wahrheit ist, ist Licht. Und dort, wo Licht ist, kann bewusstes Handeln sein und damit Veränderung, kann all das, was das Herze in Enge hält, befreit werden, damit Frieden das Herze durchdringen kann. Gottes Sohn wird als Mensch geboren, ein Erleuchteter kommt zur Erde.

Ihr geht in den Tagen des Advent und ihr wisst, ihr fühlt es, diese Zeit hat eine andere Energie. Berührung findet statt, Herzensberührung. Leider auch viel Sentimentalität, denn ihr erinnert euch an die Tage der Kindheit, wo ihr voller Erwartung standet, diesem Fest entgegen geblickt habt und gehofft habt, dass der Gabentisch befriedigend ausfällt. Ein Träumen von einer heilen Zeit oder eine Trauer, dass die Zeit nie heil war. Das ist das, was die Herzen der Menschen in dieser Zeit berührt. Aber dort, wo die Botschaft verstanden wird: Gottes Sohn ist als Mensch geboren! Dort, hat der Mensch die Möglichkeit zu sagen: All das, was mich in Enge gehalten hat, all das, was für mich Furcht war, dieses mein Zögern und mein Zagen, ich will es hinter mir lassen. Ich will diesem Boten der Liebe, dem Ausdruck göttlicher Liebe, folgen. Ihm will ich mich öffnen und ich will die Botschaft verstehen, nicht nur mit dem Kopfe, sondern mit dem Herzen. Denn dort, wo das Herze verstanden hat, beginnen die Tage der Freiheit, hat die Dunkelheit Abschied genommen.

Mit diesen Worten der Begrüßung will ich euch animieren: Lebt Stunden des Innehaltens und prüft: Wie will ich diesen Boten der göttlichen Liebe willkommen heißen: Zögernd, zagend, oder geht es nur um einen Jahrestag, bald ist er schon wieder vorbei? Oder will ich mich diesem Boten der Liebe zuwenden und mich damit seiner Botschaft zuwenden? Will ich ihn als meinen großen Bruder erkennen, der mich den Weg in die Freiheit führen will und führen kann, wenn ich den Mut habe und die Kraft habe, mich führen zu lassen, denn dann werde ich nicht den Weg bestimmen, ich werde Ihn den Weg bestimmen lassen. Und das ist die große Entscheidung in den Tagen des Advent. Denn wenn die Glocken zum Christfest läuten, sollte eure Entscheidung gefallen sein, ob dieses Weihnachtsfest wieder mal eines von vielen ist oder für mich die Wende.

Ich will trinken das Wasser aus dem Brunnen der Erkenntnis. Ich will essen das Brot aus dem Korn der Wahrheit!

Ich will trinken das Wasser aus dem Brunnen der Erkenntnis. Seht, für was steht Wasser? Wasser steht für Reinigung, für Erneuerung. Wasser steht für Fluss, also für Fließen, für Fortbewegung und damit für Entwicklung, sich auf ein Ziel hin bewegen. Ich will trinken das Wasser aus dem Brunnen der Erkenntnis. Dort, wo Erkennen gelebt wird, wird Verstehen gelebt und damit die Möglichkeit der Verwandlung, also des Fortschreitens. Altes Erkennen ist überholt durch neues Erkennen. Es gibt drei Arten von Erkennen: Zwei Erkennen über den Verstand und ein Erkennen über das Herze.

Das eine Erkennen über den Verstand ist, dass der Mensch herausgefunden hat, wie er seine Vorteile wahrt, nämlich, indem er den anderen unterdrückt oder manipuliert. Indem er sich Vorteile durch das Übervorteilen des anderen verschafft. Und diese Form des Erkennens führt oder hält in der Ich-Sucht, lässt den Menschen in seinem primitiven Ego gehen. Er schafft keine Werte außer materieller Art. Er wertet sich durch sie auf. Und ein Mensch, der herausgefunden hat, wie ein anderer zu manipulieren ist, lebt seinem Nächsten keine Achtung und Achtsamkeit, nein, er setzt seine Macht ein, um zu übervorteilen.

Die zweite Art des Erkennens über den Verstand ist, wo ich übervorteile. Wo ich übervorteile, missachte ich das Gebot der Liebe. Ein Mensch, der dieses Erkennen lebt, wird mit seinem Nächsten in der Achtsamkeit gehen, weil er in ihm die göttliche Schöpfung sieht und anerkennt. Er lebt die Nachsicht und die Großmut mit den Schwächen des anderen. Das bedeutet nicht, dass er sich durch die Schwächen des anderen manipulieren lässt, nein, er grenzt sich ab, aber er weiß, dass der andere noch Opfer seiner Lebensumstände ist, seiner Weltanschauung, seiner Erziehung, seiner Erfahrung er weiß, welche Entscheidungen der andere für sich daraus gezogen hat. Und ein Mensch, der dieses Erkennen mit dem Verstande lebt, wird es nicht mehr schwer haben, das Verstandene in Gefühle zu verwandeln und damit in die dritte Art des Erkennens finden, in die Sprache des Herzens.

Ich will essen das Brot aus dem Korn der Wahrheit. Seht, das Korn lebt nur dann seinen Sinn, wenn es einer Nutzung zugeführt wird. Gespeichertes Korn ist nicht genutztes Korn. Korn, das gemahlen wird zu Mehl und verarbeitet wird zu Brot, dient der Nahrung.

Ich will essen das Brot aus dem Korn der Wahrheit. Es bedeutet, die Speise der Wahrheit in sich aufzunehmen. Wahrheit bedeutet, in dem Lichte der Liebe zu gehen. Es bedeutet, verstanden zu haben, dass es außer der allumfassenden Liebe keine andere Wahrheit gibt. Und dass jede andere ‚Wahrheit' Menschenerkenntnis ist, das, was er für sich durch seine Erfahrungen an Erkennen gewonnen hat und nun als seine Wahrheit lebt. Ihr wisst alle, wie unzulänglich ihr mit euch selbst und mit dem anderen noch geht, also getrennt von der allumfassenden Liebe. Und darum können diese eure Wahrheiten nur Teilwahrheiten sein. Doch dort, wo die allumfassende Liebe gelebt wird, dort hat die einzige und wirkliche Wahrheit Einkehr gehalten. Der Mensch hat sich gelöst und geht erlöst von seinen Schatten, er geht in seiner Mitte, in seiner Ganzheit, in seinem Heilsein.

Ich will trinken das Wasser aus dem Brunnen der Erkenntnis. Ich will essen das Brot aus dem Korn der Wahrheit. Prüft ihr immer wieder neu! Bin ich noch im Lebensflusse? Gehe ich noch den Weg der Reinigung und der Erneuerung, sodass mich neue Erkenntnisse in meinem Geiste und in meinem Herzen berühren können, damit die einzige Wahrheit mich erfassen kann.

Hass ist der Ausdruck der Abhängigen!

Hass ist der Ausdruck der Abhängigen! Jede Emotion und jedes Gefühl entsteht aus einer Erwartungshaltung oder aus einer Wahrnehmung. Das bedeutet, dass Emotion und Gefühl ein Gegenüber haben müssen, indem sie sich spiegeln, reflektieren können. Seht, ich habe immer wieder gesagt, jede Berührung führt in eine Beeindruckung. Ein Mensch geht freudig auf einen anderen zu, und er erfährt von dem anderen eine Abweisung. Wird er darüber in Traurigkeit fallen, in Enttäuschung, in Frustration, dann ist eine Erwartungshaltung gelebt worden, die nicht erfüllt wurde. Das heißt also, eine Zurückweisung, eine Abweisung, die die Freude vergehen lässt und nun die Enttäuschung, den Ärger, die Trauer hervorruft. Geht ein Mensch freudig auf einen anderen zu und er erfährt eine Zurückweisung und er bleibt davon unbeeindruckt, er bleibt in seiner Freude stehen, dann bedeutet es, dass er an diese Person keine Erwartungshaltung gelebt hat, denn er bleibt Ausdruck der Freude.

Hass ist der Ausdruck der Abhängigen, sagte ich. Wie entsteht denn Hass? Hass entsteht dann, wenn Erwartungshaltungen, wenn Wünsche, wenn Hoffnungen nicht Erfüllung fanden und der Mensch dies nicht akzeptieren kann, sich damit nicht aussöhnen kann. Wenn er gekränkt geht über das, was er nicht erhalten konnte. Er fühlt sich von dem Leben benachteiligt, er fühlt sich von dem Leben nicht angenommen und beginnt nun, sich dem Leben zu verweigern. Genau das, was er vom Leben möchte, will er nun dem Leben nicht geben, er lebt den Trotz. Und er bedenkt nicht dabei, dass er nun in die Isolation geht, dass er ein Klagender und ein Anklagender wird, ein Missgünstiger und ein Eifersüchtiger, der den anderen im Haben sieht und sich im Mangel. Statt das ‚Ja' zu dem zu sprechen, was war oder was ist, verweigert er sich dem Leben, und er wird zu einem Menschen, dessen Nähe gemieden wird, weil er lästig ist, weil seine Sturheit und seine Verbitterung, Energien der Dichte und der Dunkelheit sind.

Lasst uns ein Beispiel nehmen. Ihr werdet euch zum großen Teil wieder erkennen, es ist das alte Thema: Eltern-Kind-Beziehung. Ich sagte immer wieder, der Mensch ist nicht nur das Kind seiner Eltern, er ist vor allen Dingen Gottes Kind. Und wenn er die Liebe nicht leben kann, dann kann er Gott nicht erfahren. Und wenn er nicht mit den Tagen seiner Kindheit ausgesöhnt geht, glaubt im Mangel gelebt zu haben, nicht genügend Achtung und Beachtung erfahren zu haben, dann geht er in sich verbittert, in dem Vorwurfe. Wenn er sich aber bewusst macht: Ich bin Vater und Mutter, denn das Blut meiner Eltern fließt in mir, dann wird er erkennen, solange er nicht mit den Eltern ausgesöhnt geht, kann er nicht mit sich selbst ausgesöhnt gehen. Er wird immer starrer, steifer und sturer, er wird zu einem bitteren Menschen. Das bedeutet, sein Körper wird sauer und Krankheit muss die Folge sein. Der Mensch ist Fleisch gewordene Liebe Gottes, er ist der sichtbare Ausdruck göttlicher Liebe. Und nur der Mensch, als einziges Schöpfungswesen, hat die Möglichkeit in diese allumfassende Liebe zu finden, durch Aussöhnung, durch Akzeptanz, durch Neutralisieren.

Ihr sagt: Gottes Sohn ist als Mensch geboren - und ihr denkt dabei an Jesus. Aber Gottes Sohn ist das Christusbewusstsein, das Jesus vorgelebt hat und darum den Menschen den Weg gezeigt hat, wie das Christusbewusstsein zu finden ist. Und ihr, als Töchter und Söhne Gottes, in euch ist dieses Christusbewußtsein angelegt und mit eurem ‚Ja' zur Versöhnung und damit den Weg der Liebe einschlagend, habt ihr die Möglichkeit, in dieses Christusbewusstsein zu finden.

Hass ist der Ausdruck des Abhängigen! - denn immer sind seine Gedanken, seine Gefühle, seine Emotionen bei dem Thema, was sich für ihn nicht erfüllen wollte. Er beißt sich fest und hält sich damit fest, kann nicht voranschreiten, nicht Entwicklung leben. Statt zu sagen: „Ich will einmal dahinter blikken, hinter dieses Thema: Warum sich nicht erfüllt hat, warum sich nicht erfüllen wollte, warum ich nicht mehr bekommen konnte? Und selbst wenn ich das Thema dahinter nicht erkenne, so will ich es auf sich beruhen lassen, damit ich meinen Weg fortsetzen kann. Dann will ich mich dem Lebensflusse anvertrauen, damit ich in diesen großen Ozean des Allseienden finde, damit ich durch das ‚Ja' zu mir Freiheit leben kann von all dem, von dem ich glaubte, dass es mich bindet und anbindet." Ihr habt die Möglichkeit, dieses euer ‚Ja' zum Entlassen und zum Verlassen all dieser Trauer zu sprechen, dieses zu diesem Nicht-Erhalten-Haben, Nicht-Erfüllt-Worden-Sein. Ihr könnt sagen: „Das sind die Tage hinter mir und jetzt öffne ich mich der Liebe, damit ich eine Tochter, ein Sohn Gottes werde, damit ich das Christusbewusstsein in mir zum Leben erwecke und es in mir verwirkliche."

Gott, die allumfassende Liebe ist Ausdruck grenzenloser Freiheit. Und das bedeutet, Hass, Neid, Sorge, Furcht und Angst können nicht mehr bestehen. Und entscheidet ihr, auf welcher Seite ihr stehen wollt. Die Fülle ist euch gegeben, seid anspruchsvoll und verlasst darum die Seite des Mangels.

Das Pfingstwunder!

Es steht geschrieben: Und es kamen vom Himmel Zungen, zerteilt wie von Feuer, und setzten sich auf das Haupt eines jeden der Jünger. Und der Heilige Geist fuhr in sie, und sie sprachen in fremden Zungen, so wie der Heilige Geist es einem jeden eingab.

Pfingsten, ihr sagt: „Das Fest des Heiligen Geistes." Wie ist denn nun diese Geschichte zu verstehen? Es kamen Zungen vom Himmel, zerteilt wie durch Feuer. Pfingsten ist das Fest der Ausgießung des Heiligen Geistes. Und in eurer Kirche ist an diesem Fest der Altar mit einem roten Altartuch geschmückt, denn rot steht für das Blut, für die Lebensenergie und rot steht für Feuer, für Läuterung, für Glut.

Und was bedeutet, es kamen Zungen vom Himmel? Wie geschieht denn so etwas? Es ist wichtig, dass ihr die Worte symbolisch nehmt. Die Menschen, die Aura wahrnehmen, werden wissen, wie es gemeint ist, diese Zungen, zerteilt wie durch Feuer. Wenn ihr in eine Flamme blickt, dann seht ihr sie ebenfalls züngeln. Und ein Mensch, der Aura sehen kann, wird bei einem Menschen, der in sich bereits sehr stark gelichtet ist, erkennen, dass er nicht nur ein Energiefeld um sich hat wie von einem weißem Nebel, sondern dass auch auf seinem Scheitelchakra eine Flamme züngelt. Ihr wisst, das Scheitelchakra ist die Verbindung zur feinstofflichen Welt, und je mehr ein Mensch in sich zentriert geht, seine Mitte lebt, um so stärker wird diese züngelnde Flamme sein, die aus diesem seinem Scheitelchakra aufstrebt in den Kosmos, und die Verbindung zwischen euch und der allumfassenden Liebe herstellt.

Was ist denn nun mit den Jüngern passiert? Es wird gesagt, der Heilige Geist drang in sie und sie begannen mit fremden Zungen zu sprechen. Und das bedeutet, dass sie nicht in ihrer vertrauten Art und Weise sprachen, so wie ihr Verständnis war, ihre Intelligenz und ihr Bewusstsein - nein, mit fremden Zungen sprachen sie. Sie wurden von dem Heiligen Geiste erfasst und sie erkannten die Wahrheit Gottes. Sie erkannten Gott in seiner ganzen Liebe und Klarheit, und jeder sprach so, wie er Gott wahrnahm, wie er die allumfassende Wahrheit erfuhr.

Ihr habt schon von Menschen gehört, die in Ekstase gingen. Es bedeutet, sie sind nicht Herr ihrer Sinne. Sie stehen mit ihrem Bewusstsein neben sich. Sie sind berauscht, sie sind verzückt, und das, was sie sehen und sagen, ist nicht aus ihrer Wahrheit entsprungen, sondern es ist der Einblick in eine andere Wahrheit.

Seht, wie könnt ihr denn nun dieses Pfingstfest für euch feiern, damit die Wahrheit Gottes euch durchdringt und erfasst und auch ihr beginnt, wie mit fremden Zungen zu reden oder zu singen? Oder zu tanzen oder zu springen, außer euch sein, außerhalb dieser eurer Kontrolle, außerhalb eurer Beobachtung und eurer Bewertung: Wie sehe ich mich? Wie sollte mich der andere sehen? Haltlos werden, diese Grenzen und Begrenzungen, die ihr euch aufbaut zu überspringen, um endlich grenzenlos zu werden und diese eure Gotteskindschaft freudig zu leben.

Ich möchte euch eine kleine Übung sagen, wie auch ihr erlernen könnt, Aura zu sehen, um euch immer stärker bewusst zu werden: Ja, auch in mir ist alles vorhanden und das, was mich noch behindert, diese Vollkommenheit zu leben, ist meine Skepsis, ist mein mangelndes Vertrauen in mich.

Ihr nehmt euch einen schwarzen Karton, ihr legt ihn auf den Tisch, ihr nehmt eure Hände und legt die Handflächen auf diesen Karton. Lasst eure Handspitzen, eure Mittelfinger, ungefähr einen Zentimeter voneinander Abstand halten. Dann blickt ihr auf die Spitzen eurer Mittelfinger. Vielleicht gelingt es sofort und wenn nicht, dann übt ihr ein wenig bis es gelingt. Ihr werdet sehen, wie plötzlich aus diesen euren Fingerspitzen kleine Nebel aufsteigen. Sie ziehen einander an. Das bedeutet, der Nebel der linken Hand strebt zur rechten und der der rechten strebt zur linken. Und dort, wo sie sich berühren, beginnt plötzlich eine kleine Wolke aufzusteigen. Ihr werdet beobachten können, wie sie züngelt. Und das zeigt euch, dass ihr von einem Energiefelde umgeben seid. Wenn ihr eifrig übt, nehmt ihr die Hände immer weiter auseinander um zu sehen, wie stark euer Energiefeld ist.

Und jetzt überlegt euch einmal, ein Mensch, der in Bitternis geht, in Wut, in Hader, in Zorn, was für ein Energiefeld muss er haben? Es ist ein Energiefeld vergleichbar mit einem Gewitter, mit Blitz und Donner. Es strömt und schießt nach außen und drängt alles fort, was ihm Wohlwollen bringen könnte, was mit ihm sein könnte, was es gut mit ihm meinen könnte. Und ihr kennt das selbst, in Tagen des Missmutes oder der Bitternis des Herzens und des Zornes, wie vieles plötzlich misslingt, weil ihr nicht mehr Anziehung lebt, sondern Abstoßung und darum alles, was lebt und das ist alles, was Geist hat, von euch fortdrängt.

Und ihr wisst auch dies, wenn ihr in Zeiten der Ausgeglichenheit geht, der Ruhe und Gelassenheit, dann lebt ihr eine leichte und sanfte Aura, und so wie ihr euch bewegt, so bewegt sie sich mit euch. Geht ihr in der Innenschau, in dem Innehalten, so wird diese Aura, dieses Energiefeld, das euren Körper umhüllt, besonders stark über das Scheitelchakra zu beobachten sein, wie es einen Sog bildet zur lichten Welt. Und hier geschieht die Anziehung, hier kann der Heilige Geist den Menschen durchdringen und ihm seine Eingaben der Wahrheit schenken.

Und darum solltet ihr dieses Pfingstfest einmal wirklich bewusst feiern: Was sagt es aus? Und habt den großen Wunsch, auch von dem Heiligen Geist erfasst zu werden, damit ihr die Wahrheit der Liebe erkennen und leben könnt.

Gewaltig und gewalttätig!

Der Mensch sehnt sich nach Ruhe und Geborgenheit, denn wenn er in der Ruhe und in der Geborgenheit steht, dann ist er mit sich einig, mit sich im Einklang. Ihr lebt in einer zerrissenen Zeit, in einer Zeit der Gewalt und der Gewalttätigkeit. Und darum möchte ich dieses Thema heute aufgreifen, das Thema: Gewaltig und gewalttätig.

Wie zeigt sich ein gewaltiger Mensch? Ich muss noch einmal wiederholen, was ich schon häufig gesagt habe: Das Ich formuliert den Willen und das Ego bestimmt, wie der Wille ausgeführt wird. Der gewaltige Mensch hat seinen Willen eingesetzt, um mit sich in Ruhe und in Einklang zu finden, um mit sich einig zu werden. Und darum wartet er nicht mehr darauf, dass sich die Lebensumstände nach seinem Willen fügen und ordnen, sondern er lebt die Bereitschaft, sich den Lebensumständen anzupassen, die er selbst nicht verändern kann. Er beginnt nicht nur im Außen Anpassung zu leben, sondern er hat erkannt, solange ich mir nicht genüge, mit mir nicht den Krieg beende, solange kann ich nicht in meine Kraft finden und in meine Souveränität. Und darum geht der gewaltige Mensch mit sich in der Großmut und in der Nachsicht, er hat in sich zu ordnen und zu erlösen begonnen, was er an Unzulänglichkeiten mit sich lebte. Er ist also Herr über sich geworden: „Er hat sich in der Gewalt“ sagt ihr, und darum lebt er Selbstbeherrschung und Selbstbestimmung. Er muss nicht mehr agieren und reagieren, sondern er bestimmt den Zeitpunkt, den Moment, wo er sich einbringt, sich äußert. Ein gewaltiger Mensch ist ein zurückhaltender

Mensch. Da er nicht mehr unter einer Beweisnot steht, kann er im Beobachten gehen, kann sich von dem Beobachteten beeindrucken lassen und entscheidet dann, welchen Weg er einschlagen will.

Und nun lasst uns den Gewalttätigen betrachten. Da er sich nicht genügt, da er mit sich nicht im Einklang und Frieden leben kann, steht er noch in einem sehr starken Ego. Er sucht die Anerkennung, die er sich selbst nicht geben kann, im Außen. Und das bedeutet, er steht unter einem Zwang, auf sich aufmerksam zu machen. Er steht unter einem Zwang, sich Geltung zu verschaffen und darum läuft er Gefahr, sich zu produzieren. Er wird auffällig, aber auf unangenehme Weise. Er kann nicht zuhören, nicht hinhören, und er hat nicht die Kraft zu schweigen. Ständig das sich Bemerkbar-Machen, um Resonanz zu erfahren. Aber wie ist die Resonanz? Entweder wird er ignoriert oder er wird attackiert, und beides ist für ihn unerträglich, denn er erreicht nicht sein Ziel, die Anerkennung durch das Außen und die Bestätigung: Du bist wunderbar, du bist ein Mensch mit einem großen Tiefgang. Und da er nun die Anerkennung im Außen nicht findet, beginnt er durch das Wort oder durch die Handlung gewalttätig zu werden. Er will sich Respekt verschaffen und glaubt nun auf diese Weise sich darstellen zu müssen, um Anerkennung zu finden.

Ein anderer, der in sich Gewalttätigkeit lebt, sie jedoch nicht über das Wort oder über die Handlung zum Ausdrucke bringt, neigt zu Phantasien. In seinen Phantasien sieht er sich Befehle geben, herrschen und beherrschen, manipulieren. Alle müssen sich ihm fügen, die sich ihm bisher widersetzten. Er behält das letzte Wort. Er demütigt, um sich in seiner Macht zu erfahren. Oder und das ist auch häufig der Fall, er lebt die Phantasien über sexuelle Perversionen aus. Und auch da wieder das gleiche Bild, er demütigt, er beherrscht, er benutzt, er manipuliert, er vergewaltigt. Doch sobald er wieder ein wenig zu sich findet, stellt er fest: Meine Hände sind noch leerer geworden, ich bin noch einsamer geworden - und statt nun die Spielregeln zu erkennen und den Mut, sie zu leben, diese Spielregeln zu befolgen, wird seine

Aggression gegen sich noch stärker, der Druck noch größer und das Spiel wiederholt sich. Er demütigt sich permanent, er, Ausdruck göttlicher Liebe, er, Ausdruck göttlicher Schöpfung.

Und ihr erkennt euch in beiden, in dem Gewaltigen und ihr erkennt euch in dem Gewalttätigen. Ich möchte mit diesen Worten der Begrüßung bitten zu prüfen: Wo sind diese meine Stärken, die mich gewaltig sein lassen, erhaben, wo ich merke, meine Nähe wird gesucht, weil die Menschen merken: Ich kann ihnen etwas geben, etwas vermitteln, sie finden in mir ein Echo? Und wo bin ich gewalttätig mit mir? Wo gehe ich manipulierend und berechnend? Wo achte ich nicht das Gesetz der Liebe? Und dort lebt euch wahrhaft das Bewusstsein: Es besteht keine Notwendigkeit, ihr seid auf dem Wege in die allumfassende Liebe und darum noch in den Unzulänglichkeiten. Aber wenn ihr beginnt, euch die Achtsamkeit zu leben und wenn ihr beginnt, immer stärker euch als Kind der Liebe anzunehmen, dann werdet ihr plötzlich merken, wie eure Unzulänglichkeiten sich verwischen, nicht weil ihr sie verdrängt, weil ihr sie versteckt, nein, weil sie sich auflösen, wie ein Frühnebel am Morgen, der durch die Sonne aufgelöst wird, von der Sonne durchdrungen wird.

Und der Mensch, er sollte sagen: „Ich will nicht mehr darauf warten, dass ich anerkannt werde, dass ich erkannt werde. Ich will nicht mehr darauf warten, dass das Außen auf mich zukommt oder sich sogar die Lebensumstände nach mir richten, nein, ich bin bereit, mir größere Wertschätzung zu leben und damit mit mir in die Ruhe zu finden und in den Einklang. Ich will beginnen, immer stärker mir mein ‚Ja' zu sprechen, mit mir einig zu werden, um eins mit der allumfassenden Liebe werden zu können."

Mensch, bedenke, dass du sterben musst, auf dass du klug wirst!

Mensch, bedenke, dass du sterben musst, auf dass du klug wirst! Welche Worte der Begrüßung? So wenig Freude auslösend, so wenig befreiend. Mensch, bedenke, dass du sterben musst, auf dass du klug wirst! Warum wähle ich diese Worte der Begrüßung? Ihr seid durch die Zeit des Faschings gegangen, des Karnevals, und ihr seid durch den Tag des Aschermittwoch gegangen. In früheren Zeiten haben sich die Menschen am Aschermittwoch ein Kreuz mit Asche auf die Stirn gezeichnet und damit haben sie symbolisiert: Es hat die Zeit der Passion begonnen, die Zeit der Buße. Was bedeutet denn Passion? Passion bedeutet Leidenschaft, bedeutet Hingabe. Wann lebt ihr Leidenschaft und wann lebt ihr Hingabe, wann lebt ihr Passion? Wenn euch ein Thema tief berührt, wenn ihr davon gefesselt seid, fasziniert seid oder wenn ihr von einer Person fasziniert seid!

Die Zeit der Passion, das sich bewusste Erinnern an Jesus, den Christus, sie ist eine Herausforderung. Eine Zeit wird gewählt, um ganz bewusst und konzentriert auf ihn hinzuweisen, auf Jesus, den Christus. Und wenn ihr für euch entschieden habt, der allumfassenden Liebe eure Hingabe zu leben und Gott eure Leidenschaft, dann bekommen diese Begrüßungsworte einen ganz anderen Sinn. Mensch, bedenke, dass du sterben musst, auf dass du klug wirst! Wer denkt denn gerne an den irdischen Tod? Der Lebensmüde, der keine Erwartungen mehr an das Leben hat. Aber habt ihr nicht alle Lust auf Leben? Ja nun, das sei dahin gestellt, aber ihr habt alle Lust auf ein besseres Leben, was immer ihr nun auch unter dem besser versteht, denn in der Regel ist es ausgerichtet auf die materielle Welt. Doch wenn es heißt: Bedenke, dass du sterben musst, auf dass du klug wirst! Dann ist die Herausforderung: Nimm dir Zeit! Halte inne! Prüfe: Was belastet mich? Was hält mich in der Herzensenge, was lässt mich nicht froh und freudig meine Hingabe an die allumfassende Liebe leben, meine Leidenschaft für Gott? Was hält mich befangen und darum gefangen?

Seht, das Aschekreuz, Ausdruck der Buße, aber wenn ihr an Buße denkt, dann versteht ihr darunter Wiedergutmachung: Ich habe etwas getan und damit habe ich eine Schuld auf mich geladen und jetzt muss ich dafür bezahlen. Aber Buße bedeutet nicht, eine Schuld auf sich geladen zu haben. Buße bedeutet, inne zu halten und zu betrachten: Was behindert mich, die Liebe in mir zu leben, die Liebe zu mir zu leben? Was hält mich kleinlich und befangen mit mir? Warum kann ich mir nicht die erlösenden Worte sprechen? Also ist nun die Herausforderung, um klug zu werden, mit sich in die Betrachtung zu gehen, einmal Bilanz zu ziehen: Was hindert mich an meinem Lebensflusse, und was sollte ich verabschieden, damit ich Lebensqualität bekomme? Und da steht an allererster Stelle das schlechte Gewissen, das den Menschen in einer permanenten Schuld hält, in einem Schuldempfinden. Beobachtet einmal: Menschen, die permanent Schulden haben, tragen ein Schuldthema, das häufig leider nicht erkannt wird. Darum können sie es nicht erlösen und darum bestrafen sie sich selbst, sie leben in Schulden.

Aber die allumfassende Liebe lebt keine Schuldzuweisung, dann wäre sie nicht allumfassende Liebe. Allumfassende Liebe lächelt zu, um euch zu ermutigen und euch Hoffnung zu geben: Diese Begrenzungen, die ich mir selbst auferlegt habe, ich löse sie jetzt auf. Ich akzeptiere sie so nicht mehr, ich entlasse sie. Ich beginne mit mir liebend zu werden, ich beginne mich als Ausdruck allumfassender Liebe zu schätzen. Und das bedeutet, klug zu werden und das bedeutet in dem Hier, in dem Heute, in dem Jetzt zu stehen, präsent und bereit.

Darum möchte ich euch ernsthaft bitten: Wenn euch gesagt wird: Du musst Buße tun, du bist schuldig geworden, glaubt es nicht. Buße tun bedeutet, in die Selbstbetrachtung zu gehen mit sich, in die Begegnung zu gehen, um zu erkennen: Wo habe ich gehandelt, und diese Handlung hat nicht das Ergebnis gebracht, das ich mir erhoffte und was mich darum bitter machte? Wo habe ich gehandelt und habe damit einen anderen geschädigt? Und auch dann ist nicht das schlechte Gewissen gefordert und kann nicht die Rede von Schuld sein, sondern dann wird Erkenntnis gelebt, und ein neuer Weg wird eingeschlagen. Das bedeutet, Entwicklung zu leben, das bedeutet, Wandlung zu leben, das bedeutet, Einsicht zu leben, um in Weitsicht zu finden.

Mensch, bedenke, dass du sterben musst, auf dass du klug wirst! Und wenn ihr möchtet, wählt ihr euch diese Zeit der Passion, um immer wieder einmal inne zu halten und mit euch in die Prüfung zu gehen: Was möchte ich verabschieden? Was will ich erlösen, damit ich mit mir liebend werden kann und Gott, die allumfassende Liebe, sich in mir spiegeln kann?

Brich an, du schönes Morgenlicht, und lass den Himmel tagen!

Weil Gott in tiefster Nacht erschienen, kann unsere Nacht nicht traurig sein. Der immer schon uns nahe war, stellt sich dem Mensch als Menschen dar.

Was bedeuten diese Worte der Begrüßung? Ihr steht im Advent, in der vorweihnachtlichen Zeit, und ich will darauf Bezug nehmen: Weil Gott in tiefster Nacht erschienen – wann ist denn Nacht? Nacht ist, sagt ihr, wenn es dunkel ist. Und wenn in den Schriften von Nacht gesprochen wird und vom Morgenlicht, vom Morgenstern, dann ist immer damit gemeint: Die Dunkelheit, die in dem Menschen ist, die Unwissenheit und damit das von Gott getrennt sein. Gott, die allumfassende Liebe, das Licht! Und die Trennung von diesem Lichte, von dieser allumfassenden Liebe, ist die Dunkelheit, das Irren und Herumirren, die Angst und die Not, die Furcht, all das ist Ausdruck von mangelndem Lichte.

Und wenn es heißt: ‚Weil Gott in tiefster Nacht erschienen, kann unsere Nacht nicht traurig sein. Der immer schon uns nahe war, stellt sich dem Mensch als Menschen dar,' dann wird damit ausgesagt, dass eine Seele, die in der allumfassenden Liebe steht, nämlich in dem Christusbewusstsein, auf diese Erde zurückkehrt, um Licht in das Dunkel der Menschen zu bringen. Seinen eingeborenen Sohn sendet Gott auf diese Erde. Und wenn ihr von dem Eingeborenen hört, dann denkt ihr ganz selbstverständlich an Jesus Christus. Aber ihr müsst euch verdeutlichen, dass Jesus der Mensch ist und Christus das Bewusstsein, das in der allumfassenden Liebe steht und darum Gott gleich. Der Eingeborene, das Christusbewusstsein, das Gott durch einen Menschen den Menschen schenkt, um sich auf diese Weise dem Menschen zu nähern, sich auf diese Weise dem Menschen zu erkennen zu geben. Seht, und wenn ein Mensch die Botschaften Jesus, des Christus, verinnerlicht, was geschieht dann mit dem Menschen? Er beginnt, den Friedensweg zu gehen, und damit beginnt er, sich zu lichten.

Brich an, du schönes Morgenlicht, und lass den Himmel tagen! Was geschieht denn, wenn das Morgenlicht erscheint? Es ist wieder Leben, Lebendigkeit auf der Erde. Die Menschen erwachen und gehen in ihren Tag, die Kreatur erwacht und geht in ihren Tag. Licht bedeutet: Durchschauen, durchblicken – und darum ist Licht gleich Wandlung, ist Licht gleich Wachstum. Ihr sagt: „Ohne Licht kein Leben" und ihr denkt dabei an die Sonne, denn wenn sie auf diese eure Erde nicht Licht bringt, kann nicht Wachstum sein, kann nicht Reifwerdung sein, kann nicht geerntet werden. Und genauso ist es mit euch, wenn ihr euch lichtet, wenn ihr das Licht der allumfassenden Liebe in euch einkehren lasst, dann ist Wachstum, dann ist Bewusstwerdung und damit Befreiung.

Die vorweihnachtliche Zeit, das sich Hinbewegen auf das Christfest, es ist nicht immer nur mit äußeren Vorbereitungen verbunden, sondern auch mit einer inneren Berührung. Viel Sentimentalität wird in dieser Zeit gelebt, aber Sentimentalität ist zu nichts nutze. Sie ist Nostalgie, ein sich Erinnern an Tage, die glücklicher waren oder wo Hoffnung war, die nicht erfüllt wurde. Nein, diese vorweihnachtliche Zeit soll den Menschen animieren, sich bewusst zu machen: Auf was bewege ich mich zu? Ich bewege mich auf die Geburt des Christusbewusstseins zu, und ich will mich mit meinen Herzensberührungen ganz darauf einlassen, ich will diesem Ereignis Hingabe leben, dass Gott seinen Eingeborenen zur Erde sendet, um den Menschen Licht und Erkenntnis zu bringen, um mir Licht und Erkenntnis zu bringen.

Seht, und dort, wo die Bereitschaft zur Hingabe besteht, dort wird der Mensch entweder in sich ein Gefühl der Trauer erfahren und diese Trauer drückt das Heimweh aus, das Sehnen nach diesem inneren Frieden, der Glückseligkeit, nach dieser allumfassenden Liebe, oder es wird Freude auslösen. Und das bedeutet: Ich bin bereit, Dich zu empfangen. Ich will Dir entgegen gehen mit der Liebe meines Herzens, damit Du mich segnen kannst und ich zur Liebe werde. Und in dieser vorweihnachtlichen Zeit fühlt der Mensch das Sehnen Gottes nach seiner Schöpfung und der Mensch, der Erschaffene, lebt das Sehnen nach seinem Schöpfer. Bedeutet es nicht, von zwei Seiten ein Aufeinanderzugehen: Gott auf euch und ihr auf Ihn. Ihr steckt Kerzen an, ihr sagt: „Es ist so gemütlich, es schafft so eine gute Atmosphäre." Steckt ihr eine Kerze an, so steht sie für ein Symbol: Ich zünde mein Licht an, ich zünde das Licht der Liebe in mir an, denn wenn ihr sagt: „Eine Kerze, eine angezündete Kerze ist so gemütlich", dann lebt ihr in euch Wohlbehagen, dann lebt ihr in euch Heimat, und Heimat bedeutet immer: Angekommen sein!

Und prüft in diesen vorweihnachtlichen Tagen: Wohin will ich denn wirklich? Was ist denn mein tiefstes Herzensbedürfnis? Nicht die Befriedigung des Egos, nein, das ist alles kurzweilig, das kann es nicht sein. Was führt mich in einen wahren Frieden des Herzens? Und dann habt den Mut, den Weg zu gehen und es wird immer der Weg zurück in die allumfassende Liebe sein. Und darum sagt auch ihr:„Ja, brich an du schönes Morgenlicht, und lass den Himmel tagen, damit ich mich in meiner Lebendigkeit fühle, damit ich in mir den Christus erwecken kann."

Brich an, du schönes Morgenlicht, und lass den Himmel tagen!

Mit diesen Worten habe ich euch in der letzten Begegnung im Advent begrüßt. Und mit diesen Worten brachte ich zum Ausdruck, dass Jesus, der Christus, das Licht der Welt, von Gott den Menschen geschenkt wurde, der Welt gegeben wurde, um die Herzen der Menschen von ihren Schatten zu befreien, um sie zu lichten, damit der Mensch seine lebendige Gotteskindschaft erfährt, nicht nur von ihr hört oder um sie weiß, sondern sie endlich leben kann.

Ihr seid in ein neues Jahr gegangen. Habt ihr diesem neuen Jahr eure Wünsche formuliert? Habt ihr Vorsätze gefasst, was ihr in diesem neuen Jahr verabschieden wollt, damit auch ihr immer gelichteter geht, damit dieses Christuslicht sich in euch offenbaren kann? Wie habt ihr das neue Jahr empfangen? Habt ihr gefeiert? Seid ihr beschaulich gegangen? Habt ihr ihm zugeprostet? Willkommen neues Jahr! Prosit Neujahr! Oder habt ihr vielleicht geschlafen, euch ins Bett gelegt? Denn es würde bedeuten, es ist euch egal, wie das alte war und das neue sein wird. Gibt es nichts mehr zu verändern? Oder wurde der Kompromiss mit der Resignation geschlossen? Denn all das ist, wenn keine Wünsche an das neue Jahr formuliert werden, nicht Vorsätze gefasst werden.

Begrüßen bedeutet, ich empfange jemanden, einen Menschen, eine Situation. Feiern bedeutet, es gibt einen Grund, ich habe Lust zum Fröhlichsein. Und seht, dort wo Christen auf dieser eurer Welt leben, läuten in der Neujahrsnacht die Glocken. Das neue Jahr wird von den Glocken willkommen geheißen. Wenn Glocken läuten, dann wollen sie nicht nur zum Innehalten aufrufen, um in die Besinnung zu gehen oder zum Gottesdienst. Nein, die Glocken läuten auch, wenn ein Krieg beendet wird, sie läuten den Frieden ein. Welchen Krieg möchtet ihr in euch beenden? Zu welchem Anlass sollen die Glocken für euch läuten?

Ein Schüler kommt zum Meister und sagt: „Meister, ich will mich verändern!“ Wunderbar, sagt der Meister: „Was möchtest du denn verändern?“ Und der Schüler sagt: „Ich möchte großmütiger werden, was soll ich tun?“ Der Meister sagt: „Wunderbar! Großmütiger willst du werden, ein guter Vorsatz. Akzeptiere deinen Kleinmut!“ Und der Schüler sagt: „Meister, wenn ich meinen Kleinmut akzeptiere, wie kann ich dann verändern?“ „Du kannst nur verändern“, sagt der Meister, „wenn du akzeptieren kannst was ist, denn sonst versteckst du oder verdrängst.

Akzeptiere deinen Kleinmut, denn wenn du ihm dein ‚Ja' gesprochen hast, versteckst du ihn nicht mehr vor dir oder den Menschen. Du kämpfst nicht mehr gegen ihn an. Zwänge lösen sich, Zwänge sind gebundene Energie, die in der Dichte halten und dich nicht in das führen, was du erstrebst. Akzeptiere deinen Kleinmut, und dann wirst du merken, wie die frei gewordenen Energien transformiert werden und als Energie des guten Willens, der Gelassenheit und des Wohlwollens zu dir zurückkehren. Und dann wirst du ganz leicht verändern und das erreichen, wonach dein Herze begehrt."

Prüft euch! Was möchte ich verändern? Was soll mir dieses neue Jahr bringen? Ich will nicht auf die Wunder von außen warten, ich will nicht auf eine günstige Gelegenheit hoffen! Das bedeutet, nicht an sich zu arbeiten und gefordert ist die Eigenarbeit. Wachstum kann nur dort sein, wo ihr sagt: „Ich tue!" Also, was wollt ihr verabschieden? Ihr wollt mehr Lebensqualität, und diese Lebensqualität kann nur sein, wenn ihr sie in euch schafft. Und darum blickt nicht nach außen, lebt nicht die Schuldzuweisung, macht nicht Menschen für eure Situation verantwortlich. Ihr tragt das Licht der Liebe in euch, das Christusbewusstsein ist in euch und es will endlich von euch gelebt werden.

Mit Licht, mit Frieden, mit Freude und Glanz segne der Einzige und Wahrhaftige eure Herzen!

Bedeutet nicht ‚Licht' im Leben zu stehen? Denn ihr sagt doch: Licht ist Leben! Licht bedeutet Angstfreiheit, denn dort, wo Licht ist, ist ein Erkennen, ist ein Durchblicken, ist ein Erfassen und ein Verstehen. Und überall dort, wo der Mensch sich sicher fühlt, ist keine Angst.

Nehmt euch das Bild: Ein fremder Raum, er ist dunkel und ihr versucht die Türe zu finden. Ihr werdet die Hände vor den Körper halten, werdet euch durch das Zimmer tasten, um nicht anzustoßen. Und wenn fremde Geräusche sind, die ihr nicht einordnen könnt, dann wird euch vielleicht sogar ein wenig unheimlich. Ihr fürchtet euch oder vielleicht setzt sogar die Angst ein. Das bedeutet: All das, was unbekannt ist, nicht vertraut ist, der Mensch nicht im Griffe hält, kann ihn in die Angst, in die Furcht führen. Doch dort, wo Licht ist und der Mensch mit den beiden Augen, die in die Welt blicken, erkennen kann und dort, wo ein Verstehen ist vom Geiste her, dort ist die Freiheit und damit Licht und damit Leben.

Mit Licht, mit Frieden, mit Freude und Glanz, segne der Einzige und Wahrhaftige diese eure Herzen! Frieden: Bedeutet nicht Frieden in der Ruhe zu stehen und bedeutet nicht Ruhe, in Gelassenheit zu gehen, in der Mitte zu stehen? Ruhe ist, Stille leben zu können, und Stille leben bedeutet, im Flusse zu sein. Im Flusse zu sein bedeutet, in dem Moment, wo ich in mir Ruhe lebe, lebe ich die Innenschau, ich kann durch diesen meinen Kausalkörper Anbindung leben an die göttliche Wahrheit. Denn nur dort, wo der Mensch in das Schweigen geht, kann Erkennen sein und die göttliche Wahrheit erfassbar. Und darum ist Stille Bewegung, im Stille-Werden bewegt sich in mir die Wahrheit der allumfassenden Liebe.

Und dann die Freude! Heißt nicht Freude leben Sorglosigkeit? Und ein Mensch, der sorglos ist, hat er nicht alles geordnet, hat er nicht alles im Überblicke und damit die Lebenszügel in der Hand? Bedingt! Denn das, was er zu ordnen vermag, das hält er in Ordnung, das regelt er. Aber sind nicht dem Menschen immer auch Grenzen gesetzt und damit Begrenzung? Nicht kann er mehr regeln und nicht mehr kann er ordnen und nicht durchschaut er. Der Mensch, der in der dauerhaften Freude geht, er hat die Lösung gefunden. Dort, wo die Grenzen sich zeigen, scheut er nicht, muss er nicht innehalten. Nein, er ist grenzüberschreitend, weil er das Urvertrauen lebt, weil er sich auf seine himmlischen Eltern verlässt, dass sie für ihn ordnen und regeln, dass sie ihn fördern, so dass er Lebensbestimmung leben kann. Und was ist denn Lebensbestimmung? Ist es denn nicht dieser Frieden und diese Freude, die Freude über den Herzensfrieden? Dieser Mensch hat mit dem Geiste, mit dem Verstand und mit dem Herzen erkannt: Ich stehe in dem göttlichen Liebesflusse, darum kann mir nur zugearbeitet werden, darum kann ich meine Unbeschwertheit leben, kann ich in dieser Sorglosigkeit gehen. Ich habe meine Möglichkeiten eingesetzt und jetzt, Herr, ordne bitte Du!

Mit Licht, mit Frieden, mit Freude und Glanz segne der Einzige und Wahrhaftige diese eure Herzen! Eine Hausfrau, eine eifrige Hausfrau hat gesehen, dass die silberne Schale oxidiert ist. Sie nimmt ein Poliertuch, und sie poliert die Schale so lange, bis sie glänzt. Das Ergebnis ist: Sie kann sich in der Schale spiegeln. Wie in einem Spiegel erkennt sie sich. Seht, und ein Mensch, der im Lichte geht, im Frieden und in der Freude und damit in sich geordnet, hat sein Inneres blank poliert. All das, was Patina angesetzt hat, all das, was Verdichtung ist, all das, was ihn an Lebensqualität behindert, Emotionen, die seine Lebensqualität schmälern, all dies beginnt er zu verabschieden. Und in dem Maße, in dem er verabschiedet, beginnt er, sich in der göttlichen Liebe zu spiegeln. Und da ihr Ausdruck, Kinder dieser allumfassenden Liebe seid, wollt auch ihr euch erfahren in dieser göttlichen Liebe, indem ihr beginnt das Licht in euch anzuzünden, sodass Frieden und Freude sein können, sodass ihr euch als Kinder der Liebe erkennt und diese Liebe lebt, denn das bedeutet in die Freiheit gefunden zu haben.

Ich erlaube mir eine Bitte abzuschlagen, nicht weil ich mich vom Bittenden abwende, sondern weil ich mich mir zuwende!

Ich erlaube mir eine Bitte abzuschlagen, nicht weil ich mich vom Bittenden abwende, sondern weil ich mich mir zuwende. Wie fühlt sich das denn an? Kommt da in euch das Gefühl der Behaglichkeit, des Wunsches: Das möchte ich auch gerne können, aber, das darf ich doch gar nicht – das schlechte Gewissen! Ich erlaube mir eine Bitte nicht zu erfüllen, nicht, weil ich mich vom Bittenden abwende, sondern weil ich mich mir zuwende.

Wie ist es denn, wenn ich mich permanent von mir abwende, um mich dem anderen, den anderen zuzuwenden? Bedeutet es nicht, dass ich von den Energiefeldern der anderen ständig berührt werde, von ihnen damit auch manipuliert werde? Und dass ich dadurch immer zerrissener in mir werde, verstreuter und zerstreuter, mich verliere?

Ein Mensch hat entschieden: Ich gehe in das Kloster. Ich will ein heiliges Leben führen, ich will heil werden. Seht, zum einen bedeutet es für ihn: Ich mag mich nicht auf die Lebensherausforderungen einlassen, auf die äußere Welt, ich will mich nicht in der äußeren Welt bewähren. Ich will Gott finden und ich will mit Gott Begegnung leben, er soll meine Mitte sein, mein Ziel und mein Heil. Also schließe ich mich von der äußeren Welt ab. Was bedeutet es denn für die Familie? Die Familie verliert ein lebendes Mitglied. Eltern geben ihr Kind her, weil es das Bedürfnis hat ein mönchisches Leben zu führen. Und wenn ihr in die Geschichte zurückgeht, dann habt ihr auch diese Beispiele, dass der Vater oder die Mutter die Familie verließ, die Kinder verließ, um sich ganz Gott zu verschreiben. Seht, und sind sie wahrhaft den Weg der Erleuchtung gegangen, sind heil geworden und damit heilig, dann ist von ihnen die Rede, sind sie ein Vorbild. Aber die, die zurückgelassen wurden, sie bleiben ungenannt. Ihre Trauer ist unbenannt und unbekannt. Sie mussten sich zugunsten dessen zurücknehmen, der glaubte, berufen zu sein, der seinem Herzen folgte, der den Mut hatte, hinter sich zu lassen, um dem Herzensrufe nachzugehen.

Ich erlaube mir eine Bitte abzuschlagen, nicht weil ich mich von dem Bittenden abwende, sondern weil ich mich mir zuwende. Ihr habt nicht den Weg des Klosters gewählt, ihr habt den Mut gehabt, den Weg der äußeren Welt zu leben. Der im Kloster will Gott finden. Wo findet er ihn denn? In der Kirche, in seiner Zelle? Nein, er findet ihn in sich selbst, denn er ist Ausdruck göttlicher Schöpfung. Wo findet ihr denn Gott? In euch selbst, denn auch ihr seid Ausdruck seiner Schöpfung. Darum steht es euch zu, und es ist sogar eine Notwendigkeit, dass ihr euch zuwendet und den Mut habt, wenn ihr euer ‚Nein' sprechen möchtet, es auch zu tun, nicht, weil ihr Egoisten seid, sondern weil ihr heil werden möchtet. Weil ihr das Bedürfnis habt und auch die Notwendigkeit seht, euch einzusammeln, um nicht mehr zerrissen und gespalten und zwiespältig zu gehen, sondern um heil zu werden, um heilig sein zu können.

Seht, es gibt im Leben immer wieder Zeiten, wo ihr für eure eigene Wahrheit einstehen müsst für das, was ihr für euch als Recht und stimmig erkannt habt. Das sagt euch eure Seele, immer wieder signalisiert sie euch, was für sie stimmig ist. Und wenn der Mensch nicht den Mut hat, diesen seinen eigenen Weg zu gehen, dann verrät er sich, verrät diese seine Gotteskindschaft. Und ihr habt das alle schon erlebt, dass ihr nicht für eure Überzeugung eingestanden seid, dass ihr euch nicht die Treue gelebt habt, dass ihr euch verraten habt, aus welchem Grunde auch immer. Ihr habt euch dabei nicht gut gefühlt, konntet euch nicht gut fühlen, denn sich verraten bedeutet: Ich achte mich nicht, ich lebe keine Selbstachtung. Und keine Selbstachtung leben bedeutet: Ich achte nicht in mir die Göttlichkeit, ich lebe dieser meiner Göttlichkeit nicht die Treue. Wenn ihr dieses euer Lebensziel erreichen wollt, müsst ihr innehalten und euch fragen: „Was ist mein Ziel?“ Ich habe immer wieder gesagt, in letzter Konsequenz ist dieses euer Lebensziel der Herzensfrieden. Denn dort, wo ihr mit euch Frieden lebt, ist Freiheit und ist Freude. Und Frieden, Freiheit und Freude kann nur dort sein, wo ihr mit euch heil geworden seid, und nur, wenn ihr mit euch heil seid, könnt ihr wahrhaft Heil bringen.

Und darum habt den Mut, euch die Treue zu leben, und habt den Mut, eine Bitte abzuschlagen, um mit euch Begegnung zu leben, um mit euch in die Stille zu gehen, um euch in eurem göttlichen Sein zu erfahren.

Vertraue deiner Vorsehung und dir selbst!

Vertraue deiner Vorsehung und dir selbst! Solange der Mensch noch Garantien benötigt, solange der Mensch noch Sicherheit benötigt und Zusicherung, solange lebt er in sich gefangen, kann sich nicht frei bewegen, lebt Gebundenheit, lebt Furcht und lebt Sorge. Garantie, Sicherheit, Zusicherung, sie bedeuten: Ohne dich kann ich nicht leben! Ich habe Angst dich zu verlieren! Was sollte ich nur ohne dich tun? Das Sicherheitsstreben und die Versicherung, die Zusicherung: Liebst du mich noch? Gefalle ich dir noch? Bin ich dir noch wichtig? Bin ich noch die Mitte deines Lebens?

Seht. ein Mensch, der in diesem Verhalten denkt oder handelt, lebt Starre, kann sich nicht in seinen Möglichkeiten erfahren, hat nicht die Bereitwilligkeit oder den Mut, sich sein Leben zu gestalten. Die Herausforderung ist nicht, ohne Partnerschaft zu leben, den Partner zu verlassen, oder ich tue, was ich will! Nein, die Herausforderung ist, in die Entfaltung seiner Persönlichkeit zu gehen, in seine Individualität zu finden. Und ein Mensch, der Garantien benötigt, Sicherheit und Zusicherung, wird folgende Emotionen und Handlungsweisen auslösen: Er erpresst den Partner mit diesem seinem Verhalten. Er presst ihn und erpresst ihn somit. Und ihr wisst alle, wenn ihr bedrängt werdet: Entweder ihr beugt euch der Bedrängung, verliert eure Individualität und eure Persönlichkeit, lebt nicht eure Bestimmung oder ihr wehrt euch. Und wenn ihr euch wehrt, dann habt ihr eine gesunde Lebenseinstellung. Was wird denn die Konsequenz daraus sein? Ihr könnt den Partner nicht mehr achten, ihr könnt nicht mehr liebevoll und achtsam mit ihm gehen. Und lasst ihr euch pressen und erpressen, könnt ihr auch mit euch nicht mehr liebevoll und achtsam gehen. Ihr beginnt auch, euch selbst zu verachten.

Und dann ist eine weitere Gefahr, der Partner, der die Führungsrolle übernimmt, erfährt nicht Reibung durch Widerstand, da er ja mit dem Partner nicht im Austauschen, im Sich-Abstimmen, im Sich-Ergänzen geht. Es ist die Gefahr, dass er die Führungsrolle übernimmt, die ihn in Starre führt, in Starrköpfigkeit: Ich habe recht! Denn aus Angst ihn nicht zu verlieren, wird ihm nicht Widerspruch geleistet.

Was ist nun die Herausforderung für den, der die Garantie, die Sicherheit und die Zusicherung benötigt, der in seiner Hilflosigkeit steht, in seiner Handlungsenge? Die Herausforderung für ihn ist, sich zu erinnern: Wo in meinem Leben bin ich in

Handlungen gegangen und habe mit diesen Handlungen den Erfolg gelebt? Denn was er benötigt, ist der Glaube an sich, den Mut, das Vertrauen, seine Werte zu leben und diese Werte umzusetzen.

Und wenn ihr euch einmal in Ruhe beobachtet und erkennt: Auch ich lebe da ein Muster. Ich habe Angst zu verlieren, alleine zu sein oder sogar einsam zu sein. Verlasse mich nicht, was soll ich ohne dich tun? Oder, bin ich noch immer begehrenswert, liebst du mich noch immer, bin ich noch immer die Mitte deines Herzens? Dann werdet achtsam und dann prüft: Lebe ich noch genügend Eigenständigkeit oder habe ich sie bereits in einem großen Maße verloren? Partnerschaft ist freiwillige Bindung, und das bedeutet, die Partner haben auch die Pflicht, innerhalb ihrer Partnerschaft Individualität und Entwicklung zu leben, ihre Persönlichkeit zum Ausdruck zu bringen. Denn macht das nicht farbig und macht das nicht abwechslungsreich und bringt das nicht auch eine gesunde Spannung in die Partnerschaften?

Also wollt ein begehrenswerter Partner sein, aber sagt nicht: „Verlasse mich nicht!“ sondern seid Vorbild, Ansporn und Animation!

Karneval – der Narr!

Ihr seid in ein neues Jahr gegangen. Habt ihr gefeiert, hinein gefeiert? Habt ihr es begrüßt und willkommen geheißen? Habt ihr gute Vorsätze gefasst? Vielleicht in diesem Jahr ein wenig leichtsinniger zu sein, unbefangener zu sein, vielleicht ein wenig närrischer zu sein?

Ihr steht in der Zeit des Karneval, ihr sagt, „der närrischen, der tollen Tage“. Und darum möchte ich heute mit euch einmal über den Narren sprechen. Woran ist denn ein Narr erkennbar? Ein Narr ist daran erkennbar: Er hält sich nicht an die Konventionen, er lebt, was er fühlt und empfindet. Und dies geschieht aufgrund seiner geistigen Störung. Das bedeutet, die Zellen seines Kopfes können nicht kontrollieren und damit nicht koordinieren. Er lebt kein Ich-Bewusstsein, das: Ich will es aber und ich tue das nicht! Das Ich-Bewusstsein ist blockiert und darum lebt der Narr Wertefreiheit, er lebt Wertelosigkeit. Das bedeutet, bei ihm sind die Werte losgelassen, nicht vorhanden.

Ich sagte, ihr steht in der Zeit des Karneval, der närrischen Zeit, der tollen Tage. Da sind Menschen, die diese Tage für sich nutzen wollen. Sie verkleiden sich, sie setzen eine Maske auf, sie gehen aus ihrer Persönlichkeit hinein in eine andere Identität. Und das schenkt ihnen ein Gefühl von Freiheit, von Unbefangenheit, von Unbeobachtetsein: Jetzt können sie sich einmal so richtig ausleben! Freude wird gelebt, Spaß wird gelebt, Überschwang und Übermut werden gelebt, bis hin zur Unkontrolliertheit. Sie genießen diese Zeit: Endlich einmal sich so richtig austoben, von anderen nicht in der Identität erkannt werden und darum beurteilt oder verurteilt werden. Die Maske schützt sie. Und wenn diese tollen Tage vorbei sind und das Kostüm, die Verkleidung, die Maske abgelegt werden, dann gehen sie zurück in ihren Alltag, nehmen wieder ihre Persönlichkeit an. Aber könnte es nicht sein, dass sie lediglich die Maske des Faschings mit der Maske, die sie im Alltag tragen, vertauscht haben? Und würde das nicht bedeuten, dass jetzt im Alltag wieder eine Maske aufgesetzt wird, die gewohnte und vertraute? Und dass sie zurückgehen in ihr Zögern, in ihre Ängstlichkeiten, dass sie zurückgehen in ihr schlechtes Gewissen und in ihre Zwiespältigkeit, wieder Reibung leben mit sich und dem Alltage, mit den Herausforderungen des Lebens?

Klug wäre gewesen, wenn sie in den närrischen, in den spaßigen Tagen einmal kurz inne gehalten hätten und sich verdeutlicht: Wie schön ist diese Unbefangenheit, diese Leichtigkeit, diese Freiheit. Ich möchte sie gerne in meinen Alltag mit hinein tragen, wenn ich die Maske des Narren wieder ablege. Aber sie haben sich nicht die Zeit dazu genommen, Spaß und Rausch mussten sein, denn wie schnell sind die tollen Tage wieder vorbei, die närrischen Tage.

Was sollen nun meine Worte der Begrüßung? Ich möchte euch mit diesen Worten ermutigen, in die Kraft zu gehen, zu sagen: „Ich will mit mir ehrlicher werden, ich will mit mir wahrhaftiger werden. Ich will das, was ich an Zwängen lebe und an Befangenheiten, an Zweifeln und an schlechtem Gewissen, verabschieden. All das, was mich im Alltage lähmt, will ich entsorgen, damit ich endlich in das Aufatmen gehen kann, damit ich närrische Tage im Alltag leben kann."

Und das bedeutet ja nicht, hemmungslos zu gehen, das bedeutet ja nicht, dem anderen gegenüber verletzend zu sein, nein. Es besagt, dass ihr mit euch wahrhaftig geworden seid und aufrichtig, sich aufrichten bedeutet es und euch in eurer ganzen Größe zeigen, nicht mit eingezogenen Schultern und dem gesenkten Blick wie ein Schuldiger oder Beschuldigter, sondern aufrecht und damit aufrichtig. Seht, dann werdet ihr eurem Nächsten gegenüber wohlwollend sein und gelassen und großmütig, weil ihr es endlich mit euch geworden seid. Das heißt, im Alltage werden die närrischen Tage gelebt, weil ihr euch nicht mehr so ernst nehmt, weil ihr euch euer ‚Ja' gesprochen habt. Und überall dort, wo der Mensch gelernt hat, stärker von sich abzusehen, vom Ego abzusehen, beginnt er in die Leichtigkeit des Herzens zu finden. Er wird humorvoll, er kann über sich lachen, er kann närrisches Verhalten leben, zu seiner Freude und zu der Freude der anderen, weil er Ausdruck von Gelöstheit ist.

Was wäre denn jetzt die Herausforderung, wenn diese närrischen Tage, diese tollen Tage vorbei sind und der Alltag wieder ruft? Die Herausforderung könnte sein: „Ich möchte in diesem Jahr einmal mehr tolle Tage leben, damit ich nicht auf die närrischen Tage des Jahres angewiesen bin!"

Die Beständigkeit ist der Schlüssel zur Wandlung!

Die Beständigkeit ist der Schlüssel zur Wandlung! Warum denn das? Sage ich nicht immer wieder: Nichts ist beständiger als der Wandel, alles ist Kommen und Gehen, alles ist Fluss. Und jetzt sage ich, die Beständigkeit ist der Schlüssel zur Wandlung. Ist da nicht eine Diskrepanz, ein Widerspruch? Und bedeutet nicht Beständigkeit, Unflexibilität, Starre? Nein, es ist kein Widerspruch. Beständigkeit bedeutet: Ich habe etwas als Wert erkannt, als wertbeständig. Vielleicht habe ich es beim anderen beobachtet, wie diese Beständigkeit in den Erfolg führte. Und ich habe mir vorgenommen, auch ich will prüfen, was für mich Wert ist, was für mich Bestand haben könnte. Denn bedeutet nicht Bestand beständig sein: sich einen Wert, ein Fundament zu schaffen, auf dem ich in den Tagen der Unruhe fest verankert stehe, das mich in den Tagen der Unruhe nicht aus meiner Balance wirft, in den Tagen des Zögerns und des Zagens, der Unsicherheiten. Denn ihr kennt doch alle diese Zeiten der Unsicherheit, der Orientierungslosigkeit, des Hinterfragens.

Seht, und dort, wo der Mensch für sich erkannt hat, was ihm möglich ist, an Bestand zu leben, dort greift er nicht nur zurück auf das, was die Ahnen ihm gesagt haben, dort greift er nicht nur zurück auf das, was der andere sagte, nein, er prüft: „Was in diesem meinem Leben soll mein Anker sein?"

Und jetzt nehmen wir das Beispiel: Ein Mensch hat für sich erkannt: Ich will den geistig-spirituellen Weg gehen, den Weg in die Freiheit, den Weg in die Herzensfreude und den Herzensfrieden, den Weg in die Glückseligkeit, den Weg in die allumfassende Liebe. Und jetzt prüft er: Was könnte mein Wegbegleiter sein? Welche Techniken, welche Bücher, welche Übungen, welche Vorträge? Er probiert aus. Und er probiert das eine und probiert das andere und da er, wie jeder Mensch, gerne diesen Weg schnell gehen will, merkt er: Die eine Technik ist nicht der schnelle Weg, die andere ist auch nicht der schnelle Weg, und das dritte und vierte ausprobierte hat mich scheinbar immer noch keinen Schritt weiter gebracht. Was ist die Gefahr? Er resigniert, er ist enttäuscht, denn die Ungeduld hat ihn getrieben.

Die Beständigkeit ist der Schlüssel zur Wandlung! Der, der sagt: „Es ist egal, welchen Weg ich einschlage, wichtig ist, dass ich von diesem Weg jetzt erst einmal überzeugt bin und mir die Zeit lasse, auf diesem Wege voran zu schreiten. Und wenn ich die Geduld und die Gelassenheit mitbringe und das Vertrauen in diesen Weg, wird er den Erfolg bringen. Ich werde erfahren, wie Wandlung sein wird." Die Beständigkeit hat ihn geführt in den gewünschten Wandel.

Und wie ist es bei dem Unbeständigen? Auch bei ihm ist Wandlung, nur nicht mit dem erwarteten Ergebnis, denn da er nicht die Geduld hatte, und da er nicht den Mut hatte, einem Wege treu zu bleiben, wird er in letzter Konsequenz mit leeren Händen stehen und es wird Trauer, Enttäuschung, Frustration sein. Wie fern ist wieder die allumfassende Liebe und wie groß das Sehnen nach ihr, nach dieser göttlichen Liebe.

Wenn ich euch solche Worte der Begrüßung spreche, dann will ich euch ermutigen, euch zu prüfen: Was hat sich in meinem Leben als Wert erwiesen, so dass ich Bestand, Beständigkeit leben kann? Und wo habe ich erkannt, dass ich Starre lebe, Unflexibilität, vielleicht auch Sturheit, denn das ist nicht Beständigkeit, nein, das ist Uneinsichtigkeit und wo sollte ich darum Verwandlung vollziehen? Und wenn ihr so euer Leben ausrichtet, werdet ihr sehen, wie Entwicklung und Veränderung ist und euch bestätigt fühlen in eurer Beständigkeit.

Oh dass ich tausend Zungen hätte und einen tausendfachen Mund, so stimmt ich damit um die Wette aus allertiefstem Herzensgrund ein Loblied nach dem anderen an von dem, was Gott an mir getan.

Was für einen Anlass gibt es denn, zu loben und zu preisen? Ist die Welt nicht voller Elend? Und wie gut geht es denn mir? Habe ich denn nicht meine täglichen Sorgen? Vielleicht Angst um die Arbeit oder der sture Chef, die Kollegin, die mich bekämpft? Ist nicht in der Familie Sorge, vielleicht ist der Partner krank und der Arzt sagt: „Es wird nichts mehr", und ich sorge mich um die Zukunft. Oder ich suche einen Partner, ich möchte nicht mehr alleine sein. Ich sehne mich nach Wärme und nach Gleichklang. Oder auch vielleicht: Er ist mir lästig, er will nicht so, wie ich will, und darum wäre es mir lieber, er würde gehen.

Was gibt es zu loben und zu preisen? Ist es nicht viel leichter aufzuzählen, was alles nicht stimmt, was mich in Not hält, in der Sorge? Seht, Sorge ist Ohnmacht, Ausdruck der Ohnmacht ist, nicht durch Handlung verändern zu können und mangelnder Glaube in die göttliche Führung, in die göttliche Begleitung. Doch dort, wo der Mensch sich bewusst macht, wenn die Sorge Ohnmacht ist, ich also gar nichts an dem Ist-Zustand verändern kann, dann wäre es doch viel klüger, ich höre auf mich zu sorgen. Dann könnten meine Tage doch heitere werden, erfüllte Tage.

Seht, dort wo die Begeisterung ist, steht der Mensch in einem permanenten Kraftstrom. Und würde es sich nicht anbieten, wenn ich die Sorge doch nicht verändern kann, einmal zu prüfen: Was könnte mich begeistern? Was könnte mein Herz erfreuen und erfüllen, so dass meine Gedanken vom Mangel abgezogen werden und sich der Lebensfülle zuwenden? Und vielleicht wäre ein erster Schritt, wenn ihr statt aufzuzählen, was Sorge bringt und euch Sorge macht, euch einmal bewusst werdet, wieviel Fülle doch vorhanden ist, wie gut es doch noch jedem geht. Wenn einmal diese Bilanz gezogen würde, es würde bedeuten: Ich werde wieder nüchterner, ich bin nicht mehr einseitig, sondern ich habe auch die Kraft, meinen Blick auf die andere Seite zu lenken. Und sagt dann: „Ja, ich will für mich prüfen: Was könnte mich begeistern, was könnte mir eine tiefe innere Freude und Befriedigung bringen? Ich will es nicht bei den Gedanken lassen, sondern ich will in die Handlung führen."

Und was wird denn dann sein, wenn ihr den Mut und die Kraft habt zu handeln? Dann werdet ihr merken, welche Möglichkeiten in euch sind, derer ihr euch noch gar nicht wirklich bewusst ward. Und ist es nicht so, immer dann, wenn ihr eine Möglichkeit in euch entdeckt habt, eine Stärke erfahren habt, welch eine tiefe innere Freude ist, ein Stolz: „Oh, das bin ich ja auch noch."

Ein Mensch, der die Kraft hat, beide Seiten der Medaille zu betrachten, der wird auch immer wieder einen Grund finden zu sagen oder zu singen: „Oh, dass ich tausend Zungen hätte und einen tausendfachen Mund, Dir, Herr, wollte ich mein Loblied singen. Aber ich habe nur eine Zunge und ich habe nur einen Mund, doch ich weiß, es genügt Dir. Und mit dieser Zunge und mit diesem Munde will ich Dich preisen." Was bedeutet denn zu preisen? Es bedeutet, eine Anlaufstelle zu haben, die mir Sicherheit bringt, die mich in Gelassenheit führt, bei der ich mich geborgen weiß und die mich in meinem Vertrauen hält. Wenn ihr euch verdeutlicht, das ganze Leben, es ist im Grunde wie ein Labyrinth. Ihr geht in diesem Labyrinth, und selbstverständlich geht ihr auch immer wieder einmal den falschen Weg oder in eine Sackgasse, aber aus dem Labyrinth gibt es immer einen Ausweg, es ist ein Ausgang vorhanden. Und wenn ihr sagt: „Ja, ich will dieses Leben mehr als ein Spiel sehen, als eine Möglichkeit, mich in meinen Gaben zu erfahren", dann werdet ihr euch nicht über die Sackgasse ärgern, und ihr werdet euch nicht ärgern, wenn ihr Umwege machen müsst, nein, ihr werdet sagen: „So ist es, und so nehme ich es an, und so darf es auch sein." Und das bedeutet, Einsicht zu leben, und dort, wo Einsichten sind, da sind die Aussichten. Und das bedeutet: Der Weg aus dem Labyrinth!

Also, meine Aufforderung an euch, sagt: „Ich will mein ‚Ja' sprechen, und ich will jetzt nicht den Mangel betrachten, sondern jetzt will ich mich einmal in der Fülle betrachten, was an Fülle ist, damit auch ich einen Grund habe zu danken, zu loben und zu frohlocken."

Dein Reichtum ist die Fülle deines Herzens!

Wie nennt sich denn dieser Reichtum? Ihr sagt, der Sitz der Liebe ist das Herze. Der Ort der Liebe ist das Herze. Und geht dieses Herze gefüllt von Liebe, dann sagt ihr: „Mein Herze geht in Sprüngen. Mein Herze lacht. Mein Herze hüpft." Geht ihr aber in Mangel an Liebe, dann sprecht ihr von Herzeleid, von Herzensnot. Und ihr sprecht von Herzschmerz, von Herzbrennen und Herzpochen und Herzrasen. Und geht ihr gefühllos, dann sprecht ihr von Hartherzigkeit, von einem Herzen aus

Stein. Also ist zwar das Herze der Ort der Liebe, aber nicht immer hält sich die Liebe darin auf. Und nicht immer hält sich die Liebe darin auf, die in der Emotionalität geht, die irdische Liebe. Denn seht, die irdische Liebe unterliegt noch der Polarität. Das heißt, findet sie nicht Erfüllung, dann setzt dieser Herzschmerz und dieses Herzeleid ein, das Herze trauert. Und je nachdem, in welcher Anlage ein Mensch geht, wird nun statt Liebe Verbitterung sein, Verärgerung, Wut, Neid, Hass, Missgunst, Gier, Habgier oder Sorge oder Angst. Seht, und keine Liebe, Not des Herzens ist da.

Dein Reichtum ist die Fülle deines Herzens. Und wenn ich von dem Reichtum und der Fülle des Herzens spreche, dann spreche ich nicht von der erdgebundenen Liebe, von der emotionalen Liebe, sondern dann spreche ich von der emotionslosen Liebe, die nicht Stimmungen unterworfen ist, die nicht abhängig davon geht, wird mir ein Bedürfnis befriedigt oder nicht.

Ihr plant dieses euer Leben und ihr versucht, dieses euer Leben abzusichern. Und ihr wisst um die Not, wenn ihr glaubt, nicht genügend abgesichert zu sein, wenn die Zukunft trübe, unklar vor euch liegt, nicht kalkulierbar, nicht berechenbar. Wenn der Mensch erkannt hat, dass es keine Sicherheit auf dieser Erde gibt und dass der einzige und wahre Reichtum, den er erringen und gewinnen kann, der wahrhaft sein Besitz, sein Eigentum ist jetzt auf dieser eurer Erde und irgendwann in der feinstofflichen Welt, dass also der wahre und einzige Besitz der Seele die allumfassende Liebe ist, dann wird der Mensch häufiger im Innehalten gehen, und er wird sich überlegen: Was sorge ich mich, was gräme ich mich, was gehe ich im Neid und in der Missgunst oder in der Verbitterung oder der Verzweiflung oder in dem Zorn oder in dem Hass oder in der Wut? All das ist doch Emotion in mir, die ich verarbeiten muss. Lebe ich dem anderen den Groll, so trage doch ich ihn in mir und nicht der andere! Nein, ihr lebt ihn, und euer Herze wird eng, und euer Herze geht verkrampft. Immer wieder das Sich-Überlegen: Wo gehe ich mit mir in der Enge, in der Herzensenge? Und dann ist die Lösung, um überhaupt den Weg in die allumfassende Liebe gehen zu können, die Versöhnung, die Versöhnung mit euch und mit den Themen, die euch in der Enge halten, in der Bitternis. Solange ihr nicht Versöhnung leben könnt mit dem, von dem ihr glaubt, es hat euch in Enge geführt, in einen Nachteil geführt, solange wird nicht die Liebe euer Herz durchglühen können, werden eure Gedanken bittere Gedanken sein. Blickt ihr verbittert zurück und missmutig oder fordernd in die Zukunft, wird dieser euer Körper nicht mit Lichtenergie gespeist, diese eure Zellen werden nicht lichtdurchflutet gehen von der Liebeskraft, sondern eure Zellen werden verdunkelt gehen, sie werden erkranken, sie haben keine Nahrung, keine Lichtnahrung mehr.

Ihr sprecht von dem Immunsystem. Ja, was bedeutet denn das, das Immunsystem? Wie funktioniert es? Seht, ein Mensch in einer großen Liebeskraft, das bedeutet, er ist mit sich im Reinen, er ist sich gut, kann sich das ‚Ja' sprechen, fühlt sich nicht benachteiligt und fühlt sich nicht unterdrückt, sondern er akzeptiert sich; dieser Mensch hat ein stabiles Immunsystem. Er geht mit sich gelichtet, kein innerer Zweikampf, kein Zwiespalt. Geschlossenheit wie eine Familie, die zusammenhält. Auch sie ist nicht leicht verletzbar. Aber geht ihr mit euch in der Zerrissenheit, im Grolle mit euch, dann ist eure Liebeskraft eine schwache Kraft. Und das bedeutet, euer Immunsystem ist labil. Eure Aura, euer Lichtkörper hat Risse und hat Löcher.

Ich möchte euch mit diesen Worten der Begrüßung anregen, dass ihr euch immer wieder überlegt: Was ist wahrhaft mein Schatz? Welcher Reichtum wird mich nicht nur kurzfristig sondern langfristig befriedigen? Welchen Reichtum will ich sammeln? Was sollen meine Güter sein? Und wenn ihr dann beginnt, die Aussöhnung zu leben, dann werdet ihr merken, wie ihr bereits mit euch leicht werdet, wie ihr mit euch friedvoll werdet. Und da ihr nun nicht mehr in der ständigen Selbstbetrachtung eurer Person und eurer Thematik verhaftet bleibt, werdet ihr aufnahmefähig. Eure Sinneswahrnehmungen können arbeiten. Ihr nehmt die Vielfalt dieser eurer Welt wahr, und ihr lasst euch beeindrucken. Ihr beginnt, im Teilen zu gehen, im Teilnehmen und im Teilhaben, im Wahrnehmen. Das bedeutet, herauszutreten aus der Isolation. Es bedeutet, das ‚Du' zu leben. Und es bedeutet, sich in diesem ‚Du' und damit in der Gemeinschaft aufgenommen zu fühlen, sich von ihr getragen zu fühlen und damit die Sicherheit zu leben. Also: Dein Reichtum ist die Fülle deines Herzens. Und wie gefüllt dieses euer Herze geht, das bestimmt ihr!

Über den Frieden!

Wo die Verzweiflung ist, da kann nicht der Frieden sein. Wo die Verbitterung ist, da kann nicht der Frieden sein. Wo die Verachtung ist, da kann nicht der Frieden sein. Und wo die Wut und der Hass sind, da kann nicht der Frieden sein. Und wo Neid und Eifersucht sind, da kann nicht der Frieden sein. Und wo nicht der Frieden in dem Einzelnen ist, kann nicht der Frieden in der Familie sein. Und wo nicht der Frieden in der Familie ist, kann nicht der Frieden in der Gesellschaft sein. Und wo nicht der Frieden in der Gesellschaft ist, kann nicht Frieden auf dieser eurer Erde sein.

Immer wieder das gleiche Thema. Das Thema Herzensfrieden, damit ihr mit euch in die Leichtigkeit findet. Was hält den Menschen von diesem Herzensfrieden ab? Es ist seine Ungenügsamkeit. Der Mensch als Ausdruck der göttlichen Schöpfung weiß – oder lasst mich sagen, seine Seele weiß – um dieses sein göttliches Erbe. Und das göttliche Erbe ist die Vollkommenheit. Denn dort, wo der Mensch in sich Vollkommenheit lebt, lebt er mit sich Einssein. Er geht mit sich ausgesöhnt, er geht mit sich versöhnt, und darum kann er Frieden leben.

Ich sagte, was den Menschen von diesem Frieden abhält, ist die Ungenügsamkeit. Der Mensch leidet unter seinen Gewohnheiten, und er leidet unter seinen Ängsten. Und es gilt, die Gewohnheiten aufzuweichen und es gilt, die Ängste zu verabschieden. Das bedeutet aber gleichzeitig auch die Bereitschaft zu leben und die Vorfreude und die Neugierde und das Gespanntsein auf das, was sein wird, wenn Gewohnheiten und Ängste

Abschied genommen haben. Ihr kennt alle von euch, wie stark Gewohnheiten sind: „Ich möchte gerne, aber..." Und dieses ‚Aber' ist immer auch eine Entschuldigung dafür, dass kein Bemühen um Veränderung ist.

Seht, der ‚vollkommene Mensch'! Was ist der vollkommene Mensch? Der vollkommene Mensch ist der Mensch, der mit sich die Selbstachtung lebt und damit die Selbstannahme. Der vollkommene Mensch ist der Mensch, der sich annimmt, der sich das ‚Ja' spricht, der seine Enge kennt, aber der sagt: „Ich will sie verändern. Ich will nicht unter ihr leiden, sondern ich will den guten Willen leben und das Bemühen, diese Enge in Weite zu verwandeln." Denn seht, das hält den Menschen in der Verbitterung, in der Verachtung, in der Verzweiflung, in dem Hass und in der Wut und in der Missgunst und in der Eifersucht, dass er glaubt, der andere habe etwas, was er selbst nicht hat, was er begehrt. Es ist also notwendig, um in den Herzensfrieden zu finden, dass der Mensch mit sich achtsam wird. Dass er mit sich geduldig geht, und dass er sich bewusst macht, wahre Freiheit besteht nicht darin, alles tun und lassen zu können was ich will, sondern wahre Freiheit besteht darin, unter meinen Grenzen und Begrenzungen nicht mehr zu leiden.

Ihr habt alle Verpflichtungen, und ihr geht diesen Verpflichtungen mehr oder weniger freudig nach. Ihr seid sie eingegangen, und ihr könnt sie nicht einfach ablegen, abwerfen. Ihr lebt Gemeinschaft, ihr lebt das ‚Du' und damit auch die Verantwortung für den anderen, und auch wenn dies euch häufig lästig ist, so ist sie doch eine Tatsache. Und es ist wichtig, und das meine ich mit Freiheit, es ist wichtig, diese Tatsache zu akzeptieren, um unter dem, was ist, nicht mehr zu leiden. Das bedeutet, ihr geht in eure Herzensfreiheit, wenn ihr mit euch die Versöhnung lebt, wenn ihr den Mut und die Kraft habt zu sagen: „Ich will diese meiner Hände Fülle, ich will diese meine Möglichkeiten leben, so gut ich kann. Und ich will sie mit Hingabe, und ich will sie mit Freuden leben." Denn überall dort, wo ihr beginnt, Hingabe zu leben, euch hinzugeben einem Thema, steht ihr nicht mehr im Leiden. Hingabe leben bedeutet, freiwillig abgeben, sich freiwillig zu verschenken, und darum ist das Verschenken bereits ein Geschenk an euch selbst.

Es ist eine Illusion, zu glauben, dass ihr auf dieser eurer Erde Weltfrieden leben könnt. Die Menschen gehen in unterschiedlichen Anlagen, sie gehen in unterschiedlichen Charakteren, sie gehen in einem unterschiedlichen geistigen Bewusstsein. Sie gehen in unterschiedlichen Kulturen und Religionen, sie leben unterschiedliche Wertvorstellungen, und sie gehen in unterschiedlichen Seelenreifen. Und das behindert die Menschen, miteinander in den Frieden zu finden. Es ist darum wichtig, damit überhaupt auf dieser eurer Erde Veränderung und Lichtung sein kann, dass ihr beginnt, mit euch den Frieden zu leben, nicht darauf wartend, dass ein Volksführer euch diesen Frieden verschafft. Es ist notwenig, dass ihr in diesem eurem Leben die Ruhe und Gelassenheit in euch erfahrt, um euch in den Frieden und damit in die Liebe zu euch selbst zu führen.

Seht, es macht keinen Sinn, für den Frieden zu beten. Es macht Sinn, den Krieg in euch zu beenden. Und wenn ihr das geschafft habt, wenn ihr mit euch in die Versöhnung gefunden habt, dann werdet ihr merken, dass diese Verbitterung und diese Verzweiflung, diese Verachtung und diese Missgunst, dieser Neid und dieser Hass und diese Eifersucht vorbei sind. Ihr beginnt, in euch zu ruhen, werdet Lichtträger für diese eure Erde, werdet Erheller und Lichter dieser eurer Erde, sodass sie die Möglichkeit hat, sich zu erneuern, so dass die Menschen die Möglichkeit haben, in der sachlichen und in der wohlwollenden Auseinandersetzung miteinander zu gehen.

Unterwerfung – Unterordnung – Unterdrückung!

In unserer letzten Begegnung sprachen wir davon, dass wir die Worte der Begrüßung am heutigen Abend zu dem Thema „Unterwerfung, Unterordnung, Unterdrückung“ wählen wollen.

Was bedeutet, in der Unterdrückung zu gehen? Ein Mensch, der Unterdrückung lebt, steht in Angst vor Strafe, vor Gewalt, lebt Hilflosigkeit oder Orientierungslosigkeit, lebt mangelnden Mut, seine Worte des Erkennens zu sprechen, sich darzustellen wie er ist. Unterdrückung wird er erfahren, denn er hat nicht die Möglichkeit der Entfaltung. Und wenn er nicht den Mut findet, sich darzustellen, wird er in Verbitterung fallen, in Hass, in Wut, in Resignation, in Frustration gegenüber dem, der unterdrückt oder scheinbar unterdrückt.

Dort wo das Herze Verbitterung lebt, kann nicht der Liebesfluss sein, kann nicht Liebe zu sich selbst und nicht Liebe zu den anderen sein, es kann nicht Versöhnung mit sich und mit dem anderen stattfinden.

Wie sieht es aus bei der Unterordnung? Unterordnung ist immer ein freiwilliger Akt. Es wird ein übergeordnetes Ziel erkannt, und diesem Ziele wird sich untergeordnet zum Wohle des Zieles. Und da Unterwerfung und Unterordnung immer mit Menschen in der Gemeinschaft gelebt wird, bedeutet es, die Gemeinschaft ordnet sich dem übergeordneten Ziele unter. Lasst uns als Beispiel die Partnerschaft nehmen: Ihr geht in die Partnerschaft, und selbstverständlich sagt ihr: „Ich will glücklich werden." Wenn ein Mensch mit diesem Vorsatz in eine Partnerschaft geht, wird er nicht das Glück finden. Wichtig ist zu sagen: „Unsere Partnerschaft soll glücklich werden." Das ist das übergeordnete Ziel. Und um dieses Ziel zu erreichen, ist selbstverständlich der Kompromiss notwendig. Das bedeutet das Sich-zurücknehmen-Können, damit das Ziel erfüllt werden kann. Die meisten Menschen jedoch haben Angst sich zurückzunehmen. Sie leben die Furcht, dass aus dieser Zurücknahme eine zu starke Anpassung wachsen könnte bis hin zur Unterwerfung.

Aber seht, was bedeutet Anpassung? Bedeutet nicht Anpassung: Es passt sich etwas der Situation an, es fügt sich zu einem harmonischen Ganzen zusammen? Wenn der Mensch jedoch erkannt hat, dass Unterordnung nicht bedeutet, auf seine Individualität zu verzichten, sie abzulegen oder gar zu unterdrücken, sondern dass Unterordnung ein Akt der Hingabe ist, wird er die Bereitschaft leben, sich für dieses Ziel unterzuordnen. Bedeutet nicht Hingabe: Ich gebe mich hin? Ein Mensch, der sich hingeben kann, steht nicht in der Angst, er könnte zuviel geben, es könnte ihm genommen werden, nein, er kann sich geben, denn er macht es aus einem Bedürfnis heraus. Es bedeutet, in dem Dienen zu gehen.

Wir wollen nicht wieder den Unterschied zwischen Bedienen und Dienen besprechen, ich habe ihn schon so oft erwähnt. Ich sagte, bei dem Dienen bereitet euch das Dienen bereits Freude, ist es Geschenk. Und genau das findet statt bei der Hingabe. Da der Mensch, der Hingabe lebt, in sich ruht, mit sich eins geht, in sich geschlossen geht, sein Selbstvertrauen und seine Selbstsicherheit lebt, kann er sich nicht verlieren, wenn er sich hingibt. Seht, und dort, wo die Kraft gelebt wird, dieses übergeordnete Ziel - Glück oder Sicherheit, Geborgenheit oder was auch immer zu erreichen, dort wird Harmonie gelebt, und dort wird dem anderen die Akzeptanz gelebt und die Achtung.

Lasst uns die Tierwelt betrachten: Dort, wo Tiere sich zum Rudel zusammenfinden, ist da nicht immer ein Rudelführer? Und ordnen sich die Mitglieder des Rudels nicht unter zum Wohle des Rudels? Oder ein Unternehmen, ein Geschäft: Da ist ein Chef oder ein Geschäftsführer. Er hat das Sagen in dem Unternehmen, er bestimmt! Und wenn die Mitarbeiter nicht die Kraft haben, in der Unterordnung zu gehen, in der Bereitschaft, sich dem Wohle des Ganzen zu fügen und damit sich zum eigenen Wohle zu fügen, wird Frustration, wird Demontage sein, Behinderung des Geschäftsflusses, dem Chef wird Widerstand gelebt, Verbitterung: Die Überlegung: Wie kann ich ihm schaden, wie kann ich ihn ausbeuten, wo kann ich meine Vorteile ziehen?

Ich möchte euch mit diesen Worten der Begrüßung animieren, dass ihr immer wieder einmal in das Nachdenken geht: Wo lebe ich Unterdrückung, wo lasse ich mich unterdrücken? Und dass ihr euch dann deutlich macht, dass hier nicht die Selbstverantwortung gelebt wird. Und ist es nicht eure Lebensaufgabe, und ist es nicht euer Thema in dem heutigen Leben, ein freier Mensch zu werden, der sich das 'Ja' sprechen kann, der mit sich in der Zufriedenheit gehen kann, der sich zulächeln kann? Denn nur dort, wo ihr euch zulächelt, lebt ihr die Kraft des Lächelns für die Welt, und damit die Kraft, an dem Frieden in der Welt mitzuwirken, den Frieden in der Welt auszubauen, aufzubauen.

Prüft einmal, wenn ihr euch unterdrückt fühlt: Wo ist die Ursache? Geht den Weg zurück und betrachtet: Wo zum ersten Mal fühlte ich mich unterdrückt, welch eine Situation war es, durch was war sie ausgelöst? Versucht aufzudecken und aufzuknüpfen, damit ihr Veränderung und Verwandlung leben könnt. Und die Unterordnung: Ein Sich-Angleichen der Situation, der Gegebenheit, ein bereitwilliges Sich-Zurücknehmen. Ist es nicht so? Dort wo ein Mensch die Kraft lebt, sich zurückzunehmen, um dem anderen den Vortritt zu lassen, bedeutet es nicht, dass er sich nicht darstellen muss? Seinen Platz nicht verteidigen muss, um etwas zu sein?

Lebt ihr den Wunsch, den Willen, das Bedürfnis der Hingabe, des Euch-Hingebens? Erinnert ihr euch, als ihr verliebt gingt? Mit welch einem tiefen Bedürfnis ihr die Hingabe gelebt habt, ihr eure Sehnsucht oder euer Ego ganz vergessen habt? Der andere wurde zur Mitte eures Seins. Welch eine Freude ihr dabei empfunden habt! Überwindet die Angst, verlieren zu können oder Verlierer zu werden, wenn ihr die Hingabe lebt. Der Lohn wird sein oder die Resonanz wird sein, dass ihr in einem tiefen freudigen Herzen geht, dass ihr in Leichtigkeit geht, in Beschwingtheit, in Freiheit, und keinen Moment lang und keinen Atemzug lang das Gefühl habt: Ich habe von mir abgegeben! Im Gegenteil, ihr sagt: „Ich habe hingegeben, und das führte mich in Freude!“

Die Freude ist die Brücke zu Gott!

Was bedeutet das Wort ‚Licht'? Es bedeutet nicht nur Helligkeit und Wachstum, es bedeutet Sicherheit! Wieso bedeutet es Sicherheit? Seht, Licht bedeutet Sicherheit, weil es ein Durchblicken, ein Durchschauen ermöglicht.

Stellt euch einen dunklen Raum vor, er ist eingerichtet. Und dieser Raum ist euch nicht bekannt, er ist euch nicht vertraut.

Ihr geht in diesen Raum. Die Dunkelheit, das Nichtwissen wohin ihr geht, wo ihr anstoßen könnt, euch verletzen könnt, welchen Gegenstand ihr berührt, das Ertastenmüssen, führt in Unsicherheit, führt in Ängstlichkeit. Und dort, wo die Angst ist, dort kann nicht das Vertrauen sein.

Wenn ich also sage, Licht bedeutet Sicherheit, dann will ich damit zum Ausdrucke bringen: Überall dort, wo ihr kalkulieren könnt, wo ihr eine Lebenssituation im Griffe haltet, lebt ihr Licht, lebt ihr das Durchatmen und das Aufatmen, vertraut euch. Ihr wisst, um was es geht.

Worin liegt aber nun die Schwäche des Menschen? Warum ist so wenig Licht um ihn, warum ist so wenig Licht in ihm? Weil er wahrhaft vergleichbar ist mit diesem dunklen Raume, von dem ich hier sprach. Lebenssituationen, die auf euch zukommen, die euch berühren wollen, ihr kennt nicht die Hintergründe. Ihr kennt nicht die Zusammenhänge. Und darum bleibt ihr stehen, überlegt, wägt ab. Und viele Menschen warten zu lange, gehen nicht in die Initiative, gehen nicht in die Aktivität, sondern bleiben stehen, bis sie reagieren müssen. Und ein Reagierenmüssen bedeutet immer ein Eingeschränktsein, ein Abwarten der Situation, bis Notwehr gelebt ist. Aber Notwehr leben lässt gar nicht die ganze Palette der Möglichkeiten zu, die ein Mensch hat, der Aktivität und Initiative lebt.

Lasst uns zurückkommen auf diesen dunklen Raum. Ihr steht in diesem dunklen Raum. Was macht der eine? Er bleibt stehen und sagt sich: Je weniger ich mich bewege, um so weniger kann ich anstoßen, kann ich mich verletzen. Aber, auf was wartet er? Er wartet darauf, dass Licht wird. Dass jemand vielleicht die Türe öffnet und den Lichtschalter bedient. Seht, irgendwann wird er müde werden, wird nicht mehr stehen können. Er lebt also Passivität.

Ein anderer sagt: Ich will diesen Raum erforschen, ich will ihn ertasten. Und er geht mit vorgehaltenen Händen und versucht, sich nun mit der Dunkelheit vertraut zu machen. Das ist bereits ein wunderbarer Ansatz, denn es bedeutet, er lebt zwar immer noch Vorsicht und Hab-Acht-Stellung, er geht noch immer den zögernden Schritt, aber er hat die Angst schon zu einem großen Teil besiegt. Doch was nutzt es ihm, wenn er weiß, wo welche Gegenstände stehen, er sich also in diesem Raum sicherer bewegen kann, wenn es dunkel bleibt?

Der dritte, er sagt: Hier muss es Licht werden. Es hat keinen Sinn stehenzubleiben. Es macht keinen Sinn, den Raum zu ertasten, sondern ich will Licht schaffen. Ich suche den Lichtschalter.

Seht, und das ist der Kluge. Er sucht den Lichtschalter, und das Betätigen des Lichtschalters ist gleichzusetzen mit dem Gespräche zwischen dir und Gott. Der Lichtschalter ist die Brücke zu Gott, ist die Verbindung zu Gott. Den Lichtschalter betätigen bedeutet, mit Gott in die Zwiesprache zu finden. Das heißt nun wiederum, die Angst zu verlieren und damit die Dunkelheit zu besiegen. Denn überall dort, wo Licht ist – und das heißt für euch, wo ihr eine Lebenssituation versteht oder im Griffe habt oder sie nicht versteht, aber absolutes Vertrauen in die göttliche Führung legt, dort beginnt die Freiheit.

Ich will euch mit diesen Worten der Begrüßung sagen: Ihr Menschen habt allen anderen Lebewesen etwas voraus. Ihr könnt Selbstbestimmung leben. Ihr könnt Lebenssituationen verändern, ihr könnt sie beeinflussen. Ihr habt die Möglichkeit, vergrübelt zu gehen, und ihr habt die Möglichkeit, vertrauensvoll zu gehen. Und der, der sich für das Vertrauen entschieden hat und damit für das Licht, der wird von Gott jede Unterstützung erhalten. Aber warum denn das? Liebt Gott denn nicht alle gleich? Damit hat es nichts zu tun. Dieser vertrauensvolle Mensch begibt sich in ein anderes Energiefeld. Und dieses Energiefeld, das ihn freimacht von der Angst, ist die Liebe, ist die allumfassende, die göttliche Liebe. Darum kann wahre Liebe, göttliche Liebe von dem Menschen dort gelebt werden, wo er im Lichte geht, das heißt, wo er herausgetreten ist aus dem Vergrübeltsein, aus der Angst, aus der Sorge, aus dem Leide, hineingegangen ist in das Vertrauen an sich selbst, seine Möglichkeiten, und in das Vertrauen an Gott, seinen Partner.

Und dort, wo die Liebe den Menschen erreichen kann, kehrt zwangsläufig der Herzensfrieden ein. Und wo der Herzensfrieden zuhause ist, dort spricht sich ein Mensch sein ganzes ‚Ja', egal wie vollkommen er ist. Das interessiert nicht. Ein Mensch wird nie vollkommen sein. Es macht keinen Sinn, der Vollkommenheit nachzulaufen. Sinn macht es, mit sich in den Frieden zu gehen, sich zu akzeptieren, sich sein ‚Ja' zu sprechen, das ‚Ja' sprechen zu dem Stande, in dem ihr jetzt geht. Das was ihr jetzt seid, zu akzeptieren und nicht auf das zu warten, was ihr einmal sein möchtet. Und dort, wo der Frieden Einkehr gehalten hat, dort ist die Freiheit zuhause. Dort reibt ihr euch nicht mehr, dort messt ihr euch nicht mehr, dort lebt der Geist seine uneingeschränkte Freiheit.

Ich sagte bereits, der Geist lebt Grenzenlosigkeit. Erst die Vorstellungskraft schafft Begrenzung. Und dort, wo ihr mit euch in den Frieden gefunden habt, also angstfrei geht, werdet ihr nicht mehr durch eure Gedanken Begrenzungen schaffen. Ihr lasst alles zu, ihr erlaubt, damit alles sein kann. Damit ihr eintauchen könnt in die ganze Größe der göttlichen Schöpfung. Und wo der Herzensfrieden gelebt wird, dort ist die Freude. Und die Freude, sie ist die Mutter der Fröhlichkeit und der Heiterkeit. Das heißt also: Dort, wo die Freude gelebt wird, dort ist ein Achten und ein Beachten des Lebens, seid ihr herausgegangen aus der Nabelschau, aus dem Euch-Suchen, aus dem Euch-Kritisieren und Maßregeln. Ihr lebt das ‚Du', das ‚Du' mit Gott und darum mit all dem, was von Ihm beseelt wurde und von Ihm durchgeistigt geht. Und ein Mensch, der die Kraft der Freude lebt, der Fröhlichkeit und der Heiterkeit, hat erkannt und verstanden, dass nie eine Isolation sein kann, sondern dass immer ein Miteinander gelebt wird, dass immer ein Miteinander sein muss, es gar nicht ein Sich-Zurücknehmen geben kann. Denn all das, was die Kraft des lebendigen Seins lebt, bedeutet: All das, was beseelt geht, ist ein Teil der göttlichen Schöpfung, ist ein Teil des Ausdruckes Gottes. Und nur wenn diese Teile zusammengesetzt sind, kann Gott sich ganz offenbaren, wird Gottes Schöpfung erst wahrhaft erkennbar und verstehbar.

Wenn ihr euch überlegt, dass jeder Gedanke, den ihr denkt, dass jedes Wort, das ihr sprecht und jede Handlung, die ihr lebt, eine Energie ist, die von euch ausgeht, sich dieser Erde mitteilt, andere Menschen berührt und sie beeinflusst, und nicht nur Menschen, sondern alles Leben auf dieser eurer Erde, eure Mutter Erde selbst, wird euch deutlich, dass ihr ein Glied der Kette seid, dass ihr ein Mosaikstein seid in dem großen Bilde der göttlichen Schöpfung. Lebt ihr den Willen, die Angst zu überwinden, damit die Liebe in euch sein kann, damit die Freude euer Zuhause wird und damit der Frieden euch in Besitz nehmen kann!

Die Liebe, der Friede und der Segen des Höchsten durchflute eure Herzen und schenke euch jeden Tag neu den Willen und die Kraft, dem Lichte entgegenzuwachsen!

Ich will euch ein Bild geben: Zwei Sonnenblumenkerne fallen zur Erde. Der eine Kern fällt auf einen fruchtbaren Boden. Was wird sein? Eine wunderschöne Sonnenblume wird wachsen, sie hat einen geraden Stiel, schöne große Blätter und eine leuchtende Blüte. Ihr steht davor, bewundert sie, sagt: „Welch ein Kunstwerk, aus einem so kleinen Keim wächst eine solche Pracht!" Und ihr bewundert nicht nur diese Blume, nein, sie dient auch noch einem anderen Zweck: Denn hat sie ausgeblüht, werden die Vögel kommen und werden sich von den Kernen ernähren. Oder ein Kern fällt zu Boden und wird somit in ein neues Leben führen.

Was geschieht nun mit diesem zweiten Kerne? Auch er ist auf den Boden gefallen, aber nicht ist der Boden fruchtbar, sondern er fiel zwischen Steine. Große Mühe wird nun dieser Kern haben, Wurzeln zu bilden, in den Keim zu gehen, zu wachsen. Er wird versuchen, sich zwischen den Steinen hindurchzupressen, dem Lichte entgegen. Denn sein Auftrag ist: Wachse, blühe! Wenn ihr vor dieser Sonnenblume stehen würdet, ihr würdet sagen: „Ein Krüppel." Aber auch diese Sonnenblume trägt eine Blüte, eine kleine, eine unscheinbare. Denn die Kraft hat nicht mehr gereicht für einen langen Stiel und für große Blätter und für eine große Blüte.

Was soll nun dieser Vergleich? Ich will damit aussagen, ich will euch damit die Botschaft bringen, ihr alle habt eine Lebensaufgabe und ein Lebensziel für euer heutiges Leben gewählt. In ein unterschiedliches Umfeld seid ihr geboren worden. Vielleicht, der eine vergleichbar mit dieser wunderbaren Sonnenblume, die einen fruchtbaren Boden fand. Das heißt, seine Lebensbedingungen sind günstig. Ein anderer hat zu kämpfen so, wie die Sonnenblume, die sich zwischen den Steinen hindurchzwängen musste. Seht, auf was kommt es an? Es kommt darauf an, dass ihr einen Auftrag angenommen habt, nämlich: Euch in Blüte zu führen. Zu blühen, dem Lichte entgegenzuwachsen, um Leben weiterzugeben. Denn ist diese Blume verblüht, sagte ich, werden neue Kerne sein, die das Leben, das Überleben garantieren. Es ist nicht richtig, wenn ihr in dem Vergleichen geht. Wenn ihr sagt: „Dort sind die besseren Bedingungen. Mein Leben, es ist ein schweres Leben. Es ist nicht sinnvoll zu sagen: „Ich will mich an diesen Menschen anlehnen." Sinn und Ziel dieses eures Lebens ist, dass ihr euer ganzes Potential, das euch mitgegeben wurde, ausschöpft, selbst wenn ihr glaubt, diese kleine Sonnenblume zu sein. Es kommt nicht auf die Größe an, sondern es kommt auf den Willen an, das was euch gegeben ist, ganz zu nutzen.

Ihr träumt von besseren Lebensbedingungen, von anderen Lebensumständen, wo ihr den leichteren Schritt gehen könnt, den unbefangenen Schritt. Und es ist ein Fehler, diese Lebensbedingungen von der äußeren Situation abhängig zu machen. Überall dort, wo ihr beginnt, mit euch in die Begegnung zu gehen, euch zu verdeutlichen: Ich bin in der Lage, mein Leben zu gestalten und meine Kraft, die mir Gott geben möge, um den Willen umzusetzen, wird mich in den Frieden führen, so dass die Lebensbedingungen, in denen ich stehe, nicht mehr mein Gegner sind, nicht mehr mein Feind sind, sondern dass sie für mich lebbar sind.

Wenn ihr die Kraft habt, euer ‚Ja' zum Leben zu sprechen und damit den Wunsch und den Willen, euch ganz zu erfahren, nicht in den Ängstlichkeiten und Unsicherheiten verhaftet bleibt, sondern sagt: „Ich will mich erfahren und ich will mich erforschen und das kann ich nur, wenn ich in Handlung gehe, wenn ich ausprobiere. Dort wo ich jetzt noch ängstlich blicke, wo ich noch im Zögern gehe oder in der Verzagtheit, will ich meine Angst überwinden, um zu erfahren, wer ich bin, welche Möglichkeiten ich habe, die von mir noch nicht entdeckt wurden, weil sie nicht gefördert wurden in den Tagen meiner Kindheit." Überall dort werdet ihr in den Frieden finden!

Seid Neugierige, seid Hungrige, wollt nicht rasten und wollt nicht ruhen, sondern wollt jeden Tag ein Stück dem Lichte entgegenwachsen, so wie diese kleine Sonnenblume. Verwachsen ist sie, aber es beeindruckt sie nicht. Sie hat ihren Auftrag erfüllt. Sie hat nicht ihre Lebenssituation von den Umständen und Bedingungen abhängig gemacht, sie hatte nur einen Willen: ‚Ich will wachsen. Ich will dem Lichte entgegenwachsen, um eine Blüte bilden zu können, die einen Samen trägt.'

Und wenn ihr so mit euch in die Begegnung geht, wenn ihr nicht nach dem anderen seht: Sind seine Bedingungen besser, ist er schon einen Schritt weiter, sondern wenn ihr sagt: „Nein, ich will wachsen soweit es mir möglich ist," dann beginnt ihr, in die Selbstverantwortung zu gehen. Da macht ihr nicht mehr das Leben verantwortlich, nicht mehr die Eltern, nicht mehr den Partner oder die Kinder. Ihr sagt nicht mehr: „Hier ist die Behinderung", sondern ihr habt erkannt: Ihr selbst seid die Behindernden.

Also, denkt an die Blume. Es ist nicht wichtig, von allen bewundert zu werden. Es ist nicht wichtig, erwählt zu sein. Welche Blume wird der Mensch, der sie sieht, abschneiden, mit nach Hause tragen wollen, oder vor welcher steht er bewundernd? Das wird er selbstverständlich vor der, die im schönen Wuchse steht. Wollt unabhängig davon sein, zu gefallen. Wollt euch gefallen! Wollt euch genügen, damit der Frieden in euch Einkehr halten kann! Damit ihr sagen könnt: „Ich habe die Botschaft verstanden. Ich bin jeden Tag mit meinen Möglichkeiten, dem Lichte ein Stück entgegengewachsen."

Warum sind die Lebensbejaher, die Optimisten, immer die Gewinner?

Lasst uns ein Beispiel nehmen, um zu verdeutlichen, was ich euch vermitteln möchte: Ein Kreis Freunde trifft sich, und sie wollen ein gemeinsames Spiel spielen. Der eine macht den besseren Zug, und der Ängstliche wird nun um seinen Sieg bangen. Er verkrampft sich, will zwanghaft gewinnen, will Erfolg haben. Der andere sieht den Vorsprung und wird ehrgeizig, doch spielerisch. Das bedeutet, nicht verschließt er sich, nicht wird er zwanghaft, sondern er bleibt angeregt.

Überall dort, wo ihr seht, dass ein anderer euch einen Schritt voraus ist und ihr den gleichen Weg gehen möchtet, fühlt ihr euch in Zugzwang. Und Zugzwang ist nicht Beweglichkeit. Das heißt also, der, der Optimist ist, der, der Lebensbejaher ist, lebt den Ehrgeiz, doch er lebt ihn spielerisch. Einen Sport macht er sich daraus zu gewinnen. Nicht scheut er vor Begrenzungen, lässt sich von ihnen nicht zurückhalten, nein, er sagt: „Eine Begrenzung, wie kann ich sie überwinden?" Der Lebensbejaher geht also leichtfüßiger an diese seine Lebensthemen heran.

Ihr alle fühlt euch in Begrenzungen. Ihr sagt: „Das kann ich, das kann ich nicht." Und diese Begrenzungen halten euch in der Enge. Der Lebensbejaher will jedoch diese Begrenzungen nicht akzeptieren, er ist neugierig, er will wissen, was ist hinter diesen Grenzen, was ist hinter diesem Zaune, der um ihn aufgebaut ist.

Jetzt lasst uns prüfen, woher kommt denn dieser Zaun, kommen diese Begrenzungen, die euch einengen und euch gar nicht euer ganzes Potential an Möglichkeiten leben lassen? Diese Begrenzungen, sie kommen durch die Erziehung. Das, was euch vermittelt wurde in eurer Kindheit: ‚Das kannst du nicht, sei vorsichtig, lasse mich das lieber machen.' All das, was ihr von Erwachsenen vorgelebt bekamt, es hat euer Bild von euch formuliert, so seht ihr euch. Und jetzt überlegt euch, wie häufig ist in euch ein Wünschen und ein Sehnen, diese Grenzen zu überwinden, grenzenlos zu werden.

Wenn ihr in den Tagträumen geht, da seid ihr grenzenlos. Da seht ihr nicht die Hürden und die Probleme, sondern ihr seht immer das Ergebnis, das euch beglückt und berührt. Also, wie sind nun diese Grenzen und Begrenzungen zu überwinden, damit ihr endlich eure Bewegungsfreiheit lebt, an euch und euren Sieg glaubt? Ich sagte, diese Grenzen, ihr habt sie akzeptiert. Eine Erziehung, die ihr akzeptiert habt, und selbst wenn ihr euch zuvor dagegen aufgelehnt habt, hat den Zaun aufgebaut. Wie könnt ihr ihn nun abreißen, damit ihr endlich zum Gewinner dieses Lebensspieles werdet? Seht, ihr beginnt den Zaun abzureißen, indem ihr, sobald ihr in einem Thema steht, indem ihr verunsichert geht, abwägt. Messt die Vorteile und die Nachteile. Seht ihr die Nachteile wie einen Berg vor euch, erdrückend, wie sollt ihr sie bewältigen, wie könnt ihr sie meistern. Ihr beginnt, vor den Nachteilen zu scheuen, statt zu sagen: Nur über das Ausprobieren kann ich herausfinden. Überall dort, wo ihr Sorge lebt, wo ihr Not lebt - Not ist Mangel - habt ihr Angst, fühlt euch eingeengt. Und darum ist es von höchster Bedeutung, den Blick nicht immer in die Not zu lenken, sondern einmal diese eure Gaben, eure Möglichkeiten und Fähigkeiten zu betrachten und ihnen euer Vertrauen zu schenken. Also, beginnt, diesen Zaun abzureißen Grenzenlosigkeit leben!

Nun ist es so: Dieser Zaun, er stört euch zwar, aber er bietet euch auch ein Maß an Sicherheit. Da wird Gewohnheit gelebt, da wird Vertrautheit gelebt, auch wenn das Vertraute und Gewohnte ungeliebt ist. Ihr steht also am Zaun, blickt über ihn und träumt von dieser weiten Welt, von der Freiheit. Aber dann kommt auch wieder die Angst: Wenn der Zaun abgerissen ist, wenn ich grenzenlos geworden bin, welche Lebensüberraschungen kommen dann auf mich zu? An was sollte ich mich dann orientieren? Gefordert ist das Vertrauen in euch. Gefordert ist das Vertrauen in den Lebensfluss. Gefordert ist das Vertrauen in Gott. Wenn ihr so vorgeht, spielend, wahrhaft das Leben als ein Spiel betrachtet, dann werdet ihr neugieriger, interessierter werden, gespannt: Wie geht das aus? Und überall dort wo ihr neugierig geht, gespannt, nicht angespannt, kann nicht die Angst sein. Verliert ihr sie, tritt sie in den Hintergrund und diese Erwartungsfreude, eure Erwartungshaltung, dieses Neugierigsein ist Lebenselixier, es hält euch nicht in der Hoffnung, nein, es hält euch in Spannung, in Kraft, in Wachheit, in Aufgeschlossenheit. Eure Antennen, eure Sinneswahrnehmungen gehen geöffnet und darum auf Empfang. Und überall dort, wo ihr auf Empfang geht, könnt ihr Informationen aufnehmen, können euch Hilfen angetragen werden zu eurem Gebrauche und zur Veränderung dessen, was ihr verändern wollt. Also, habt Vertrauen in diesen Lebensfluss, wollt ihr die Gewinner dieses Lebensspieles sein, steht dem Leben nicht gekränkt und verletzt gegenüber sondern neugierig, bereit, ihm zu begegnen.

Überall dort, wo ihr merkt, ihr geht in der Unzufriedenheit, klagt nicht über diese Unzufriedenheit, nein, sagt euch: „Ich habe Vertrauen in die Verwandlung, in die Veränderung, und ich will meinen Teil dazu beitragen, indem ich die Gedanken der Kraft, der Stärke, der Freude lebe." Vorfreude - bedeutet nicht Vorfreude, dass bereits das Thema steht und ihr nur noch wartet, bis der Termin gekommen ist? Und dann werdet ihr sehen, wie ihr aus den Gedanken der Bedrückungen herausgeht, zwangsläufig herausgeht. Denn ihr lebt plötzlich die Energie des Vertrauens, des Wachstums. Wie im Frühling, wenn die Sonne den Boden wärmt, und der Same sich nicht mehr zurückhalten kann, in den Keim gehen muss. Und so lebt die lichten Gedanken, die wärmenden Gedanken, damit auch dieser euer Same des Optimismus, der Lebensbejahung, in den Keim gehen kann, in das Wachstum finden kann.

In dem Maße, in dem ihr in der allumfassenden Liebe steht, kann sich Gott in euch spiegeln!

Mit Licht, mit Liebe, mit Frieden und Freude segne der Einzige und Wahrhaftige, der Ewige und Wahre diese eure Herzen und schenke ihnen die Kraft, in den Tagen des Sturmes gefestigt und verankert zu stehen. Von Sturm sprechen wir. Die Tage des Sturmes, die Tage der Stürme, ihr kennt sie alle. Und lasset uns beginnen mit dem Frühlingssturme. Was geschieht denn da? Es wird aufgewirbelt, es wird umgewirbelt. Das, was nicht fest verankert ist, wird vom Sturme umgerissen und fortgetragen. Seht, ihr sagt, ein großer Schaden ist entstanden. Ist wahrhaft ein großer Schaden entstanden? Ist nicht das, was abgerissen wurde, nicht mehr tauglich gewesen und darum erneuerungsbedürftig? Und all das, was herumgewirbelt wurde und fortgewirbelt wurde, bedeutet es nicht, dass ein Reinigen stattfand? Die Bäume werden von dem Winde gepeitscht, die letzten Blätter fallen ab, weil neues Leben beginnen will. Es regnet, alles wird sauber gewaschen.

Jetzt will ich den Frühlingssturm auf die Stürme in eurem Leben übertragen. Diese Herzensstürme, wenn ihr ein schönes oder auch ein trauriges Erlebnis habt, wo ihr fassungslos werdet. Fassungslos werden bedeutet, haltlos zu werden. Vertrautes, Gewohntes gibt nicht mehr Sicherheit, verändert sich. Aus der Fassung zu gehen bedeutet jedoch auch, dass das Gewinde nicht mehr fasst, dass also eine Veränderung geschieht aufgrund einer Notwendigkeit. Diese Stürme, die ihr in den Tagen der Ängste und der Unsicherheiten durchlebt, wenn euch das, was ihr einen Schicksalsschlag nennt, zuteil wird! Die Herzenstränen werden geweint. Die Herzenstränen sind die Tränen der Seele. Und wenn ihr sie weinen könnt, dann bedeutet es, ihr lebt eure Trauer über das, was sich nun verändert, was weggewirbelt wurde, was fortgetragen wurde. Ihr weint eure Seelentränen, weil ihr entlassen müsst, loslassen müsst, was zuvor Sicherheit war. Eine veränderte Situation, ihr kennt sie noch nicht, ihr geht noch unsicher, noch keine Erfahrungswerte sind gesammelt.

Ein Mensch, der fest verankert geht, kann von diesen Stürmen des Lebens nicht umgeworfen werden, nicht aus der Verankerung herausfallen, nicht entwurzelt werden. Sein tiefer Glaube in die allumfassende Liebe hält ihn unerschütterlich. Bei allen Ängsten bei allen Nöten, bei allen Sorgen, bei aller Trauer, so weiß er doch: Das, was hier mit mir geschieht, ist irdisch. Ein

Mensch, der an Gott glaubt, der mit seinem Herzen Gott zugewandt geht, er weiß, diese Erde ist nicht meine Heimat, ich bin auf ihr zu Besuch. Und all das, was ist, ist für mich eine Leihgabe, vorübergehend, nicht fest und haltbar. Ein Mensch, der auf dieser Erde in das Erkennen gefunden hat: „Es gibt keine Sicherheit, es kann sie nicht geben. Die einzige Sicherheit ist mein tiefer Glaube und mein Vertrauen in Gott." Ein solcher Mensch wird höchstes Wachstum leben. Er wird in den Tagen der Stürme, in den Tagen der Tränen sich beugen, um nicht zu brechen, und er wird sich wieder aufrichten und wird sagen: „Herr, wie dankbar bin ich, dass ich um Dich weiß."

Ich sagte, in dem Maße, in dem ihr die allumfassende Liebe lebt, kann sich Gott in euch spiegeln. Ihr alle habt doch schon Tage des tiefsten Leides und der Sorge gelebt, wo ihr das Gefühl hattet, ich werde haltlos, ich bin hilflos. Und ihr habt gebetet: „Gott, ich bitte Dich, begleite mich, richte mich auf, hilf mir." Und viele Menschen sagen: „Ich habe gebetet und nichts ist passiert. Ich habe Gott um Hilfe gebeten, und er hat mir nicht geantwortet, er hat mich in meinem Kummer sitzen lassen." So zeigt es sich auch den Menschen. Aber Gott hat nicht sitzen lassen. Dieses Bitten, diese Gebete, waren ein Rufen aus der Seelennot. Doch wo war das Vertrauen? Seht, wahrer Glaube an Gott drückt sich im Alltage aus durch Vertrauen, durch das Bemühen um diese allumfassende Liebe, durch Geduld und Zuversicht, durch das Wissen. Je mehr Beachtung ich diesen Stürmen schenke, um so heftiger werden sie sein, denn meine Gedanken und meine Vorstellungskraft lassen sie so werden, wie ich sie mir vorstelle.

Wo ist Gott in den Tagen der Not? Bei euch! Aber nur in dem Maße, in dem ihr euch in dieser allumfassenden Liebe bewegt, sie seid, kann er sich doch in euch spiegeln und darum für euch wahrnehmbar werden.

Ich möchte euch bitten, lasst nicht los, wollt immer fester verankert gehen. Wollt immer gelassener werden dem gegenüber, was euch aus der Fassung bringen will. Bleibt standhaft in diesem eurem Glauben, und in der Rückschau werdet ihr sagen:

„Wenn ich mich betrachte vor dem Sturme, und wenn ich mich betrachte nach dem Sturm, dann muss ich feststellen: Ich habe in eine große Bewusstseinserweiterung gefunden. Ich habe nicht nur mit meinem Kopf verstanden und erkannt, ich habe mit meinem Herzen verstanden und erkannt." Und dann werdet ihr ganz neue Werte leben, denn ihr werdet das Wesentliche von dem Unwesentlichen trennen können.

Über die Freiheit des Menschen!

Worin liegt eigentlich die Freiheit eines Menschen? Wie groß ist seine Freiheit? Ihr könnt sagen, ich kann mir dieses Kleidungsstück oder jenes kaufen, in dieser oder in jener Farbe. Ich kann meine Wand anstreichen, oder ich kann eine Tapete an die Wand hängen. Ihr könnt sagen, ich will mir etwas Gutes zu essen kochen, oder ich will lieber eine Diät machen. Ihr könnt Freundschaften schließen und ihr könnt Freundschaften beenden. Ihr könnt das eine Reiseziel wählen oder das andere. Ist das wahrhaft Freiheit? Ist das die Freiheit des Menschen? Nein, es bedeutet, innerhalb seiner Möglichkeiten, seiner Grenzen und damit Begrenzungen handlungsfähig zu sein. Grenzen sind immer Begrenzungen, bedeuten immer eine Einschränkung. Und solange der Mensch lebt, wird er in dem Ziele gehen nach Uneingeschränktheit. Warum? Er will keine Einschränkung, weil sein Wesenskern göttlich ist. Er geht in dem Sehnen nach absoluter Freiheit. Seht, und ihr habt die Vergleiche. Ihr wisst von Menschen, die in großem Wohlstande gehen, die sich all das leisten können, was ihnen in den Sinn kommt. Sind sie wahrhaft glücklich? Leben sie wahrhaft Zufriedenheit? Leben sie wahrhaft diese Grenzenlosigkeit, diese absolute Freiheit? Nein! Sie können sich kaufen was sie wollen, aber vielleicht sehnen sie sich danach, in einer Gabe zu gehen, in einer Fähigkeit, und sie beherrschen sie nicht. Also, auch hier wieder Grenzen. Oder sie lieben einen Menschen, und sie werden von diesem Menschen abgewiesen. Wieder Einengung, Einschränkung.

Gibt es denn nun diese Freiheit? Wenn der Mensch der Ausdruck der göttlichen Schöpfung ist, muss es diese Freiheit geben, ist sie das Recht des Menschen. Die göttliche Gerechtigkeit ist, dass diese Freiheit jeder leben kann, egal welchen Bildungsstand er hat, egal ob er im Wohlstande lebt oder in der finanziellen Enge. Die einzige und wahre Freiheit, die der Mensch hat, ist, sich für oder gegen die Liebe zu entscheiden: Für den Streit oder die Versöhnung. Für die Verbitterung oder das Vertrauen. Für die Sorge oder die Geduld. Für die Sturheit oder die Einsicht. Für die Hoffnungslosigkeit oder die Zuversicht. Für den Neid und die Missgunst oder für die Großzügigkeit.

Wir können es beliebig fortsetzen. Es ist wichtig, dass ihr euch immer wieder einmal Zeit nehmt und euch fragt: Wo gehe ich getrennt von der Liebe? Wo lebe ich den Streit mit mir oder mit meinem Nächsten? Wo lebe ich die Verbitterung mit mir oder meinem Nächsten, die Schuldzuweisung? Wo lebe ich die Sorge um mich oder um meinen Nächsten? Oder die Sturheit mit mir und damit mit meinem Nächsten, die Hoffnungslosigkeit und die Missgunst? Immer wieder einmal prüfen: Auf welcher Seite stehe ich? Stehe ich auf der Seite des Lichtes und der Liebe oder stehe ich im Schatten und damit abgeschlossen von dem Wachstume. Denn nur ein Mensch, der immer wieder in dem Bemühen geht, auf die lichte Seite zu finden, lebt Wachstum, steht im Leben.

Überall dort, wo ihr diese eure Engherzigkeit lebt, haltet inne, sagt: „Nein, nicht mit mir. Ich, als Ausdruck der göttlichen Schöpfung, ich will weitherzig sein, ich will großherzig sein.“ Wie könnt ihr Fülle leben, wenn ihr kleinherzig seid, engherzig seid? Und ihr könnt nicht erwarten, dass der andere auf euch zukommt, mit dem großen und weiten Herzen und euch mitnimmt. Ihr sollt nicht Nachläufer sein, sondern selbständige Menschen, freie Menschen. Ein selbständiger Mensch geht in Freiheit, ist also nicht Nachläufer und nicht Mitläufer, sondern Gestalter dieses seines Lebens. Und dazu gehört, dass ihr aus der Engherzigkeit heraustretet, denn wenn ihr diese Kraft lebt, dann werdet ihr merken, wie ihr mit euch versöhnt geht. Dann ist es bedeutungslos, ob ihr diese Gabe besitzt, die ihr euch wünscht oder nicht. Ihr könnt den Wunsch stehen lassen, und ihr freut euch, wenn ein anderer über diese Gabe verfügt. Ihr freut euch mit ihm. Also, nicht engherzig, abgeschlossen und neidisch, vergrämt, verbittert reagieren, nein: freudig!

Und jetzt denkt an all das, was ihr euch in diesem Leben schon gewünscht habt oder noch wünscht, das Ziel zur Erfüllung dieses Wunsches jedoch noch weit war oder ist, könnt ihr doch die Zeit nutzen, indem ihr in dem Mitfreuen geht, dass der andere bereits am Ziele ist. Seht, das bedeutet Liebe zu leben. Das bedeutet, uneingeschränkte Liebe zu leben, bedingungslose Liebe, die nicht fragt nach Sinn und Zweck, die ist! Und ein Mensch, der die Kraft dieser Liebe lebt, der zu dieser Liebe geworden ist, ist ein Befreiter, hat alle Grenzen und damit Begrenzungen überwunden. Er geht in dem Lächeln derer, die sich gefunden haben. Er geht in dem Lächeln derer, die sich genügen, die das, was sie haben, leben, und das, was sie nicht haben, nicht mehr vermissen, denn sie können ja in dem Mitfreuen gehen.

Also, wollt ihr dieses euer göttliches Erbe leben, wollt ihr diese Freiheit und diese Grenzenlosigkeit leben. Jeder Mensch muss gottgefälliger werden. Aber ihr werdet leichter und schneller gottgefälliger, wenn ihr euch mit euch versöhnt,

Also, geht den Weg der Freiheit, der Befreiung, geht in das Licht, in die Leichtigkeit und damit in die Freude!

Meine Seele dürstet nach Dir, Herr, wie ein dürres Land!

Kommt es euch nicht vertraut vor? Kennt ihr nicht alle diesen Durst, dieses Herzenssehnen, den Wunsch nach Lösung, nach Erlösung? Den Wunsch nach Ausruhen, nach Heimkehr, wieder ein Kind sein können, das sich anvertrauen kann? Noch nicht die Eigenverantwortung leben müssen? Selbstverständlich möchtet ihr Eigenverantwortung leben. Selbstverständlich möchtet ihr keine Kinder mehr sein, aber ihr möchtet nach Hause kommen. Ihr möchtet die Ruhe leben können, das Einkehren.

Mein Herz, meine Seele, sie dürsten nach Dir, Herr, wie ein trockenes Land. Ausgedörrt, unfruchtbar, nackter Boden, aufgerissener Boden. Was benötigt ein solches Land, damit es wieder in das Treiben, in das Reifen und in das Frucht-Tragen gehen kann? Ein solches Land benötigt Wasser, es benötigt Licht und Wärme. Und seht, genau das ist das, was der Mensch benötigt. Er benötigt das Wasser des Erkennens, damit Lichtung sein kann, damit er von Gott gelichtet werden kann. Das Wasser des Erkennens, das Wasser der Reinigung und der Erneuerung.

Wie findet ihr denn nun in neues Erkennen, damit die Dürre ein Ende hat, damit wieder der Boden fruchtbar ist? Ihr findet in das Wasser des Erkennens über den Heiligen Geist. Der Geist der Erleuchtung, der Lichtung, der euch in eine neue Wahrheit stellt. Wie müsste diese neue Wahrheit aussehen, dass ihr nicht mehr in euch Dürre lebt, sondern Fruchtbarkeit, Reife und Ernte? Wo ist der gnädige Gott? Wo ist der liebende Gott? Wo ist der gütige Gott?

In dem Maße, in dem ihr beginnt gnädig zu werden, in dem Maße, in dem ihr beginnt liebend zu werden, in dem Maße, in dem ihr beginnt gütig zu werden, kann der Gott der Gnade sich euch zeigen, kann lösen und löschen, damit ihr in ein neues Leben, in eine neue Lebensqualität findet. Damit endlich die Heiterkeit gelebt wird, das Vertrauen und die Fröhlichkeit und die Zuversicht. Werdet gnädig mit euch! Überlegt einmal: Wann bin ich in Ungnade gefallen bei meinen Eltern, bei meinen Geschwistern, bei meinen Freunden, in meinem Umfeld? Wann bin ich mit mir in Ungnade gegangen? Wann habe ich begonnen, mir nicht mehr zu genügen, mich zu verurteilen, mich nicht anzunehmen, sondern mich mir zu verweigern? Es ist wichtig zu prüfen, zu hinterfragen. Die Unzufriedenheit über den Jetztzustand zu leben macht wenig Sinn. Ursachen, Wurzeln müssen gefunden werden und beseitigt, das Unkraut ausgerissen werden. Also, prüft einmal für euch: Wann bin ich mit mir in Ungnade gefallen? Denn ein Kind lebt Unbeschwertheit, lebt Unbefangenheit, lebt sich nicht Bewertung. Es ist! Und erst mit dem zunehmenden Alter beginnt es, durch Bewertungen anderer sich selbst einen Wert zu schaffen. Nur ist es nicht dieser Selbstwert, von dem ich immer spreche, nein, es ist der Ichwert, der sich dann in der Ichsucht Ausdruck gibt.

Wenn ihr mit euch immer freier werden wollt, immer leichter leben wollt, dann beginnt zu prüfen: Wo bin ich mit mir in Ungnade gefallen? Und versucht dann, das Thema zu zerpflükken. Bewertet es nicht, zerpflückt es. Und das bedeutet, zu neutralisieren, euch immer wieder zu verdeutlichen: Nur indem ich jetzt mein ‚Ja' für das Leben spreche, mich nicht an dem festhalte, was gewesen ist, was Ursache war, nur wenn ich dieses ‚Ja' spreche, kann Gewesenes erlöst werden. Dann wende ich meinen Blick ab von der Vergangenheit, lenke ihn in die Gegenwart und in die Zukunft.

Ihr habt eine Woche durchlebt, und ihr seid in Gedanken und Worten der Bewertungen, der Verurteilungen gegangen. Ihr seid mit euch in Bewertungen und in Verurteilungen gegangen. Ich möchte gerne mit euch, bevor wir mit diesen euren Fragen beginnen, ein wenig innehalten. Ich möchte euch bitten, dass ihr euch einen Moment aufrecht hinsetzt, die Beine nebeneinander stellt, eure Daumen, eure Zeige-, eure Mittelfinger zusammenlegt, um die Energien zu potenzieren und eure Handrücken auf die Oberschenkel legt. Und dann beginnt ihr ein wenig vorwärts und rückwärts zu schwingen. Ganz leicht, es ist ein Einpendeln. Ein klein wenig nach vorne und nach hinten: „Ich will mein Herz prüfen, Herr, wo ich in dieser Woche in dem Bewerten, in dem Verurteilen ging. Wo ich meine Not erkannte und meine Not lebte, die mich in Unruhe führte, mich aus der Gelassenheit herausholte. Ich will prüfen, Herr, wo ich mit mir ungnädig ging und darum auch verbittert mit meinem Nächsten. Ich will es Dir in meinen Gedanken jetzt formulieren. Und ich möchte Dich bitten, dass Du den Geist der Wahrheit, des Erkennens mir schenkst, so dass ich auslösen kann und auflösen kann, was mich in der Herzensenge hält, damit ich hineingehen kann in das kindliche Vertrauen meiner frühen Kindertage" Und glaubt ihr, dass in eurem Leben alles in Ordnung ist, so wählt einen Menschen, bei dem das Leben nicht in Ordnung ist und bittet für ihn, dass er mit sich in die Gnade findet, damit er die Gnade Gottes erfahren kann. „Wie nahe, Herr, bist Du mir, wenn ich für einen Moment dieses ‚Ich muss' vergesse. Wie ruhig wird mein Herze, Herr, wenn ich an Dich denke. Nicht Trennung fühle, sondern Vereinigung".

Ihr habt alle ein Lebensziel und ihr möchtet gerne, dass ihr dieses Lebensziel erreicht. Und dieses Wollen, dieses ‚ich möchte', bedrängt euch. Ihr lauft und ihr merkt, ich kann gar nicht so schnell laufen, wie das Ziel von mir zurückweicht. Und dann setzt die Unzufriedenheit oder die Resignation ein, oder das Gekränktsein, die Verbitterung. Das Ziel, ihr müsst ihm nicht nachlaufen, es ist in euch! Innehalten, das ist die Lösung, und das Innehalten wird euch in die Erlösung führen, so dass ihr euch wieder annehmen könnt, mit euch und mit eurem Nächsten gnädig werdet.

Und sie fanden keinen Raum in der Herberge!

Ein König erlässt den Aufruf, dass sich das Volk zählen lässt. Er will prüfen, wie groß sein Reich ist, wie viel Bürger ihm unterstehen. Er will wissen, wie viele, die eingetragen wurden in die Geburtenliste, sind noch am Leben, oder sind sie in ein fernes Land gezogen? Er möchte Überblick über die Größe seines Volkes. Und darum ruft er auf, dass jeder sich an den Geburtsort begibt.

Seht, und ihr kennt die Geschichte. Ein Mann und eine Frau, ein Ehepaar, machen sich auf den Weg, um an den Ort der Geburt zu gehen und die Frau erwartet ein Kind. Und es wird Abend. Sie kommen an eine Herberge und bitten um Einlass, und der Wirt sagt: „Kein Raum mehr in der Herberge, kein Platz mehr da. Überfüllt, alles zu, geht weiter."

Und jetzt das Gleichnis: Gott sagt: „Ich habe den Menschen geschaffen nach meinem Bilde. Ich habe ihn in sein irdisches

Leben entlassen, und nun möchte ich sehen, wer ist mir in diesem irdischen Leben entgegengegangen?" Und darum ruft er die Boten der Liebe und sagt: „Zählt mein Volk. Zählt die, die mich erkannt haben als ihren König und Herrn, die mir die Treue leben!"

Seht, wie sieht es nun mit euch aus? Auch ihr seid ein Wirt. Auch ihr habt eine Herberge. Und diese Herberge ist dieses euer Herze, in das ihr einlassen könnt Berührungen, Beeindruckungen, Bewertungen. Was lasst ihr ein? Ist es Enttäuschung, Trauer, Verbitterung, Wut, Neid, Eifersucht, die euer Herze besetzt oder gefangen halten, die euch nicht in der Ruhe stehen lassen, nicht anderen Einlass bietet, Einlass verwehrt? Oder ist es ein mildtätiges Herze voller Wohlwollen, voller Hingabe, voller Geduld und Großmut und der Bereitschaft zur Versöhnung?

Denn seht: Dort, wo das Herze gelichtet geht von dem Ausdrucke der Liebe, da werdet ihr ein Wirt sein, der sagt: „Meine Herberge ist schon recht gefüllt, aber wir rücken zusammen. Für euch ist noch Platz." Denn dort, wo Liebe ihre Heimstatt hat, kann es nicht eng werden, gibt es keine Raumnot, keine Platznot.

Betrachtet dieses euer Herze, betrachtet diese eure Herberge und prüft: Was hält mich ab, Einlass zu gewähren? Was hindert mich, sodass ich im Verweigern gehe? Kein Raum, kein Platz, geht weiter! Sind es nicht eure täglichen Probleme, mit denen ihr verstrickt geht, in denen ihr gefangen geht, und die euch nicht aufatmen und durchatmen lassen, und darum nicht der Blick für den anderen ist und sein kann?

Ihr steht in der Zeit des Advent. Das bedeutet, dass diese Zeit die längsten Nächte hat. Die größte Dunkelheit, die längste Dunkelheit. Aber Advent bedeutet auch Ankunft, und somit, dass die dunklen Nächte vorbeigehen, dass es wieder licht wird. Dass das Licht wieder erobert, siegt über die Dunkelheit. Und ich möchte euch in eure Herzen legen in dieser Zeit des Advent, wenn ihr in diesen dunklen Nächten geht, und sie sind sehr häufig, ihr wisst es, sie sind nicht jahreszeitbedingt, diese dunklen Nächte in euch, dass ihr euch bewusst macht: Ich gehe jetzt im

Advent. Und mein Ziel ist, die Ankunft, das Licht, und damit die Freiheit, die Leichtigkeit, damit ich ein guter Wirt bin, damit ich ein gütiger Wirt bin, damit meine Herberge geöffnet ist, kein Schlüssel an der Tür benötigt wird, um den Einlassbegehrenden zu verwehren!

Der Welt ward ein Friedensfürst geboren, damit die Gewaltherrschaft ein Ende nehme und die Gottesherrschaft beginnen kann. Und die Gewaltherrschaft, die jeder Mensch noch in sich lebt, sie gilt es zu verabschieden. Und sie ist nur zu verabschieden, wenn ihr euch die Achtsamkeit lebt. Wenn ihr euch die Berührbarkeit lebt. Nicht dergestalt, dass ihr euch bemitleidet, das bringt nichts, das führt zu nichts. Das hält euch in der Rolle des Opfers, nein, indem ihr euch Berührbarkeit lebt, indem ihr beginnt, euch Achtung zu leben. Und dann werdet ihr merken, wie die längste Nacht Abschied lebt, und das Licht in euch beginnt zu leuchten, so dass ihr sagen werdet: „Mein Herze ist weit geworden. Meine Herberge, sie hat sich vergrößert, viel mehr Platz ist jetzt in ihr. Und die Gäste, die einkehren, sie bringen Freude, sie bringen Segen, und ich will sie willkommen heißen."

Und seht, ein Mensch, der die Kraft hat, diese Herzensenge zu verabschieden, er wird freudig zur Zählung gehen. Er muss nicht Bedenken haben, er muss nicht prüfen: Was habe ich versäumt, was habe ich unterlassen? Nein, er kann den Prüfern freudig entgegengehen und kann sagen: „Hier bin ich!"

Unsere Wünsche für euch in diesen Tagen der Besinnung sind, dass ihr mit euch zärtlich werdet, nachsichtig und geduldig. Dass ihr euch Liebe entgegenbringt, wie ihr sie einem hilflosen Kinde entgegenbringt, das Abhängigkeit lebt von eurer Versorgung und von eurem Umsorgen. Denn durch ein Kind wächst die ganze Zärtlichkeit in dem Menschen, lässt die Verhärtungen aufweichen und lässt Trauer abfließen. Und begegnet euch so, und nehmt euch so an, nehmt so dieses euer inneres Kind an, und dann werdet ihr sehen, dass ihr durch diese Zeit der Ankunft mit einem frohen und freudigen Herzen geht, um die Geburt des Lichtes zu feiern.

Friede dem Herzen, Freude an dem Leben durch Mut zu dir selbst!

Was bedeutet denn Erkennen? Erkennen bedeutet, eine Situation zu durchschauen, durchzublicken, zu begreifen. Erkennen bedeutet, die Zusammenhänge zu verstehen, Einzelheiten, die sich zusammenfügten, und nun als Ergebnis offenbar werden. Ein Erkennen, ein Verstehen und ein Begreifen macht aber nur Sinn, wenn danach die Handlung folgt, um für sich eine Situation zu verändern, zu verbessern. Seht, das was den Menschen ausmacht, ist sein Unternehmungsgeist! Ich will es euch so beschreiben:

Da gibt es den Menschen, der voller Tatendrang ist. Er lebt in sich Vertrauen, er möchte etwas bewegen. Er möchte sich und der Welt etwas Sinnvolles geben. Er möchte seinen Beitrag am Leben leisten, sein Dankeschön für dieses Leben! Ein solcher Mensch hat nicht nur den Wunsch, etwas zu tun, sondern er hat auch den Mut, etwas Ungewöhnliches zu tun, etwas Außergewöhnliches, etwas zu erschaffen, was der Welt eine Bereicherung ist. Und er lässt sich nicht abhalten von denen, die in ihren Zweifeln stehen, in ihrer Mutlosigkeit gehen, in ihren Ängsten gehen, die immer schwarz malen und schwarz sehen und sagen: „Wie stellst du dir das vor, das wird sowieso nichts." Nein, er lebt tiefstes Vertrauen in sich. Ein solcher Mensch lebt seine Kinderträume aus. Blickt zurück in diese eure Kindheit, erinnert euch an eure Jugend. Wolltet ihr da nicht alle etwas Außergewöhnliches schaffen, etwas Ungewöhnliches, um aus der Masse herauszutreten, aus der Unscheinbarkeit. Und seht, die Begrenzungen des Lebens, sie haben dieses Wollen und dieses Wünschen in Vergessenheit gehen lassen. Resignation fand statt!

Ich möchte diesen Menschen vergleichen mit einem Baum, der in einer freien Landschaft steht. Ein einsamer Baum in einer freien Landschaft! Er kann seine Zweige und seine Äste ausdehnen, er kann sich entfalten, sein ganzes Sein leben! Oder vielleicht ist er auch von dem Sturme gebeugt worden, aber egal – er ist landschaftsprägend! Und Menschen bleiben stehen und nehmen bewusst diesen Baum in dieser Landschaft wahr. Er ist ein Einzelgänger! Er genießt nicht den Schutz des Waldes – nein, er ist den Widrigkeiten anheim gestellt. Das ist der Mensch, der Initiative ergreift, der sich nicht abhalten lässt, der sich nicht einengen lässt, der sich nicht mutlos machen lässt.

Und jetzt betrachten wir den Menschen, der keine Initiative hat. Er ist ein Baum des Waldes. Er steht zwischen anderen Bäumen, er muss sich anpassen. Er hat zwar den Schutz des Waldes, aber er hat sich auch versteckt, er geht versteckt! Ein Mensch, der mutlos geht, weil er nicht erkannt hat, dass irdische Begrenzungen Täuschung sind, der noch nicht erkannt hat oder der bezweifelt, dass wahrer göttlicher Glaube, Glaube an die allumfassende Liebe Grenzenlosigkeit schenkt, alle Wege und Tore öffnet. Ein solcher Mensch beschenkt nicht sich und diese Erde: Er lebt in einer Bedeutungslosigkeit, er vegetiert, im Grunde ist er lebend tot. Und da er nicht Initiative ergreift, in Stumpfheit und Befangenheit verweilt, lebt er auch Trauer. Er erkennt: Mir fehlt der Mut, mir fehlt der Schwung. Er leidet darunter, aber ihm fehlt die Kraft zu verändern. Bequemlichkeit, Unsicherheit, Resignation halten ihn gefangen.

Und dann gibt es noch eine dritte Gruppe. Ihr sprecht von Randbäumen, die am Waldrand stehen. Mit der einen Seite leben sie Ausdehnung in die freie Landschaft, doch auf der Rückseite haben sie den Wald und erfahren dadurch Begrenzung in ihrer Entfaltung. Das sind die Menschen, die mutig an ein Thema gehen, aber verzagen, nicht durchhalten, sich irritieren lassen von den Mutlosen. „Das hat es noch nie gegeben, warum gerade du?“ Oder es sind die, die gerne möchten, aber sich nicht getrauen. Ein großes Sehnen ist in ihnen, große Gedankenbilder, die jedoch nicht in die Umsetzung finden. Das sind die Menschen, die noch immer und immer wieder den Schutz der Gruppe suchen, und sich dadurch aber auch von der Gruppe, von der Gemeinschaft in ihrer Initiative beeinflussen lassen, sich lähmen lassen.

Wo steht ihr? Was möchtet ihr Ungewöhnliches und Außergewöhnliches tun, nicht aus Eitelkeit, nein aus Freude, um euch zu entfalten und um der Welt etwas zu schenken. Korn, das zu

Mehl gemahlen und zu Brot verarbeitet wird, lebt einen Sinn, es nährt den Menschen. Korn, das geerntet wird und auf das Land neu ausgestreut wird, macht einen Sinn und hat einen Sinn, denn: Neue Ähren werden wachsen. Seht, Korn, das geerntet wird und nicht gebraucht und verbraucht wird, ist sinnlos, schenkt sich nicht, um Leben zu spenden und zu erhalten.

Und ich möchte euch mit diesen Worten der Begrüßung ermutigen, wollt dieser Welt etwas von Euch schenken, von eurer Einmaligkeit, von eurer Individualität, von eurer Initiative, wollt ihr etwas hinterlassen, was Frucht bringt, was die Erde leben lässt!

Wo Licht ist, da ist die Auswirkung des Lichtes. Wo Regen ist, da ist die Auswirkung des Regens und wo der Bauer sein Land bestellt, da ist die Auswirkung seines Bemühens. Doch nicht immer wird er die sichtbare Ernte einfahren!

Und wo der Bauer sein Land bestellt, da wird die Auswirkung seines Bemühens sein. Seht, wenn ich den Bauern als Beispiel zitiere, dann hat dies noch einen ganz besonderen Grund, auf den ich später zurückkommen will. Mit diesem Beispiel, das ich hier in den Worten der Begrüßung spreche, will ich euch verdeutlichen: Das Gesetz,Ursache – Wirkung'.

Wenn ihr mit euch in die Betrachtung gegangen seid und habt euch gefragt: „Was ist mein Lebensziel, was ist mein Lebenszweck, worin sehe ich meine Lebensaufgabe?" Dann ist das, als hättet ihr euch ein Stück Land ausgewählt, das ihr bearbeiten wollt. Und wenn ihr erkannt habt, was Lebenssinn und Lebenszweck und Lebensziel sind, dann ist die logische Folgerung, dass ihr beginnen werdet, diesen Zielen entgegenzugehen, entgegenzuarbeiten. Und das ist vergleichbar mit dem Bauern, der sein Land aufbereitet, damit es den Samen aufnehmen kann, damit es diesen Samen in den Keim bringen kann.

Seht, nun gibt es Menschen, und jetzt nehme ich wieder diesen Bauern und sein Feld, sie bereiten mit wahrhaft viel Bemühen sehr eifrig auf. Und das bedeutet, sie räumen Steine beiseite, der Boden wird gelockert, damit der Samen die besten Lebensbedingungen hat. Und dann, wenn die Frucht beginnt zu reifen, jätet der Bauer den Acker, damit die Frucht genügend Luft hat zum Atmen, damit sie groß werden kann, die Ähre voll werden kann. Ein wahrhaft großes Bemühen, eine große Ernsthaftigkeit, Gewissenhaftigkeit. Denn dieser Bauer will eine reiche Frucht, eine reiche Ernte einbringen.

Und dann gibt es den Bauern, der ebenfalls sein Land sorgsam aufbereitet, es sauber hält und jätet. Permanent jedoch läuft er zu dem Feld, um zu prüfen: Ist noch alles in Ordnung? Er muss sich versichern, ob noch alles in Ordnung ist, ob noch alles gut im Wuchs steht. Und mit diesem Drang, des sich permanenten Versicherns, bringt er sich in eine Hektik hinein, in Spannungsfelder.

Und dann gibt es den Bauern, der sein Land aufbereitet, sorgsam so wie die beiden anderen, der sich ebenfalls bemüht, doch das Bemühen ist kein Mühen, sondern in seiner Arbeit ist Achtung dem gegenüber, was er tut, ist Liebe gegenüber dem, was er in die Erde legt und was er ernten will. Dieser Bauer setzt sich immer einmal wieder auf die Steine, die er vom Felde geräumt hat und betrachtet sein Feld, lässt seinen Blick schweifen über das, was er ernten will und geht in der Freude. Und es stört ihn nicht, wenn ein Unkraut wächst, er muss es nicht sofort ausreißen. Nein, er kann in der Betrachtung sitzen bleiben und freut sich an dem, was wächst.

Seht, und jetzt möchte ich euch folgendes verdeutlichen:

Der Erstgenannte geht in einem großen Bemühen, und ihr alle wisst, dass Bemühen erschöpft, müde macht, und auch lustlos macht, weil nur Anspannung ist und nicht Entspannung.

Und der Zweitgenannte, der sich permanent versichern muss: Hat der Regen mir auch nicht die Frucht platt gedrückt, ist in mein Feld Wild eingebrochen? Seht, er hetzt durch das Leben, hat Angst, Lebenssinn und Lebenszweck und Lebensziel zu versäumen. Und aus lauter Eifer und Übereifer, aus Sorge: Ist mein Tun richtig oder falsch, geht er zerrissen.

Und der dritte hat Lebenssinn und Lebenszweck und Lebensziel erkannt, Er bestellt sein Feld, er bestellt es freudig, denn er weiß, das, was ich an Einsatz gebe, wird zu mir als Lohn zurückkehren. Darum gibt er den Einsatz freudig, denn er will sich ja auch über den Lohn freuen. Und ein freudiger Einsatz bedeutet, leicht zu leben, nicht gedrückt und bedrückt, nicht gezwungen, nicht verspannt – nein: ‚Ich gebe gerne meinen Einsatz. Und ich freue mich auf das, was zu mir zurückfließen wird'. Er hat die Kraft, sich hinzusetzen, auszuruhen, zu genießen. Er kann es, er geht nicht müde und verspannt, denn das, was er tut, ist Freude. Er sitzt und genießt sein Werk, und er freut sich an seinem Werke.

Seht, und so sollte euer Leben ausgerichtet sein. Bei jedem Bemühen euch verdeutlichen, es soll nicht Mühsal sein, sondern ich will versuchen, es mit Eifer zu tun. Und ich will versuchen, diesem Bemühen etwas Liebenswertes abzugewinnen, damit meine Zeit mit Freude gefüllt ist, damit die Ernte eine reiche Ernte sein wird. Aber es ist auch möglich, dass ihr in diesem eurem heutigen Leben noch gar nicht die Ernte seht, noch gar nicht einbringen könnt oder glaubt, nicht einbringen zu können. Und egal, wie ihr es seht, ihr solltet nicht entmutigt gehen, denn all das, was ihr mit der Bereitschaft eures Herzens gebt, muss zu euch um ein Vielfaches zurückkehren. All das, was ihr gebt mit der Bereitschaft eures Herzens, seid ihr! Und ein Herze, das bereitwillig gibt, ist Großmut, ist Großherzigkeit, ist Güte und Frieden und Langmut und immerwährende Versöhnung. Und darum wird die Ernte in dem Maße, in dem ihr Hinwendung lebt, auch von euch eingebracht.

Zurück zu diesem Landwirt: Er bestellt sein Feld, und es kommt ein kalter Sommer, und seine Ernte ist vernichtet. Was tut er? Geht er mutlos? Er geht traurig, verärgert, enttäuscht. Seine Mühen und sein Bemühen haben nicht zur Ernte geführt. Aber wenn das neue Jahr beginnt, wird er nicht sein Land brach liegen lassen. Nein, er wird, wie in all den Jahren zuvor, wieder das Land aufbereiten und den Samen in die Erde legen.

Und damit will ich euch verdeutlichen: Wenn ihr sagt, es ist mir nicht gelungen, ein Missgeschick, ich hatte nicht die Kraft oder ich hatte nicht den Mut oder ich konnte es nicht erkennen und ich habe falsch kalkuliert: Es ist nicht wichtig, es ist nicht von Bedeutung. Ihr habt einen Verlust erlebt und ihr sagt euer ‚Ja' zu ihm, damit ihr ihn hinter euch lassen könnt und weitergehen könnt in das nächste Bemühen, in das nächste Aufbereiten des Bodens, um diesen euren Samen des Wollens zu säen. Und so lebt euer Leben! Ihr werdet merken, dass es plötzlich gar nicht mehr so ein Ringen ist, dass es plötzlich gar nicht mehr so anstrengend ist und so frustrierend oder gar langweilig. Nein – ihr werdet merken, dass es farbig ist und euch Freude bringt und eine tiefe Befriedigung. Ihr werdet lächeln wie die, die wissen, mein Ziel ist sichtbar oder gar erreicht!

Hat das Gebet aus dem Munde eines Zweifelnden die gleiche Wirkung wie das aus dem Munde eines Gläubigen?

Wie ist es nun, wie verhält es sich mit den Zweifeln? In den Tagen, in denen der Mensch in der Ruhe steht, da sind keine Zweifel, da ist Gelassenheit. In den Tagen, wo der Mensch in der Unruhe geht, da kommen die Zweifel. Aber bedeutet nicht das Gebet eines Zweifelnden, dass er ebenso um etwas bittet, und bedeutet nicht zu bitten, in einer Energie des Empfangens zu stehen? Wie ist es nun? Haben die Gebete des Zweifelnden nun Wirkung?

Seht, ein Mensch der im Zweifeln steht, der steht im Hoffen. Und ein Mensch, der im Hoffen steht, der geht in der Angst, dass dieses sein Wünschen und sein Wollen nicht Erfüllung finden könnte. Und das bedeutet, sobald diese Angst in das Gebet hineinspielt, löst sie die Wirkung des Gebetes auf.

Hat das Gebet aus dem Munde eines Zweifelnden die gleiche Wirkung wie aus dem Munde eines Gläubigen? Der Gläubige, er hat als Kind von seinen Eltern, von seinem Umfelde, einen Glauben angeboten bekommen, den Glauben an Gott und es wurde ihm gesagt: Gehst du in der Bitte, stehst du in dem Gebet, dann wirst du empfangen, dann kannst du empfangen.

Natürlich wird das Gebet eines Gläubigen eine größere Wirkung haben als das Gebet des Zweifelnden, aber ist nicht Glaube eine Sache des Kopfes, des Verstandes und damit wieder eine sehr vage Angelegenheit, eine große Unsicherheit? Denn wenn auch hier die Tage der Prüfungen kommen, kann dieser Glaube große Erschütterung erfahren. Wo sind die Beweise? Also wieder eine unsichere Angelegenheit!

Haben die Gebete aus dem Munde eines Wissenden eine größere Kraft als die Gebete aus dem Munde eines Gläubigen? Der Wissende, er schöpft aus einer Erfahrung. Der Wissende hat bereits die Beweise erfahren. Und darum ist sein Glaube unberührbar, ist sein Vertrauen in Gott unerschütterbar. Für ihn gibt es nicht Zweifel, für ihn gibt es nicht Hoffen, für ihn gibt es nicht Vertrauen, für ihn steht fest!

Und jetzt möchte ich euch ein Beispiel geben: Ein Mensch erbt einen Rohdiamanten. Und der, der ihm diesen Rohdiamanten vererbt, sagt: „Er ist sehr wertvoll." Da sich der Erbe aber nicht auf Steine versteht, will er gerne annehmen, dass dieser Stein einen Wert hat. Aber wenn er ihn betrachtet, dann überlegt er sich schon, was macht denn diesen Wert des Steines aus? Er ist doch gar nicht schön, er blinkt nicht, er hat keine Ausstrahlung. Also werden ihm Zweifel kommen. Er wird den Stein irgendwo verwahren, denn er wurde ihm als Erbe gegeben. Der Gläubige, er weiß, ein Rohdiamant ist ein wertvoller Stein, so wird gesagt. Aber er nimmt ihn und sagt: Wenn er wertvoll ist, dann muss ich ihn verschließen, damit er mir nicht genommen wird. Also hat er einen Rohdiamanten, betrachtet ihn von Zeit zu Zeit, sagt: „Er ist wertvoll, ich muss achtsam mit ihm sein."

Der Wissende, der diesen Rohdiamanten bekommt, weiß um seinen ganzen Wert. Um ihn in seine ganze Leuchtkraft zu stellen, muss ich ihn schleifen lassen. Und er geht zu dem Diamantenschleifer und sagt: „Schleife ihn in so viele Facetten, wie es nur geht, damit er in seiner vollen Leuchtkraft steht."

Seht, und dieser Mensch wird seinen Stein betrachten und sein Herz wird lachen und hüpfen. Er hat den wahren Wert des

Steines erkannt, und er hat diesem Steine seine Strahlkraft gegeben, seinen ganzen und wahren Wert! Und auch er wird sehr achtsam mit diesem Steine sein, denn für ihn hat er einen großen Wert bekommen.

Und mit diesen Worten der Begrüßung möchte ich euch sagen: Der Wissende ist ein unberührbarer Mensch! Er steht in seiner ganzen Sicherheit, er steht in seiner ganzen Kraft. Er ist der Lächelnde, weil er nicht nur erkannt hat, sondern weil er weiß, mit dem Herzen weiß!

Ich will euch ermutigen, dass ihr immer sicherer in dem, was ihr nennt ‚Glaubenstiefe', geht, heraus aus den Zweifeln, denn die Tage der Unsicherheit dienen ausschließlich dazu, dass ihr die Tiefe eures Vertrauens in Gott prüfen könnt, herausgeht aus den Zweifeln und herausgeht aus dem Glauben des Kopfes. Da wurde mir gesagt: Es gibt einen Gott, der Alles geschaffen hat und darum auch mich geschaffen hat, und er ist mein Herr und ihm habe ich zu gehorchen! – Das ist trocken, das ist kalt.

Der Wissende, er weiß um Gott, der allumfassenden Liebe. Und er weiß, Liebe ist Freiheit, und Liebe ist Licht, und Liebe ist Leichtigkeit, und Liebe ist Sicherheit – und darum geht er diesen seinen Lebensweg in der Freude der Liebe! Er hilft mit dieser seiner Liebe diese Erde zu stärken, zu bewahren, den Schatten dieser Erde ein Lichter zu sein, damit wieder Wandlung sein kann, damit Erneuerung sein kann, damit Befreiung sein kann!

Ein Lehrer gibt erlerntes Wissen weiter. Ein Meister ist durch die Prüfungen seines Lebens geläutert worden und ist gestärkt und gefestigt daraus hervorgegangen. Durch das Erkennen seiner eigenen Unberechenbarkeit und seiner Begrenzungen hat er herausgefunden aus dem Beurteilen und dem Verurteilen. Durch das Erkennen seiner eigenen Hilflosigkeit hat er Verständnis für die Hilflosigkeit anderer. Er ist zu einem All-Erkennenden, zu einem All-Verstehenden und darum zu einem All-Liebenden geworden!

Seht, welche Erkenntnis könnt ihr aus diesen Begrüßungsworten ziehen und welche Freude kann für euch daraus erwachsen? Der Meister, ein All-Verstehender und damit ein All-Verzeihender, ein Ausgesöhnter? Er geht mit sich und der Welt ausgesöhnt.

Was ist denn nun so Besonderes an diesen Worten der Begrüßung? Es wird beschrieben, wie ein Mensch zum Meister wurde. Und das Besondere daran ist, dass er durch die Prüfungen seines Lebens nicht verbittert wurde, dass er nicht in Depression und in Resignation ging, sondern gestählt, gehärtet wurde. Doch nicht verhärtet, nein, er ist an den Prüfungen seines Lebens gewachsen. Er hat sich den Prüfungen nicht verweigert. Er ging nicht gekränkt über sie und nicht verbittert. Er machte nicht das Leben dafür verantwortlich, und er machte nicht Gott dafür verantwortlich, er machte niemand dafür verantwortlich. Er sah die Unzulänglichkeiten des Lebens, die Prüfungen, und er sagte: Ich will sie meistern! Ich will versuchen, aus ihnen das Beste zu machen, das für mich Mögliche.

Das war der erste Schritt, er hat sich nicht verweigert, sondern er hat ‚Ja' gesagt. Und hat er nicht vielleicht doch auch Angst gehabt? Und war da nicht doch vielleicht ein Zögern? Selbstverständlich! – Denn er war ja noch nicht Meister, er war ja noch Schüler, er ging ja noch im Proben und im Erproben. Also sind auch bei ihm Ängste gewesen, Sorgen gewesen und Zögern und auch ein Zagen; aber es war die Bereitwilligkeit: Ich probiere! Ich will sehen, wie weit und ob ich diesen Herausforderungen gewachsen bin!

Und in dem Moment, wo er den Widerstand aufgegeben hat, ging er in sich leichter, gelassener, er konnte beobachten, er konnte auf sich zukommen lassen. Er ging nicht mehr im Ausweichen, sondern im ruhigen Beobachten: Wo muss ich ansetzen? Wo sollte ich ansetzen, um diese Prüfung zu bestehen? Und da er nicht verhärtet ging, sondern geöffnet und damit begleitend, wurde auch er begleitet – von wem? Von seinem Nächsten, von der allumfassenden Liebe, die ihm zuarbeitete, sodass er die Prüfungen und Herausforderungen bestehen konnte.

An diesen Prüfungen und Herausforderungen wurde er geläutert. Er hatte erkannt, wie unberechenbar ein Mensch in Wirklichkeit ist. Denn erst, wenn er an seine Grenzen geführt wird, zeigt sich sein wahres Ich, tut er das, was ihr nennt: Farbe bekennen! Nicht mehr Ausflüchte, nicht mehr ein Augen-Schließen-Können, nein, er wird an die Grenzen seiner Unberechenbarkeit geführt. Und Unberechenbarkeit ist immer dort, wo ihr in Neuland vorstoßt. Sobald ihr mit bestimmten Lebensthemen noch nicht konfrontiert wurdet, könnt ihr nicht beurteilen, wie ihr auf sie reagieren werdet. Ihr könnt Vermutungen anstellen aufgrund der Erfahrungen, die ihr mit euch gemacht habt. Aber ob diese Vermutungen sich dann auch bewahrheiten werden, das ist ungewiss.

Seht, aber nur ein Mensch, der seine Unberechenbarkeiten erfahren hat, hat sich doch ganz erfahren, wurde doch ganz erschlossen. Und nur, was ganz erschlossen ist, kann in Klarheit führen, in Klärung führen.

Der, der zum Meister geworden ist, hat aus den Erfahrungen seines Lebens gelernt: Ich kann mich gar nicht auf mich selbst verlassen! Denn ich weiß nicht, ob mein ‚Ja' von heute noch das ‚Ja' von morgen ist. Er erinnert sich, das ein ‚Ja' von gestern nicht mehr sein ‚Ja' von heute ist. Das bedeutet, ein solcher Mensch wird immer wertefreier, Er wird mit sich wertefreier und darum zwangsläufig mit seinem Nächsten. Und da er seine Hilflosigkeiten erfahren hat, seine Traurigkeiten, seine Unzulänglichkeiten, hat er Verständnis für seinen Nächsten. Und seht, das ist allumfassende Liebe!

Er hat nicht Nachsicht mit seinem Nächsten, weil er den Nächsten so sympathisch findet, weil er ihm eine Herzenswärme lebt, weil der andere ihm Anziehung lebt, nein. Er lebt ihm die allumfassende Liebe, weil er in ihm seinen unvollkommenen Bruder sieht, unvollkommen, wie er selbst gegangen ist und darum kann er in der Nachsicht stehen, weiß, was dieser Bruder noch für Wege des Kampfes gehen muss, Wege der Ich-Überwindung, Abschied von diesem: Ich will aber!

Ich spreche euch diese Worte der Begrüßung, damit ihr nicht in den Tagen der Unzulänglichkeiten, in den Tagen der Prüfungen und in den Tagen der Not den Blick senkt, die Resignation und die Frustration lebt, sondern dass ihr in diesen Tagen der Not und der Unzulänglichkeiten euch immer wieder sagt: „Mein Fundament soll das Vertrauen sein, und mein Fundament soll auf Gott gebaut sein! Vertrauen und Hoffnung!"

Denn Vertrauen und Hoffnung, sie führen aus Lähmung. Ein Mensch, der im Vertrauen geht, er hat die Kraft, mit dem Jetzt zu arbeiten, das Jetzt zu bearbeiten und auch zu durchstehen. Und ein Mensch, der Hoffnung lebt, lebt Ziele, blickt nicht zurück in Vergangenes, sondern er blickt nach vorne, in das, was das Leben für ihn noch bereit hält. Und in dem Moment, wo er das ‚Ja' spricht zu diesen Prüfungen, in dem Moment werden die Prüfungen nicht weniger, aber er wird ihnen gegenüber immer unberührter. Er ist von ihnen nicht mehr aus seiner Fassung zu bringen. Er fällt nicht mehr aus seiner Fassung, denn er weiß, das Heute muss morgen nicht mehr Gültigkeit haben, alles unterliegt dem Wandel. Und wenn ich die Kraft habe, das Licht zu sehen und an das Licht und an die Freiheit zu glauben, ich meine Gedanken nicht binde und festhalte an diesen Prüfungen und sie damit noch verschnüre, noch festige, noch härte, noch verdichte - wenn ich die Kraft habe abzuwickeln, aufzurollen, dann werde ich das Thema bearbeiten und damit bewältigen können.

Und wollt ihr Meister dieses eures Lebens sein! Ihr habt alle schon die Erfahrung gemacht, wenn ihr aus eurem Leben, aus eurer Lebenserfahrung berichtet und der andere steht in dem gleichen Thema, so werdet ihr angenommen. Ihr seid Meister einer Erfahrung geworden und der andere glaubt euch, er vertraut euch. Er sieht in euch den Wissenden. Ihr hab keine Informationen gesprochen, abgelesen aus einem Buche, nein, aus eurem Lebensbuche habt ihr vorgelesen und darum konnte der andere euch ernst nehmen und konnte von euch Hilfe erhalten.

Mit Licht, mit Liebe, mit Frieden und Freude, segne der Einzige und Wahrhaftige, der Ewige und Wahre, der Ursprung all diesen Seins, diese eure Herzen und lasse sie machtvoll gehen!

Machtvoll bedeutet nicht, in der Machtsucht zu gehen, bedeutet nicht, im Machthunger zu gehen. Denn seht, dort wo eine Sucht gelebt wird, wird eine Abhängigkeit gelebt und signalisiert damit Hilflosigkeit, ein Ausgeliefert-Sein – Angst! Und dort, wo Hunger gelebt wird, dort ist der Wunsch nach Sättigung. Und ist der Hunger sehr groß, kann leicht daraus eine Gier werden, Machtgier. Und ein Mensch, der in der Machtgier geht, muss Kontrolle leben, muss den Überblick behalten, lebt darum Misstrauen und permanente Anspannung.

Kontrolle leben zu müssen bedeutet, nicht bei sich sein und bei sich bleiben zu können. Kontrolle leben zu müssen bedeutet, den anderen in der Beaufsichtigung halten, damit er nicht selbständig wird, nicht eigenmächtig wird, damit er nicht seiner Wege geht, so wie es sein Verstand oder sein Herze befiehlt. Dort, wo die Machtsucht und der Machthunger oder die Machtgier gelebt wird, ist Gewaltherrschaft. Und dort, wo Gewaltherrschaft ist, wird dem Unterdrückten Verachtung gelebt.

Ich sagte, der Machthunger, die Machtsucht oder die Machtgier werden aus der Angst geboren. Angst, überrollt zu werden, nicht beachtet zu werden, nichts zu sein, nichts zu gelten. Es signalisiert die Hilflosigkeit, die Ohnmacht eines solchen Menschen. Es zeigt seine leeren Hände, denn was wäre er ohne den, den er unterdrückt. Er berauscht sich und wertet sich auf an der

Unterdrückung. Und seht, dies beginnt bereits in der Familie, ihr wisst es. Auch dort wird häufig Unterdrückung gelebt, das Machtverhalten eines Familienmitgliedes. Und hat ein anderes Familienmitglied den Mut und stellt sich der Person und sie merkt: Ich habe hier einen würdigen Gegner gefunden, so setzt die Angst ein. Er tritt zurück und verändert sein Machtverhalten. Er versucht nun die Kontrolle und die Macht auf andere Weise auszuüben, nicht mehr über die Aggression, über den Angriff, sondern über Hilflosigkeit.

Lasst uns folgendes Beispiel nehmen: Dieser besagte Mensch erkrankt. Er wird seine Erkrankung nehmen und wird damit die Familie in Atem halten, wird sich hinstellen als der Bedauernswerte, der Bemitleidenswerte, dem Nachsicht gelebt werden muss und Großmut und Geduld und höchstes Verständnis. Er fordert also genau das, was er nicht in der Lage war zu geben, es ist der Minuspol von Macht.

Seht, und nun der machtvolle Mensch, der Pluspol von Macht: Ein machtvoller Mensch geht in sich ruhend, er steht gelassen, souverän, er hat sich angenommen, er hat sich akzeptiert in seiner Persönlichkeit, in seinem Ausdrucke und kann darum in sich ruhen. Er muss nicht mehr beweisen, wer oder was er ist, nein, er weiß um sich, er geht mit sich in der Versöhnung. Und ein machtvoller Mensch ist ein geliebter Mensch, ist ein geachteter Mensch, ist ein Mensch, der verehrt und bewundert wird, weil er Würde lebt, weil er bei sich bleiben kann, weil er sich nicht verrät um einer Idee willen oder um eines Vorteiles willen.

Ein solcher Mensch übernimmt Verantwortung, er lebt nicht zurückgezogen und sagt: Tut ihr, was ihr wollt, es geht mich nichts an! – Nein, ein machtvoller Mensch weiß um die Verantwortung, die er für sich trägt und um die Verantwortung für den anderen. Aber er geht nicht in dem Diktat, er geht nicht in dem Befehle, sondern er lebt vor, er animiert, er ermutigt, er ermuntert. Er tröstet und lässt damit dem anderen Existenz, hilft ihm zu existieren, in Existenz zu finden. Und er hat seine Freude daran, wenn er das Bemühen des anderen um Selbständigkeit sieht, er hat seine Freude daran, wenn der andere in die Selbständigkeit und Eigenverantwortung gefunden hat. Er lebt die Freiheit des Geistes vor, und er lebt die wahre Liebe vor, er lebt den Frieden vor. Er weiß um die Entwicklung jedes einzelnen, er weiß um die Kämpfe des Menschen, weil er mit sich im Kampfe gegangen ist, weil er seine Notdürftigkeit erfahren hat, weil er sich in seiner Kleinheit und Hilflosigkeit gesehen hat. Und darum weiß er, wie schwer es ist, sich das ‚Ja' zu sprechen, sich die Selbstannahme zu leben, in die Versöhnung mit sich selbst zu gehen. Aber ist es nicht so, dass nur dort die Freiheit beginnen kann und dass ihr nur dort wahrhaft dem anderen gut sein könnt, ehrlichen Herzens gut sein könnt, wenn ihr mit euch ausgesöhnt geht?

Und diese meine Worte der Begrüßung wollen euch animieren, dass ihr diesen Weg der Versöhnung mit euch geht, dass ihr nicht Bilder malt und Bilder zeichnet, wie ihr euch gerne hättet, wie ihr euch gerne nach außen darstellen möchtet oder von dem anderen gesehen werden möchtet. Es bedeutet, mit sich in die Selbstkritik zu gehen. Es bedeutet, ganz nüchterne Bilanz mit sich zu ziehen, sich seine Unzulänglichkeiten einzugestehen. Denn nur dort, wo ihr sie euch eingesteht, kann die Angst und die Unsicherheit von euch weichen, könnt ihr zu dem, was ist, was ihr seid, euer Herzens-Ja sprechen!

Immer wieder habe ich gesagt: Es gibt nicht den vollkommenen Menschen. Vor Gott gilt der Mensch als vollkommen, der liebend geht. Aber er kann nur liebend gehen, wenn er sich in seiner Bedürftigkeit angenommen hat. Denn dort, wo er zu dieser Bedürftigkeit sein ‚Ja' spricht, wird sie ihn nicht mehr stören, wird sie ihn nicht mehr beengen und nicht mehr bedrängen. Freiheit findet statt! Er geht heraus aus den Zwängen und kann darum in die Kraftfülle, kann damit in das mutvolle Verhalten gehen.

Diese eure Welt lebt höchste Bedrückung, diese eure Welt lebt höchste Verzweiflung. Und diese Bedrückungen und diese Verzweiflungen sind eure Ängste, die ihr täglich lebt, eure Erwartungen und eure Unsicherheiten, die sind, weil ihr noch nicht in dem Vertrauen steht, weil ihr alle noch den Machthunger lebt und andere kontrollieren wollt. Der Mensch, der die Kraft hat, diese Kontrolle aufzugeben, er allein und nur er wird hineinschwingen in die allumfassende Liebe, wird das leben, von dem ich immer sage: Herr, dein Wille geschehe! Nicht weil er keine Lust mehr hat zu bewegen, nicht weil er glaubt, nichts mehr bewegen zu können, nein, weil er weiß: Wenn ich das Vertrauen lebe in die Liebe Gottes, wenn ich das Vertrauen lebe in die Fürsorge dieser allumfassenden Liebe, wenn ich mich wirklich in sie hineinfallen lassen kann, beginne ich, in einen neuen Lebensabschnitt zu gehen, beginne ich, ein erlöster Mensch zu werden. Erlöst von den Bedrückungen, von den Ängsten, die gewachsen sind und die Nährboden fanden in den Tagen eurer Kindheit, die ihr nicht bearbeiten konntet. Die Ängste und Bedrückungen, die darum noch immer eure Begleiter sind. Nur jetzt seid ihr Erwachsene, ihr habt einen klaren Verstand, und ihr habt ein offenes Herze. Ihr geht den Weg des Lichtes und des Heiles und damit der Heilwerdung. Darum habt den Mut zu sagen: Ich will nicht mehr, ich mag nicht mehr, ich sorge mich nicht mehr im voraus! Ich will diesen Tag leben in seiner Schönheit und in seiner Fülle, und ich will die Themen des heutigen Tages so gut lösen, wie ich es vermag. Ich will voraus planen, doch sollte der Plan sich nicht erfüllen, so will ich nicht enttäuscht und verbittert gehen, sondern will begreifen, dass Gottes Plan für mich der bessere ist.

Ihr seht diese eure Lebensspanne, euer Leben heute und ihr seht es als ein Ganzes, aber immer wieder sagte ich: Sie ist wie der Vers eines Gedichtes, sie ist wie die Strophe eines Liedes. Gott, der eure Seele sieht und kennt von Anbeginn, der das Wachstum dieser eurer Seele verfolgt und darum weiß, was sie jetzt benötigt, er lebt seinen Plan für euch zu eurem Heile. Wollt im mutvollen Herzen stehen! Und wenn ihr euch in eurem Zögern beobachtet, in eurer Ängstlichkeit, in eurer Unsicherheit, in euren Zweifeln oder des euch Produzierens, des Machthungers oder der Machtsucht, dann haltet eine Weile inne, eine kurze Weile nur. Und dann schließt ihr eure Augen und ihr atmet einige Male tief durch, und ihr richtet euch auf und sagt: Ich bin ein machtvoller Mensch! Ich halte diese meine Lebenszügel in meiner Hand! Ich lasse mich nicht manipulieren von den anderen oder von den Lebensumständen! Ich bleibe bei mir!

Und bevor wir nun mit diesen euren Fragen beginnen, möchte ich euch bitten, setzt euch eine Weile gerade hin, atmet tief ein und fühlt dabei, wie sich eure Wirbelsäule streckt, nehmt eure Schultern zurück und haltet euren Kopf gerade. Blickt nicht unter euch, blickt geradeaus. Und nun atmet ihr tief ein und tief aus, und wenn ihr einatmet, dann atmet ihr das Wort ‚Machtvoll' ein. Und wenn ihr ausatmet, dann atmet ihr ‚Angstfrei' aus. Machtvoll – Angstfrei! Denkt nicht dabei, fühlt nur die Kraft des Wortes: Machtvoll! Immer wieder geht in dieses kurze Innehalten, um euch einzusammeln, damit ihr aus dieser eurer Machtfülle schöpfen könnt.

Diese eure Erde benötigt keine Schwätzer, diese eure Erde benötigt keine Unterdrücker, diese eure Erde benötigt eure Hände, die sich ausstrecken, um den anderen zu begleiten. Und ihr, die ihr den Weg des Heiles geht, den geistig-spirituellen Weg, wollt ihr machtvolle Menschen sein, an die sich angelehnt wird, die Kraft verströmen, Sicherheit ausstrahlen und damit Mut machen, in die Eigenständigkeit zu gehen, den anderen ermutigen, in die Selbstverantwortung zu gehen. Ein Entbinden findet da statt, denn ein Mensch, der in die Selbstverantwortung gefunden hat, ist ein freier Mensch, gebraucht den anderen nicht mehr, missbraucht ihn damit nicht mehr. Der andere wird ein wahrer Partner, und nur so kann ein friedvolles Zusammenleben sein!

Das Wissen um Gott ist Freude! Der Weg zu Gott ist Mühe! Die Mühe freudig zu leben ist Klugheit!

Was ist denn Klugheit? Klugheit ist nicht allein Wissen, Allgemeinbildung, auf alles eine Antwort haben. Klugheit ist auch

Umsicht, Achtsamkeit, ein Abwägen und ein Abschätzen, um das gewünschte Ergebnis erreichen zu können, und zwar so zu erreichen, dass ich damit zufrieden bin und andere nicht übervorteilt habe oder gar geschädigt habe.

Was ist denn Freude? Freude ist Glück! Freude ist, mit sich in dem Einklange zu gehen, in der Ordnung zu gehen, um sein Ziel zu wissen. Freude ist, in dem Teilen gehen zu können, in dem Sich-Mitteilen und Teilhaben. Es bedeutet, mit sich in der Annahme zu gehen und damit in dem Wohlwollen gegenüber dem anderen. Freude ist die Kraft, die Fähigkeit, Gemeinschaft zu leben, dazu zu gehören. Weil ich in meiner Klarheit stehe, kann ich mich nach außen wenden, zuwenden.

Was ist denn Mühe? Seht, Mühe ist Anstrengung, Mühe ist Beständigkeit, Mühe ist Mut zum Durchhalten, um das gesteckte Ziel zu erreichen, um das in die Umsetzung zu führen, was mir erstrebenswert, begehrenswert ist. Nicht auf halber Strecke sagen: Ich habe keine Lust mehr! Also, Unlust überwinden!

Das Wissen um Gott ist Freude! Wer weiß denn um Gott? Ihr sagt: Ich glaube an Ihn – aber glauben ist nicht wissen. Wissen beruht auf Erfahrung. Und seht, das ist auch das Dilemma des Gläubigen. Er sagt: „Herr, hilf mit! Herr, wende ab!" Er glaubt, dass Gott ihm helfen kann, aber wo Glaube ist, da sind auch noch Zweifel, da ist auch noch Unsicherheit. Und wenn in der Zeitvorstellung, die der Mensch hat, nicht abgewendet wird, dann geht der Glaube erschüttert. Das ist auch der Grund, warum so wenig Erfolg gelebt wird, so viele Gebete scheinbar nicht erhört werden. Wissen um Gott, ohne den Beweis dafür zu haben, gibt es nicht. Ein Wissen beruht immer auf Erfahrung. Jetzt kann diese Erfahrung, also das bewusste Erfahren Gottes, in einem vergangenen Leben gemacht worden sein, oder ihr tragt noch eine tiefe Seelenberührung von Gott aus eurer Zeit in der feinstofflichen Welt in euch und das lässt euch in dem Wissen um Gott gehen.

Wenn ihr ganz bewusst das heutige Leben betrachtet, und wenn ihr nicht nach eurem Gefühl geht, sondern nach eurem Verstand, ihr lebt ja in einer Zeit, wo der Verstand gefordert ist,

Beweise gefragt sind, seht, wenn ihr dann bewusst nach Beweisen sucht, dann fragt euch: Wie kann es sein, dass ein Same über den Winter in der Erde ruht, der Frühling beginnt und der Same geht auf – das ist ein Wunder! Denn würde der Mensch sich im Herbst in die kalte Erde legen, er würde nicht im Frühjahr zu neuem Leben erwachen, er wäre gestorben.

Wenn ihr beginnt, euch mit diesen Wundern des Lebens in seiner Vielfalt auseinanderzusetzen, dann wird plötzlich aus dem Glauben an eine Macht, an eine Schöpferkraft, ein Wissen. Und mit diesem Wissen kommt auch das Sich-Getragen-Wissen, das Sich-Geführt und das Sich-Begleitet-Wissen. Die Zweifel können nicht mehr sein. Aus Glaube wurde Wissen. Aus diesem Wissen heraus nun geht ihr nicht in der gebückten Haltung auf Gott zu, geht ihr nicht als Knecht oder Magd auf Gott zu, nicht bittelnd und bettelnd, nein – ihr wisst: Ich bin ebenfalls Ausdruck dieser Liebeskraft. Ich, als Kind Gottes, kann meine bittenden Worte sprechen wie ein Kind zu dem Vater. Kann ihm auch meinen Unwillen vortragen und meine Traurigkeiten und meine Lebensängste. All diese Stolpersteine in meinem Leben, meine Unzufriedenheiten, weil nicht ist, wie ich es will, kann ich ihm vortragen und kann sagen: Du, als mein Vater, ich möchte Dich bitten, nicht für mich zu erledigen, nein, sondern mir die Kraft zu geben und mir die Erkenntnis und die Klarheit zu schenken, so dass ich dieses mein Leben ordnen kann, in Ordnung bringen kann, damit die Freude immer größer wird. Damit ich Dich stärker zum Ausdruck bringen kann, damit ich immer stärker zur Liebe werde!

Der Weg zu Gott ist nicht der Weg des Bettlers, denn seht, was geschieht? Geht ihr in dem Betteln, dann bleibt ihr in eurer Schwäche. Ihr wollt Gott für euch erledigen lassen, ihr sagt: Du weißt es, Du kannst es, Du tust es! Der Gewinner des Lebensspieles ist der, der mutvoll und kraftvoll in die Handlung geht, wenn er auch nicht weiß, wie das Ergebnis sein wird, der sich darauf verlässt, dass Gott ihm die Erkenntnis schenkt, dass Gott ihm die Kraft erhält, dass Gott ihn in dem Vertrauen gehen lässt: Ich schaffe, was ich mir vorgenommen habe! Ein kraftvoller Mensch, ein mutvoller Mensch, der ist das wahre Kind Gottes! Es bedeutet nicht, dass der Glaube an sich und seine Handlungsmöglichkeiten und -fähigkeiten unbegrenzt sind, nein, aber er weiß, dass Gott sein Leben ist und damit die Liebe sein Leben ist! Und diese Liebe kann nur Einkehr halten in einem Herzen, das vertrauensvoll geht, das weiß: Jede Kränkung, die mir zugesprochen wird, die mich noch berührt, zeigt mir meine Unvollkommenheit. Und jede Kränkung, die ich bewusst spreche, zeigt mir auch meine Unvollkommenheit. Und jeden Zweifel, den ich an Gott lebe, nur einen Atemzug lange, zeigt mir meine Gottesferne.

Seid stolz, seid glücklich, seid froh und freudig, dass ihr um eure Gotteskindschaft wisst! Und nehmt diese Haltung der Wissenden ein. Nicht das Sich-Beugen, nicht die gebückte Haltung, sondern der aufrechte Gang, denn das zeigt den Menschen, der sein Ziel bewusst erkannt hat, mutig auf es zugeht, die Mühe und die Mühsal des Weges nicht scheut, den Versuchungen – und die Versuchungen bringen immer die Zweifel – nicht unterliegt und stets die Kraft hat zu sagen: Gott, Du und ich! Und dann wird das sein, wonach ihr euch alle sehnt, die Verschmelzung mit Ihm, der allumfassenden Liebe. Und dann werdet ihr sehen, ihr müsst nicht mehr bitten, dass sich für euch regelt, dass eine Situation sich verändert. In dem Moment, wo ihr mit Gott verschmolzen seid, beginnt ihr in der Fülle zu stehen, der Fülle des Herzens.

Wie kannst du die Großmut Gottes empfangen, wenn du mit dir kleinlich gehst? Wie kannst du die Freuden Gottes wahrnehmen, wenn du mit dir vergrämt gehst? Wie kannst du die Geduld Gottes fühlen, wenn du mit dir ungeduldig gehst? Wie kannst du zum Ausdruck allumfassender Liebe werden, wenn du bewertest und nur das liebst, was dir gefällt?

Wo habt ihr euch wieder erkannt? Habt ihr euch wieder erkannt bei der Frage: Wie kannst du die Großmut Gottes empfangen, wenn du mit dir kleinlich gehst? Betrachtet euch doch einmal: Wie häufig fühlt ihr euch denn klein und nichtig, nicht liebenswert und nicht beachtenswert? Wie häufig leidet ihr unter diesen euren Mängeln und Unvollkommenheiten, statt zu sagen: Ich bin auf dem Wege in die Vollkommenheit, und auf diesem Wege sammle ich Erkenntnisse. Und die wichtigste Erkenntnis auf diesem Wege ist: Ich bin der Ausdruck allumfassender Liebe. Ich bin nicht nur das Kind dieser meiner Eltern, die mich gezeugt und geboren haben, diesen meinen grobstofflichen Leib – nein. Ich bin vor allen Dingen das Kind meiner göttlichen Eltern: Gott-Vater und Gott-Mutter, die mir diese meine Seele und meinen Geist gegeben haben, die Unsterblichkeit leben, Unvergänglichkeit und darum Vollkommenheit. Doch das, was mich behindert, diese Vollkommenheit jetzt schon zu leben ist die Kleinlichkeit, mit der ich mir begegne, ist meine Engherzigkeit, ist meine Ungenügsamkeit. Ich genüge mir nicht und darum sehe ich mich klein und blicke auf. Und wenn ich aufblikken muss, dann lebe ich Neid und dort, wo ich mich größer sehe und herunterblicke, dort bin ich herablassend.

Wie kannst du die Großmut Gottes empfangen, wenn du mit dir kleinlich gehst? Wollt beginnen, nicht nur um dieses euer göttliches Erbe zu wissen! Was ist schon Wissen mit dem Kopfe? Das ist mitreden können! Und das ist auch Zusammenhänge verstehen – selbstverständlich. Aber wollt das Wissen leben mit dem Herzen, mit eurem ganzen Sein.

Seht, wie kannst du die Freuden Gottes wahrnehmen, wenn du mit dir vergrämt gehst? Ihr könnt sagen, wo sind denn die Freuden Gottes? Wo sendet er mir denn Freude? Ist denn nicht dieses mein Leben ein ständiges Ringen und ein Mich-Abquälen und ein Mich-Bemühen? Und immer wieder diese Rückschläge. Tue ich denn noch nicht genug, um die Freuden Gottes wahrnehmen zu können? Noch immer seht ihr Gott dort in der Ferne und euch hier als die verlassenen Kinder.

Wie kannst du die Freuden Gottes wahrnehmen, wenn du mit dir vergrämt gehst, wenn nichts genügt oder vieles nicht genügt? Wie empfängt denn ein Mensch? Doch nicht, indem er sich seine Bedürftigkeit anblickt, sondern indem er sagt: Ich will aus ihr heraus. Und wie tue ich es? Wo setze ich an? Wo sind denn die Freuden Gottes, von denen ich mich berühren lassen will und kann? Wo sind sie denn? Seht, und da müsst ihr nur eure Augen öffnen, eure Ohren, eure Nase, eure Hände und euren Mund. Die Augen, um die Schöpfung Gottes zu sehen, die Schöpfung der allumfassenden Liebe, mit euren Augen wahrnehmen die Farben und die Formenvielfalt; das, was sich ineinander fügt wie ein Getriebe, wie Zahnräder, was Gott gefügt hat, damit es Harmonie lebt und Gleichklang und Ausgewogenheit.

Und wie könnt ihr Ihn hören? Ihr hört ihn in dem Lachen des Kindes oder in dem Rufen des Kindes nach den Eltern. Ihr hört ihn im Gesange des Vogels. Ihr hört ihn auch in dem, was menschliche Schöpfung ist. Was der Mensch geschaffen hat zu seinem Gebrauche, zu seiner Lebenserleichterung. Seht, und wenn da die Kraft ist, bewusst zu sehen und bewusst zu hören und bewusst zu riechen, diese Vielfalt. Ist da nicht ein Grund zur Freude? Muss da nicht zwangsläufig der Gedanke kommen: Eine Kraft, die so viel Vollkommenheit geschaffen hat, warum sollte sie mich nicht halten! Warum sollte sie mich nicht vor Übel bewahren!

Und all dies kann euer Mund aussprechen, denn nicht nur Gedanken und Handlungen sind Energie und führen in die Manifestation. Nein – eure Worte, die ihr sprecht, sind Energie. Und wenn ihr den Mut habt, von der Bedürftigkeit Abstand zu nehmen, von ihr abzusehen, seht, dann könnt ihr im Danken sagen: „Herr, wie wunderbar, das was Du bist und was Du gebildet hast. Und da Du auch mich gebildet hast, muss ich zwangsläufig wunderbar sein. Noch ein wenig von Schatten umgeben, noch ein wenig im Mangel, aber mit meinem guten Willen wird es werden."

Seht, und dann diese eure Hände: Habt ihr schon einmal Armlose erlebt? Wo nicht das Zupacken ist und das Berühren? Und über die Berührung das Fühlen, die Aufnahme über das Fühlen, das Berührt-Werden durch das Fühlen? Wie wunderbar, wenn die Kraft ist, sich darauf einzulassen. Wirklich erfühlen zu wollen, um berührt zu gehen. Seht, und ein solcher Mensch, der so beginnt, seinen Gram zu verabschieden, indem er sagt: „Gott, ich will Dich berühren mit diesen meinen Sinneswahrnehmungen, nicht gerade mal wenn ich Lust habe, nicht gerade mal, wenn ich glaube Zeit zu haben oder mich langweile, wenn ich nichts Besseres zu tun habe." Nein: Ihr, als göttlicher Ausdruck, eure Aufgabe ist es, euch von Gott wieder berühren zu lassen, damit ihr ihm entgegenwachsen könnt.

Wie kannst du die Geduld Gottes leben, wenn du mit dir ungeduldig bist? Ein bekanntes Thema, bei jedem - ohne Ausnahme. Ja, warum eigentlich die Ungeduld? Ihr werdet geboren und irgendwann nehmt ihr wieder Abschied von dieser Erde. Aber nur von dieser Erde, denn eure Seele und euer Geist leben die Unsterblichkeit. Was gibt es denn zu versäumen? Warum geht denn der Mensch in der Ungeduld? Ich werde es euch sagen: Es gibt zwei Formen von Ungeduld. Einmal die Ungeduld, die ihr in der äußeren Welt lebt, in der materiellen Welt. Und die Ungeduld, von der ihr nicht wisst oder nicht jeder weiß, woher sie kommt. Und diese Ungeduld drückt sich aus in einem Sehnen. Ihr sehnt euch nach etwas. Und der unbewusste Geist glaubt, dass dieses Sehnen der materiellen Welt gilt.

Ihr teilt dieses euer Leben in Abschnitte ein: Die Kindheit, die Jugend, das Jung-Erwachsensein, das Erwachsensein und das Alter. Und in der Kindheit sagt ihr: „Wenn ich erst einmal das und jenes kann, dann..." Und dann kommt ihr in die Schule und sagt: „Wenn ich erst einmal diese Schule hinter mir habe, dann..." Und dann kommt ihr aus der Schule und sagt: „Wenn ich erst einmal den Beruf erlernt haben, mich etabliert habe, in ihm stehe... Ich will eine Familie gründen, und ich will ein Haus haben und ein Auto" -und was ihr noch alles haben wollt- „damit ich dann in meinem Alter bequem leben kann." Und dann werdet ihr alt und ihr blickt zurück auf das, was ihr nicht erreicht habt und grämt euch darüber und versauert dadurch den heutigen Tag. Und ihr blickt vorwärts und seht und fühlt, was liegt vor mir: Das noch älter werden. Und das Ziel, ist es erreicht? Hat mich das Haus glücklich gemacht? Nein, das

Dach musste gedeckt werden, es war sehr teuer, jetzt kann ich nicht in Urlaub fahren. Seht, permanent ist ein Grund vorhanden, sich zu ärgern, sich zu sorgen, frustriert und vergrämt zu gehen. Und die Zeit rennt! Ihr blickt zurück in die Vergangenheit, und ihr blickt nach vorne in die Zukunft. Und ihr ärgert euch, wenn ihr zurückblickt. Denn die Eltern, was haben sie alles für Fehler gemacht, infolgedessen ihr heute dieses oder jenes nicht könnt oder nicht sein könnt. Also, Schuldzuweisung, um einen Freibrief zu haben, nicht zu können. Nun, und was liegt vor euch? Weiterhin Frustration und Ärger!

Wie kannst du die Geduld Gottes leben, wenn du mit dir ungeduldig bist? Seht, das was euch treibt, ist das unendliche Sehnen, das erst gestillt werden wird oder gestillt ist, wenn ihr zurückgefunden habt in eure bewusst gelebte Gotteskindschaft. Denn ihr habt alle Heimweh. Nur formuliert ihr es unterschiedlich. Ihr wollt alle zurück zu euren himmlischen Eltern. Das muss nicht unbedingt im Himmel sein, das kann schon auf Erden sein. Denn ihr sehnt euch nach dem Herzensfrieden. Ihr sehnt euch nach der allumfassenden Liebe. Denn wenn ihr diese Liebe lebt, ist keine Bedürftigkeit mehr, ist kein Mangel mehr, ist alles erfüllt – vollkommen. Ihr geht nicht mehr zerrissen und nicht mehr zerstreut. Ihr habt euch gefunden, eingesammelt. Ganz seid ihr geworden, heil seid ihr geworden!

Wie kannst du zur allumfassenden Liebe werden, wenn du bewertest und nur das liebst, was dir gefällt? Auch das ist sehr bekannt. ‚Stell dir vor, ich habe mich verliebt. Ich kann gar nicht mehr schlafen – die ganze Nacht sitze ich im Bett und habe Herzrasen. Es wird schon anstrengend.' Ja, ist es nicht so? Wer sich verliebt, weiß es – so ist es. Und eure Gedanken sind ständig, permanent bei der Person oder dem Thema, dem Gegenstand, in den ihr euch verliebt habt. Besetzt seid ihr von der Person oder der Situation oder von dem Gegenstand. Gar nicht mehr ihr selbst! Ja nun, ist denn das verwunderlich? Ist das denn nicht normal, wo die emotionale Liebe hingeht, dass da Hinwendung ist, dass da Wünschen und Begehren ist? Oder dass da die Bereitschaft ist, Einsatz zu leben, etwas von sich selbst zu geben? Und ist das nicht in Wirklichkeit Egoismus? Denn ihr wollt ja etwas erhalten: Die Gegenliebe, oder dass das Thema sich erfüllt, oder der Gegenstand von euch erworben werden kann. Ist das nicht reiner Egoismus? Die emotionale Liebe ist immer ein Begehren.

Und wir wollen gar nicht nur die Liebe besprechen, sondern die Sympathie, den Gleichklang, gleiche Chemie, gleiche Gesinnung, gleiche Nation oder Kultur oder Erziehung. Seht, dort wo Gleichklang ist, wie könnte da Auseinandersetzung sein? Natürlich lebt ihr dort Hinwendung. Aber ihr steht auf dieser eurer Erde in der Polarität. Und darum geht ihr in Emotionen. Und Emotionen bedeuten: Dich mag ich und dich kann ich nicht riechen, ich kann dich nicht ausstehen! Geh mir aus dem Wege, sonst kracht es! Seht, und dem, dem ihr zugewandt geht. Da fällt es nicht schwer, in ihm den Ausdruck allumfassender Liebe zu sehen, nein. Ihr schwingt mit ihm im Gleichklange. Doch dort, wo ihr euch abwendet mit der gerümpften Nase, da seht ihr nicht den Ausdruck Gottes. Da lebt ihr die Bewertung, da lebt ihr die Kritik. Da blickt ihr herab. Ihr zerpflückt den anderen. Es fällt euch ganz leicht, all das aufzuzählen, was ihr in ihm als Mangel zu erkennen glaubt. Und ihr sucht gar nicht danach, was er auch an Tugenden lebt oder an Bemühen, nein, er wird niedergemacht. Wie kannst du zum Ausdruck allumfassender Liebe werden, wenn du bewertest und nur das liebst, was dir gefällt? Und seht, der Mensch lebt Resonanz. Die Gedanken bilden die Worte und die Worte führen in die Handlung. Und das bedeutet: Wie könnt ihr euch in Wirklichkeit Gott zuwenden und ihn als euer Ziel benennen, ihm euer ganzes Sehnen und Wollen leben, wenn ihr nicht euren Nächsten, eure Schwester und euren Bruder, in dieses Wollen einbezieht?

Es ist nicht möglich, dort wo unterschiedliche Chemie gelebt wird, leicht auf einen Nenner zu kommen. Vielleicht ist es gar nicht möglich. Aber da muss noch lange nicht Verbitterung oder Frustration oder Wut oder Gewalttätigkeit oder was auch immer sein. Nein – ihr könnt stehen lassen und könnt gehen mit einem Segen, mit euren guten Gedanken für den anderen.

Und wenn ihr so geht, neutralisiert ihr diese eure Schatten in euch, unter denen ihr selbst leidet und die euch behindern, den Weg in die allumfassende Liebe zu finden. Und darum ist die Herausforderung, wenn ihr die göttliche Offenbarung erfahren wollt: „Ich nehme mich an, ich achte mich, ich wertschätze mich – so wie ich bin! Ich nehme diese meine Unvollkommenheiten an. Ich akzeptiere sie, damit ich sie neutralisieren kann.“ Und dann werdet ihr merken: Das Sehnen ist verstummt, das Heimweh – ihr seid angekommen. Denn ihr habt mit euch in die allumfassende Liebe gefunden. Gott war euch Echo. Ihr habt ausgesandt und Er sandte zurück!

Trage nicht die Scherben des alten Jahres in das neue Jahr hinein!

Habt ihr euch einmal Zeit genommen und überlegt, was im vergangenen Jahr zerbrochen ist. Habt ihr einmal Bilanz gezogen, wo ihr Erwartungen und Hoffnungen gelebt habt, die sich nicht realisierten, und habt ihr euch überlegt, wie ihr damit umgehen wollt.

Was ist denn Bruch, was bedeutet denn Zerbrechen, was bedeuten denn Scherben? Der Sturm hat einen Baum gefällt, er hat ihn entwurzelt. Und ihr sprecht von einem Windbruch, oder vielleicht ist sogar der Stamm abgebrochen. Ihr könnt diesen Baum nicht mehr einpflanzen, er wird nicht mehr anwachsen. Ihr könnt ihn nur noch entsorgen, das Holz verbrennen. Ein Gefäß ist euch zu Boden gefallen und ist zerbrochen. Was könnt ihr damit tun? Wenn ihr dieses Gefäß besonders lieb hattet, könnt ihr es leimen und auf das Bord stellen. Und dann habt ihr eine Erinnerung durch dieses Gefäß. Ihr erinnert euch an die Zeit, wo ihr es gekauft habt und genutzt habt. Aber ihr könnt es nicht mehr benutzen, es dient keinem Zwecke mehr, es steht herum. Und all das, was nicht mehr nutzbar und damit nicht mehr brauchbar ist, lohnt es sich, es aufzuheben? Bedeutet es nicht, sich mit etwas zu belasten, was keinen Sinn und Zweck mehr erfüllt?

Aber das sind jetzt zwei harmlose Beispiele gewesen. Wie ist es, wenn eine Partnerschaft zerbricht, weil vielleicht der Partner gestorben ist, oder weil sich die Partner nicht mehr verstehen? Reibung ist gewesen, und es hat sich Trennung vollzogen, die Partnerschaft ging zu Bruche. Oder das Arbeitsverhältnis wurde vom Arbeitgeber aufgelöst, die Arbeit zerbrach, fiel in Scherben. Das sind ja ganz aufregende Themen, die den Menschen in eine große Angst führen, in Zukunftssorge: Wie wird es werden, wie komme ich mit der neuen Situation zurecht? Ihr beginnt zu grübeln.

Seht, wie könnt ihr mit solchen Lebenssituationen umgehen? Ich sagte: „Trage nicht die Scherben des alten Jahres in das neue Jahr hinein." Aber das was ängstigt, ihr könnt es doch nicht einfach ausschalten. Was ist notwendig, damit der Blick nach vorne gelebt werden kann? Notwendig ist das Entsorgen! Und wenn ich entsorgen sage, dann bedeutet dies, das Problem ist noch vorhanden, das könnt ihr nicht entsorgen, das steht vor euch. Aber ihr könnt die Ängstlichkeit entsorgen, ihr könnt den Kleinmut und die Zweifel entsorgen, die Ungewissheit oder die Verbitterung. Das alles könnt ihr entsorgen! Und das bedeutet bereits einen großen Ballast abzuwerfen, es bedeutet, sich von der Vergangenheit zu lösen. Und nur dort, wo der Blick nach vorne gewandt geht, kann Zukunft sein. Und wenn ihr auf diese Weise euer Spannungsfeld entsorgt, dann ist wieder Perspektive. Denn dann wird die Intuition einsetzen, die Ideen, die euch berühren und die euch Wege und Auswege schaffen, die euch neue Möglichkeiten aufzeigen wollen. Es kann nur sein, wenn das alte Thema emotional neutralisiert wurde.

Und mit diesen Worten der Begrüßung will ich euch ermutigen, dass ihr prüft: Was ist meiner Meinung nach im alten Jahr zu Scherben zerbrochen? In was habe ich Hoffnung und Erwartung gesetzt, die sich nicht realisierten? Macht es Sinn, weiter zu hoffen, die Energie weiter an die Erwartung zu binden? Oder will ich nicht lieber sagen: Was kann mir Ersatz bringen für das Zerbrochene? Und das bedeutet, sich wieder ganz auf das Leben auszurichten, bereit zu sein, die Unbeständigkeiten des Lebens anzunehmen und zu sagen: „Solange ich das Vertrauen in mich und in das Leben nicht verliere, solange wird es immer einen Weg und eine Lösung geben!“ Und habt ihr den Mut auszurangieren, was zu Bruch gegangen ist, was in Scherben zerfallen ist, sagt: „Ich will mich des Ballastes entledigen.“ Ihr kennt das alle, wenn ihr einmal entsorgt habt, wenn ihr einmal Altes weggegeben habt, weggeworfen habt, plötzlich wurde es um euch Licht, ihr sagt: „Ich kann wieder durchatmen, ich habe Platz geschaffen, Platz für Neues!“ Und zu jedem Jahresbeginn prüft für euch: Will ich Platz schaffen, dass Neues sein kann? Und dann geht voller Mut und voller Kraft euren Weg weiter!

Gehe im Lächeln auf das zu, was dich kränkt oder wovor du dich fürchtest!

Wann findet denn Kränkung statt? Ihr geht gekränkt, wenn euch ein abweisendes, ein abfälliges Wort gesprochen wird. Ihr fühlt euch nicht angenommen, ihr fühlt euch nicht anerkannt, ihr fühlt euch nicht gewürdigt. Erniedrigt, statt in eurem wahren Sein erkannt. Wann fühlt ihr euch noch gekränkt? Wenn sich Erwartungen nicht erfüllen, wenn etwas nicht nach eurem Wunsch und Willen verläuft. Auch dann geht ihr häufig gekränkt, glaubt, das Schicksal hätte es mit euch besser meinen müssen. Ihr fühlt euch bestraft, und damit wieder gedemütigt. Wenn Kränkungen zu lange anhalten, versauern sie das Blut, und der Mensch wird krank. Und wenn die Kränkung sich nicht verabschieden will und die Krankheit sich etabliert, können die Lebensenergien, die Selbstheilungskräfte nicht arbeiten. Dort, wo die Freude am Leben ist und damit die Bereitschaft am Leben teilzunehmen und teilzuhaben, dort werden die Selbstheilungskräfte wieder bemüht, den Menschen in Gesundheit zu führen. Die Lust auf Leben ist gefordert, denn wo die Lust auf Leben ist, da ist die Aufgeschlossenheit, da ist das Interesse, und darum die Wachheit! Nicht mehr geht der Mensch in der Nabelschau, nicht mehr geht er im Vergleichen: Ist der andere mehr als ich oder weniger als ich, nein – dafür hat er gar keine Zeit mehr. Denn er will ja das Leben erfahren!

Aber zurück zu den Kränkungen! Was ist denn der Auslöser dafür, dass eine Kränkung stattfindet? Es ist das Ego! Und je größer das Ego ist, um so gekränkter geht der Mensch dem Leben gegenüber. Der Mensch ist Ausdruck göttlicher Liebe, er ist die Schöpfung Gottes. Und er, der Ausdruck göttlicher Schöpfung ist, lebt die Herausforderung, in sein göttliches Selbst zu finden. Und das bedeutet, Selbstannahme zu leben, damit Selbstwert sein kann. Also nicht mehr die Bestätigung des anderen, um sich gut zu fühlen. Nicht mehr abhängig zu sein von den Lebenssituationen, um befriedigt zu gehen, nein! Der Friede wird dort gelebt, wo der Mensch sich immer stärker von seinem Ego verabschiedet und sich in Liebe und Achtsamkeit annimmt, also in seinen Selbstwert findet!

Was führt denn nun in die Furcht? Wann lebt ihr denn Furcht? Ihr lebt dann Furcht, wenn ihr keinen Einfluss auf Lebenssituationen nehmen könnt. Wenn ihr euch ausgeliefert fühlt, nicht mehr die Richtung bestimmen könnt: Es soll nach rechts oder nach links gehen, vorwärts oder rückwärts, nein – ihr steht da und habt keinen Einfluss! Hier setzt die Furcht ein, die Angst und die Sorge. Was ist nun notwendig, dass sie sich verabschieden? Ich sprach bereits davon. Der Mensch, der im Selbstwert geht, also unerschütterlich in seiner Gottes-Kindschaft, er wird Vertrauen leben, zum einen in die Möglichkeiten seiner Handlungen, in seine Wachheit, um erkennen zu können: Was führt mich wieder in die Lage, selbst zu regeln und zu beeinflussen? Oder in das Vertrauen zu gehen, dass die göttliche Liebe für ihn ordnet, dass die göttliche Liebe das, was er erfährt, für ihn bestimmt hat, damit er in die Kraft des Vertrauens finden kann.

Und was hat denn Gott für den Menschen bestimmt? Wenn Gott Liebe ist, kann er für den Menschen nur Liebe bestimmt haben. Und in dem Maße, in dem der Mensch aus dem Ego herausgeht, Gott zulächelt, der Liebe zulächelt, kann diese Liebe ihn beeindrucken, kann sie Echo sein.

Gehe im Lächeln auf das zu, was dich kränkt oder wovor du dich fürchtest. Was bedeutet denn Lächeln? Wann lächelt ihr? Ihr lächelt über eine Situation, weil sie liebenswert ist. Ihr lächelt einem Menschen zu, und das bedeutet, mit ihm in Verbindung gehen zu wollen, oder mit ihm bereits in Verbindung zu stehen. Immer bedeutet das Zulächeln mit dem Thema oder mit dem Menschen in einen Einklang zu finden, die Bereitschaft des Einklanges. Jetzt könnt ihr sagen: ‚Das ist ja schon direkt pervers. Soll ich denn mit dem was mich kränkt, in Einklang gehen?'

Seht, wenn ihr erkannt habt: Kränkung kann nur dort sein, wo ihr euch nicht genügt, wo ihr mehr sein wollt als ihr seid. Dann wird in Zukunft jede Kränkung euch ein Lehrer sein, ein Wachrüttler, der euch sagt: Schon wieder der gleiche Fehler, schon wieder das falsche Denken, schon wieder die unrichtige Reaktion. Lächle dem zu, was kam, um dir zu zeigen: Wie stark lebe ich bereits mein göttliches Selbst? Und dann wird das, was zuvor Kränkung war, von euch abfallen. Ihr habt einfach keine Lust mehr, euch zu ärgern. Ihr habt einfach keine Lust mehr, euch klein zu sehen. Und dann kommt die Zeit, wo ihr gar nicht mehr reagiert. Wo ihr gar nicht mehr wahrnehmt, ob das, was euch gesagt wurde, kränkend gesprochen war, als Kränkung gedacht war, es euch hätte verletzen können. Es ist keine Resonanz mehr! Und genau so geht es mit der Furcht! Ihr könnt die Furcht nicht verdrängen. Aber ihr könnt ihr sagen: „Du fühlst dich nicht gut an, du lähmst mich! Und ich möchte doch gerne Lust auf Leben haben und Lebensfreude erfahren! Und darum Furcht, will ich dich ein wenig zur Seite stellen, und will einfach mal neugierig und gespannt sein, wie das Thema sich lösen wird, was Gott für mich bestimmt hat." Seht, und so wird Wachheit gelebt! Und so wird die Bereitschaft gelebt mitzumachen, dazuzugehören. Nicht zu den eigenen Bedingungen – nein, dazuzugehören und mitzumachen, um das Leben in seinen ganzen Möglichkeiten und in seiner ganzen Fülle zu erfahren. Denn Kränkung und Furcht schneiden vom Leben ab, führen in Lähmung, lassen euch in die Zurückgezogenheit gehen! Und das bedeutet, sich dem Leben zu entziehen. Und dabei wollt ihr doch alle so gerne dazu gehören, dabei sein, ein lebendiges Glied der Gemeinschaft!

Also, gehe im Lächeln auf das zu, was dich kränkt oder wovor du dich fürchtest. Und du wirst sehen, es funktioniert!

Der Abstand zwischen Gott und dir ist derselbe wie zwischen dir und dir selbst. Lebst du dir Ferne, dann ist auch Gott dir ferne!

Bist du von dir weit entfernt, dann bist du auch von Gott weit entfernt, ist er weit von dir entfernt. Oder ich kann es auch so formulieren: So achtsam und umsichtig und liebevoll du mit dir bist, so nahe ist dir Gott, die allumfassende Liebe. Also ist die Herausforderung, dir so nahe wie möglich zu kommen. Warum ist das so? Ich habe euch immer wieder gesagt, ihr seid göttlichen Ursprungs. Euer Wesenskern ist göttlich, ihr seid göttliche Schöpfung. Wenn ihr mit euch in Zerrissenheit geht, könnt ihr nicht diesem eurem Ursprung, also der allumfassenden Liebe, Nähe leben. Ihr geht getrennt von ihr. Wie könnt ihr nun euch selbst nahe kommen, wieder stärker mit euch gehen und darum euch in euren Möglichkeiten erfahren, in euren Anlagen, in euren Fähigkeiten, in eurer Gottesnähe? Durch die Selbstbetrachtung und durch die Selbstachtung!

Die Selbstbetrachtung bedeutet, das Innehalten zu leben, um sich mit sich selbst zu konfrontieren. Es bedeutet herauszufinden, was führt mich in Trauer, wo lebe ich Mangel und was kann ich tun, um stärker in meine Freude, in meine Kraft zu finden? Die Selbstbetrachtung zu leben bedeutet, realistisch mit sich zu gehen. Nicht schwärmerisch und träumend, von irgendwas phantasierend in Illusionen zu gehen, sondern offen mit sich selbst zu reden. Denn das heißt, herauszugehen aus dem Zerfließen, aus der Zerrissenheit und Gespaltenheit, es bedeutet, eingesammelt zu gehen, und damit auf den Punkt des Wesentlichen zu kommen.

Selbstbetrachtung bedeutet, sich bewusst zu machen: Auf was in meinem Leben habe ich Einfluss, und worauf kann ich keinen Einfluss nehmen, wo fehlt mir der Mut und die Kraft Akzeptanz zu leben, mich zu arrangieren, um aus dem Leiden und dem Verzicht herauszufinden. Der Mensch lebt Einfluss auf seine Gedanken. Ihr bestimmt, ob ihr den Tag begrüßt und euch bemühen wollt, ihn in seinen Möglichkeiten anzunehmen, ihm also lächelnd und bereitwillig entgegenzugehen. Eure Gedanken nehmen Einfluss auf eure Handlungen. Denn sind eure Gedanken Gedanken der Leichtigkeit und der Bereitwilligkeit, des Vertrauens und der Zuversicht - geht ihr so in euren Tag – dann werden sich auch eure Handlungen nach euren Gedanken ausrichten. Und wenn ihr dieses Potential nutzt, dann könnt ihr erkennen, wie reich bereits euer Leben wird, wie viel von euch abfällt, was euch jetzt noch in Druck und damit in Bedrückung hält, Bestimmer seiner Gedanken und Handlungen zu werden, damit ihr die Zügel eures Lebens in die Hand nehmt und sie nicht den hüpfenden und tanzenden Gedanken überlasst, das ist die Lebensbetrachtung, ist Selbstbetrachtung.

Und was ist die Selbstachtung? Wie könnt ihr Selbstachtung erlernen? Wie häufig erniedrigt ihr euch, genügt euch nicht, leidet unter euch? Wenn ihr euch betrachtet, ihr steht in der Sonne, und die Sonne wirft euren Schatten, also zweimal seid ihr. Hier in diesem eurem grobstofflichen Leib und dort dieser euer Schatten. Wenn ihr euch sagt: „Ich bin Ausdruck allumfassender Liebe, und darum will ich in mir die Göttlichkeit achten, Gott in mir achten und ehren. Und dieser Schatten, den ich werfe, das ist noch meine Schattenseite, das ist noch all das Unerlöste, was mich behindert, meine lebendige Gotteskindschaft zu leben." Und wenn ihr so mit euch umgeht, hier ich in meiner Göttlichkeit, in meiner Gotteskindschaft und hier ich mit meinen Schatten, werdet ihr leichter auch mit diesen Schatten arbeiten können, eure Geduld und eure Bereitschaft leben, sie zu erlösen. Denn es ist in euch nicht mehr der Widerstand und der Widerspruch oder die Resignation oder die Depression, denn ihr ehrt ja gleichzeitig Gott in euch.

Arbeitet immer wieder mit diesem Bilde. Unterbrecht euch, wenn ihr euch einmal über euch ärgert oder unwillig seid, denkt an dieses Bild: „Ich hier im Licht und da mein Schatten. Und ich will Gott in mir achten, ich will ihm zulächeln, und ihm mein ‚Danke' sprechen." Dann werdet ihr merken, wie die Verärgerungen, wie die Verspannungen sich lösen, wie ihr in euch leichter und bereitwilliger werdet. Das ‚Dankeschön' sprechen! Denn dort, wo ihr ‚Dankeschön' sagt, über die kleinen Dinge des Lebens, die euch schon so selbstverständlich geworden sind, über die ihr schon gar nicht mehr nachdenkt, weil sie Alltag sind, wenn ihr wieder erlernt ‚Dankeschön' zu sagen, dann blickt ihr nicht mehr so starr in das Außen: Das will ich noch und jenes muss ich noch erreichen, und das will ich auch noch haben. Nein, eure Wünsche sind formuliert, aber ihr könnt sie in Ruhe reifen lassen. Ihr hetzt ihnen nicht entgegen und geht nicht in der Ungeduld, weil sie sich noch nicht realisiert haben oder vielleicht auch gar nicht realisieren werden. Diese vielen ‚Dankeschön' lassen euch eingesammelt gehen, zentriert und damit mit euch eins werdend. Und der Mensch, der mit sich eins wird, er wird mit Gott eins, und das ist das Ziel! Immer wieder das ‚Dankeschön' und die Freude über die kleinen Glücke leben, die euch das Leben schenkt zu eurem Gebrauche, zu eurer Erbauung.

Von allen Formen der Verrücktheit, die der Mensch im Laufe seines Lebens lebt, ist die der Gottes-Verrücktheit die effizienteste, ist sie die, die ihm den meisten Nutzen bringt!

Was ist denn Verrücktsein? Was ist denn Verrücktheit? Es bedeutet, es wird etwas verrückt. Bisherige Werte, bisherige Wünsche, bisherige Haltung werden verrückt, beziehen eine neue Position. Der Mensch beginnt, sich auf andere Themen zu konzentrieren. Er will neue Berührung erfahren, er geht gefesselt von einem neuen Thema oder von einem anderen Menschen. Also, alte Werte sind nicht mehr gültig. Ihr seid alle schon einmal verrückt gewesen! Ihr sagt: „Ich bin verrückt nach dir", weil ihr glaubt, dieser Mensch sei die Offenbarung eures Lebens, und ihr könnt ohne ihn nicht mehr sein. Oder ihr seid verrückt nach dem neuen Automodell, oder nach einem neuen Kleid, das ihr im Schaufenster gesehen habt und glaubt, dass es euch besonders gut stehen wird.

Immer wieder habt ihr Zeiten, wo ihr euch auf ein Thema ansetzt und es zum Inhalt eures Lebens macht. Begehren wird gelebt! Und darum auch immer die Gefahr, sich an dem Thema festzubeißen. Aber all das, was ich jetzt als Beispiel gebracht habe, ist das Begehren des Egos. Und sobald eine Verrücktheit ihre Befriedigung gefunden hat, ihr wisst es, denkt sich der Mensch etwas Neues aus, auf das er sich konzentriert. Doch der, der sich entschieden hat: Ich will Gott zum Inhalte meines Lebens machen, nach Ihm will ich verrückt sein, von Ihm sollen meine Gedanken besessen sein. Seht, ein solcher Mensch geht unaufhaltsam den Weg in die Arme der allumfassenden Liebe! Er geht nicht mehr im Träumen von dem Unmöglichen, nein – er hat sein Ziel erkannt, er hat sein Ziel formuliert. Und auf diesem Wege zu seinem Ziele wird er als Begleiter die Moral und das Gewissen haben, die ihm in allen seinen Handlungen, in seinen Worten und in seinen Gedanken sagen werden: War mein Verhalten geprägt vom Begehren oder der Begierde, waren sie Ausdruck des Egos oder waren sie Ausdruck der Liebe?

Ein Mensch, der sein ganzes ‚Ja' für Gott gesprochen hat, unerschütterlich Ihn als seine Mitte erkannt hat, er wird immer, ob er will oder nicht, als Wegbegleiter die Moral und das Gewissen haben, die ihn auf dem Wege halten, und die ihm auch Stütze und Hilfe sind auf diesem Wege. Denn immer wieder wird die Möglichkeit der Korrektur gegeben, wenn Moral und Gewissen sich melden. Und darum hat der Mensch einen Leitfaden auf diesem Wege in die allumfassende Liebe. Und seht, da dieser Weg der letztendliche ist, den jeder Mensch gehen wird, und ihr bereits um ihn wisst und ihr ihn auch schon in einem großen Maße beschritten habt, wollt immer achtsamer und sorgsamer werden. Denn in dem Maße, in dem ihr euch auf diesem Weg zu Gott begeben habt, werdet ihr ausgelöst, herausgehoben aus der

Angst, der Furcht, der Sorgen und der Zweifel. Euer Fundament wird ein immer festeres, immer stabileres. Ihr werdet immer größere Sicherheit in euch leben, weil ihr euch geborgen wisst von dieser allumfassenden Liebe, weil ihr wisst, dass sie nicht Willkür ist, sondern für den Menschen das Beste bereithält sofern dieser den Mut hat, sein ganzes ‚Ja' zu sprechen, anzunehmen, was diese allumfassende Liebe zu geben hat! Und darum sagt euch immer wieder: „Ja, ich habe in Erinnerung, wenn mich ein Thema besetzt hat, wenn ich verrückt danach war, wie ausschließlich ich plötzlich diesem Thema gelebt habe. Alles andere fiel in Bedeutungslosigkeit, hatte nicht mehr Vorrang, und jetzt will ich Gott mein ganzes ‚Ja' sprechen, jetzt soll Er Vorrang bekommen für diese meine Lebensspanne, die ich noch leben will und leben werde, die ich aber endlich einmal gut leben will: In Freiheit, in Leichtigkeit, in Gelassenheit und in Freude!"

Demut ist der Ausdruck der reifen Seele!

Lebt ein Mensch wahre Demut, dann wird wahre Liebe fließen. Denn das eine beinhaltet das andere. Was setzt aber die Demut voraus? Die Einsicht und den Gehorsam! Denn dort wo Einsicht ist, wird ein Verstehen für die Notwendigkeit gelebt. Und wenn ihr an Gehorsam denkt, dann habt ihr alle so eure Bilder aus den Tagen der Kindheit, den Tagen der Jugend: „Passe dich an, schweige, ordne dich ein, nimm dich zurück, du hast keine Meinung zu haben, wir entscheiden ..." Alles unangenehme Erinnerungen. Aber der Gehorsam setzt bei der Erziehung des Kindes ein. Ein Kind bekommt Weisungen und Anweisungen, die ihm Wegweisung sein sollen. Also das Sich-Einfügen in die Gemeinschaft, das Erlernen von Spielregeln, so dass die Gemeinschaft funktionieren kann zum Wohle der Gemeinschaft und damit auch zum Wohle der einzelnen Person. Der Gehorsam gibt den Menschen die Möglichkeit, sich zurückzunehmen dort, wo er erkennt: Mit meinem Willen kann ich nichts bewegen.

Nehmt euch folgendes Bild: Ein Kindergarten macht einen Ausflug. Die Kinder halten sich an der Hand und gehen in einer Reihe. Welch ein erfreuliches, welch ein harmonisches Bild. Es kann ein Lied zusammen gesungen werden oder die Gruppe hält an, die Betreuerin erklärt etwas, erzählt etwas, es können Fragen gestellt und Antworten gegeben werden. Und das bedeutet, der Ausflug hinterlässt etwas im Kinde. Er kann dem Kind etwas vermitteln, es kann Informationen, Beeindruckungen einsammeln. Und nun dieses andere Bild: Jedes Kind tut, was es will, es läuft herum, es schreit, es ruft, es spricht, es schweigt. Unordnung ist! Und für alle Beteiligten ist der Ausflug weder Erholung noch führt er in eine Harmonie.

In frühen Zeiten hatten die Alten das Sagen auf Grund ihrer Erfahrungen. Und die Jungen konnten ihre Ideen mit einbringen und ihren jugendlichen Enthusiasmus. Nicht war ein Gegeneinander, sondern ein Miteinander und damit ein Füreinander, und Sinnvolles konnte daraus entstehen. Das was ich jetzt besprochen habe, ist alles Gehorsam, der in der äußeren Welt notwendig ist, damit Funktionsfähigkeit sein kann.

Aber ich möchte noch von einem anderen Gehorsam sprechen, von dem Gehorsam gegenüber Gott. Wenn der Mensch ohne Glauben geht, wenn die Staatsführung ohne Glauben an Gott ist, dann ist entweder die Gefahr der Hilflosigkeit oder der Haltlosigkeit. Hilflosigkeit bedeutet, keine Ausrichtung zu haben, kein Ziel zu haben, kein Vertrauen in eine höhere Instanz haben zu können. Und Haltlosigkeit führt häufig in Selbstüberschätzung, der Mensch ist sich sein eigener Gott. Und Selbstüberschätzung führt in Maßlosigkeit. Und hinter der Maßlosigkeit kann nur der Zusammenbruch stehen.

Wenn Jesus, der Christus, zu dem Begleiter, der dem Kriegsknecht ein Ohr abschlug, sagte: „Könnte ich nicht meinen Vater bitten, mir zu senden mehr als zwölf Legionen Engel, wie würde aber die Schrift erfüllt? Es muss also sein". Dieses ‚Nicht mein Wille geschehe, Herr, sondern Dein Wille soll geschehen'. Und wenn ich hier dies zitiere, ‚wie würde aber die Schrift erfüllt', so ist nicht dieses euer Buch, die ‚Heilige Schrift' gemeint, sondern es ist das Lebensbuch des Menschen gemeint. Es ist gemeint das, was im Weltenarchiv eingetragen ist für den Menschen.

Was ist nun der Wille Gottes für den Menschen? Der Wille Gottes für den Menschen ist, dass er Freiheit lebt. Dass er endlich zu sich findet, in seine Kraft findet, und damit auch in seine Lebensfreude. Aber was ist die Freiheit des Menschen? Es ist die Entbindung aus den Verstrickungen des heutigen Lebens und vergangener Leben. Und da Gott Liebe ist, schickt er den Menschen Zeichen, die ihm die Möglichkeit geben zu erkennen, wie er sein Verhalten ausrichten sollte. Der Mensch kann seine karmischen Themen nicht wissen, woher sollte er sie kennen? Würde er sie kennen, wäre sein Verhalten darauf ausgerichtet, sie zu lösen, denn das wäre vernünftig, das wäre klug. Aber da er sie nicht kennt, hat er nur die Möglichkeit, sich Gott anzuvertrauen, und das geschieht durch Demut. Das, was ich ändern kann durch mein Bemühen, durch meinen Einsatz, das tue ich. Und dort, wo ich an meine Grenze komme, habe ich die Kraft zu sagen: „Herr, dein Wille geschehe!" Das ist der Gehorsam gegenüber Gott. Die Einsicht geht voraus, ‚ich kann es nicht ändern'. Und wenn ich es nicht ändern kann, kann ich mich darüber ärgern, kann darüber verbittert werden, kann ich das Leben und die Menschen hassen. Hier spricht das Ego! Aber ich kann auch sagen: „Wenn ich es nicht ändern kann, dann will ich es so stehen lassen," und dann spricht die Seelenreife des Menschen.

Ich sagte: Demut ist der Ausdruck einer reifen Seele. Wo wahre Demut gelebt wird, kann wahre Liebe fließen. Das bedeutet, wenn der Mensch seinen Widerstand aufgegeben hat, die Einsicht lebt, nicht verändern zu können, dann wird er mit sich ruhig. Denn dann schweigt das Ego. Er sieht ein, es muss nicht immer nach meinem Willen gehen. Und wenn der andere mich nicht mag oder mich gar bekriegt, so muss ich ihn nicht von mir überzeugen, er darf seine Meinung über mich haben. Und ich muss nicht die Kriegserklärung annehmen, nein, ich kann in seinem Verhalten - und das kann nur geschehen dort wo wahrhaft die Demut ist - seine Not erkennen, seine Hilflosigkeit, den Ruf seines Egos. Das bedeutet also, der Mensch wird in sich immer gelassener. Er wird mit sich immer friedvoller, denn er findet immer stärker in seine Gottes-Kindschaft, in sein Selbstbewusstsein, in das Bewusstsein seines göttlichen Selbst! Und diese Bewusstwerdung erfüllt ihn mit Dankbarkeit, mit Freude, mit Liebe. Er geht mit sich ausgesöhnt, er muss nicht mehr streiten, um sich bemerkbar zu machen. Nein, er kann ganz bei sich bleiben. Und da er bei sich bleiben kann, herausgefunden hat, herausgegangen ist aus dem Sich-Bezweifeln, aus dem Sich-Demütigen und -Erniedrigen: ‚Ich genüge nicht, ich müsste besser sein, ich möchte geliebt werden,' ist alles bedeutungslos geworden. Er will nicht mehr in der Welt ankommen, er will nicht mehr Menschen etwas beweisen, ausschließlich der allumfassende Liebe will er beweisen. Und somit wird er zur allumfassenden Liebe.

Und wenn ihr euch einmal über einen Menschen ärgert, weil es nicht so läuft wie ihr es euch wünscht, denkt daran, das Ego ruft wieder. Ihr genügt euch noch nicht, sonst könntet ihr den Menschen oder der Situation gegenüber gelassen und souverän stehen. Übt, übt, denn ihr, die ihr den Weg der allumfassenden Liebe gehen wollt, ihn eingeschlagen habt, werdet an dem Thema ‚Demut' nicht vorbeikommen können, denn es ist ein Türöffner in die allumfassende Liebe.

‚Freude' heißt das lösende Wort. ‚Freude' heißt das auflösende Wort. ‚Freude' heißt das erlösende Wort!

Wenn Seelen in der geistigen Welt ein neues irdisches Leben planen, so sind sie häufig voller Eifer, voller Vorfreude. Sie möchten das, was sie in der geistigen Welt an Erkennen und Verstehen erlernt haben, nun umsetzen, den praktischen Teil leben. Die geistigen Helfer versuchen häufig ein wenig zu bremsen, denn sie wissen, sobald die Seele wieder in einem irdischen Körper geht, und das Erinnern an das Vorhaben auf der Erde gelöscht ist, statt Vorfreude häufig Enttäuschung, Frustration, Trauer, Unlust ist. In der geistigen Welt weiß die Seele um ihr Ziel, das sie sich für das irdische Leben gesetzt hat. Und da sie im Planen geht, ist dies vergleichbar mit einer Urlaubsreise, auf die ihr euch freut. Ihr malt euch aus, was ihr alles vom Urlaub erwartet, was ihr tun wollt oder einmal nicht tun wollt. Das heißt, eure Gedanken beschäftigen sich mit dieser Reise. Und ihr wisst aus Erfahrung, wenn ihr dann diese Reise angetreten habt, den Urlaub verlebt habt, dass er häufig nicht so war, wie ihr ihn euch in den Gedanken der Vorfreude ausgemalt habt.

Seht, und genau so kehrt die Seele zurück auf diese eure Erde. Als Kinder lebt ihr der äußeren Welt noch eine Unberührtheit, weil ihr frei von Bewertungen seid. Ihr lebt der äußeren Welt eine Gelassenheit. Im Vordergrunde steht nicht der Verstand, sondern der Instinkt. Und ein Kind handelt aus diesem Instinkt heraus. Erst durch die Erziehung erlernt es, was gut ist, was böse ist, was man darf, was man nicht darf. Und mit dieser Reglementierung setzt die Einengung ein. Nun will ich nicht gegen Erziehung sprechen. Kinder benötigen eine Begleitung und sie benötigen einen Rahmen, aber ich will euch verdeutlichen, wie die Seele langsam all das, was sie in der geistigen Welt an Vorfreude gelebt hat, durch Einengungen und Reglementierungen des Lebens verliert.

Ihr sprecht von Lebensbäumen. Ihr sprecht von Lebenswegen. Und auch ihr lebt Lebenswege. Das heißt, Themen, die ihr in diesem eurem Leben erfahren wollt, verstehen wollt, erkennen wollt, verinnerlichen wollt, um zu erlösen, um diesen Lebenswegen oder Lebensthemen gegenüber unberührt zu werden, neutral zu werden. Und ihr wisst selbst, wie häufig ihr in der Sorge geht, in der Schwermut, in dem Kleinmut, in der Verzagtheit, im Zögern, im Kleinglauben.

Ich spreche in diesen Worten der Begrüßung von der Freude. ‚Freude' heißt das lösende Wort. ‚Freude' heißt das auflösende Wort, ‚Freude' heißt das erlösende Wort. Ich spreche von der Freude, um euch zu verdeutlichen: Die Freiheit des Menschen besteht darin, zu diesen Lebenswegen sein ‚Ja' zu sprechen oder das ‚Nein' zu sprechen. Das ‚Ja' zu sprechen bedeutet, die Herausforderung anzunehmen. Nicht in der ablehnenden und abwehrenden Haltung zu gehen, sondern zu sagen: „Ich bin bereit, ich will sehen, was daraus wird." Und ein Mensch, der die Kraft hat, zu seinen Lebenswegen diese Haltung einzunehmen, er wird frei bleiben für die Freude. Sein Blick oder seine Wahrnehmung sind geöffnet für die freudigen Berührungen dieses Lebens.

Freude hat nichts zu tun mit Verstand, mit Wissen, mit Intellekt. Freude ist die Sprache des Herzens. Freude ist dort, wo das Herze das Mitfühlen leben kann, das Sich-Ergreifen lassen, vergleichbar mit dem Leiden. Auch im Leiden seid ihr berührbar, wird euer Herze ergriffen, kann mitgehen.

Ich möchte euch mit den Worten der Begrüßung animieren, damit euer Lebensweg leichter begehbar wird, mehr Anteil zu nehmen an dem, was das Herze in die Freude führt. Ihr alle geht den Weg des Herzens. Ein Mensch, der von sich behauptet: Ich gehe den spirituellen Weg, mein Weg ist der Weg zu Gott, er geht den Weg des Herzens. Und das ist kein Leidensweg und das ist kein Trauerweg, sondern das ist ein Weg der Freude, das Wissen, wo ich hin will. Ist das nicht Grund zur Freude? Das Sich-Ergreifen lassen, die Sprache des Herzens ist die Sprache der Seele. Und ihr, die ihr diesen Weg des Herzens gehen wollt, öffnet es wahrhaft.

Wie könnt ihr denn nun den Weg der Freude gehen, wenn um euch Unordnung ist? Wenn sich nicht nach euren Wünschen gestaltet, nach euren Hoffnungen, nach eurem Begehren? In dem Innehalten, in dem Euch-Verdeutlichen: All das, was ich an äußeren Begehren und Begierden lebe, ist Ausdruck meiner Ich-Sucht, ist ein Sich-Verwirklichen-Wollen im Äußeren, das nie eine endgültige Befriedigung bringen kann, das wahrhaft nur kurzweilig bleiben kann. Und wenn ihr erkannt habt, mein Weg ist der Weg zu Gott, dann geht ihr den inneren Weg, dann geht ihr den Weg der Wissenden. Und das bedeutet, heraus aus dem Ich in das Selbst, in die Selbstannahme. Heraus aus der Ich-Sucht in die Suche nach dem Selbst. Denn der Mensch, der in das Selbst gefunden hat, hat sich vergessen und erfährt Gott. Ein Mensch, der in diesem Selbst steht, geht nicht abgewandt von der Welt. Er weiß, dass er ein Teil, ein Glied in einer großen Kette ist, ein Knoten in einem großen Netze. Und dieser Mensch wird teilhaben und wird teilnehmen an dem Leben, aber er kann sich nicht mehr reiben an dem Leben, er ist zu einem Unberührten geworden. Er hat erkannt, dass das Leben Täuschung ist, und dass der wahre Frieden dann gelebt wird, wenn die Ich-Sucht Abschied gelebt und die allumfassende Liebe von dem Herzen Besitz genommen hat. Dieser Mensch hat erfahren, dass nichts Bestand lebt. Und der klügste Umgang mit den Lebensherausforderungen ist ein Zulächeln, ein Anlächeln. Denn bedeutet nicht Zulächeln und Anlächeln, die Versöhnung anzubieten?

Weihnachtsbotschaft!

Und Gott sah zur Erde, und er ging in Trauer. Er ließ die Himmelsfürsten rufen und er sagte: „Ich bin Liebe, und ich habe geschaffen aus der Liebe heraus und wenn ich zur Erde blicke, blicke ich auf mein Werk. Aber wo ist die Liebe? Ist nicht das, was ich geschaffen habe, Ausdruck der Liebe? Doch ich sehe sie nicht. Ich sehe die Menschen in gebückter Haltung, mit gesenktem Kopfe. Ich sehe ihre Herzen Enge leben und Trauer, Tränen der Verzweiflung, Selbstaufgabe, Resignation. Und ich sehe sie im Kampfe stehen, nicht miteinander kämpfen sie, sondern gegeneinander kämpfen sie." Er sagte zu den Himmelsfürsten: „Ich möchte euch bitten, lasst uns überlegen, was zu tun ist. Ich möchte einen von euch bitten, zur Erde zu gehen, und den Menschen meinen Ausdruck der Liebe zu bringen, damit der Kopf wieder aufrecht geht, damit die Augen wieder Zukunft leben, damit das Herze wieder Sanftheit und Vertrauen lebt."

Und ein Himmelsfürst sagte: „Ich will zur Erde gehen, und ich will ein Führer der Gerechtigkeit sein. Die Menschen sollen nicht mehr gegeneinander kämpfen, sondern sich die Hand reichen. Und dort, wo Gerechtigkeit ist, da hat der Kampf ein Ende."

Und Gott sprach zu ihm: „Siehe, ein Führer! Ist ein Führer nicht ein Vorsteher, ein Lenker, ein Bestimmer und hält er nicht die, die er führt und lenkt, in seiner Bestimmung? Freiheit und Selbständigkeit soll der Mensch leben. Und was ist Gerechtigkeit? Gehen die Menschen nicht in unterschiedlichen Bedürfnissen, in unterschiedlichem Wollen? Blicke auf eine Familie. Sie setzt sich zu Tische und aufgetragen wird das Essen. Der eine, er isst mehr, der andere, er isst weniger. Alle essen, bis sie satt sind, aber jeder unterschiedliche Mengen. Wie willst du die Gerechtigkeit zur Erde bringen, wenn die Vorstellungen der Menschen von Gerechtigkeit ganz unterschiedlicher Art sind? Prüfe nach, ob dies Sinn macht."

Und ein anderer Himmelsfürst, er sagte: „Ich will den Menschen die Wahrheit lehren, damit sie die Zusammenhänge erkennen und verstehen, damit sie sich selbst verstehen und sich selbst helfen können."

Und Gott sprach: „Was ist Wahrheit? Du lebst sie, denn du bist mein Ausdruck. Du weißt, dass es nur eine Wahrheit gibt. Aber sieh dir die Menschen an, leben sie nicht in unterschiedlichen Wahrheiten? Sagt nicht der eine zu der Handlung, sie ist gut, und der andere sagt, ich kann sie nicht für mich stehen lassen? Die Wahrheit setzt voraus, dass sie meine Wahrheit erfahren. Und ist der Weg zu meiner Wahrheit nicht der Weg der Demut? Welcher Mensch möchte schon Demut leben?"

Und ein weiterer Himmelsfürst sagte: „Dann will ich den Menschen die Weisheit lehren, denn in der Weisheit liegt Deine Wahrheit, Gott."

Und Gott sagte: „Du hast recht, in der Weisheit liegt meine Wahrheit. Es bedeutet, die Menschen müssen erlernen, von sich abzusehen, damit sie meine Wahrheit erkennen können, um so in Weisheit zu finden. Aber wie viele Menschen glauben gar nicht an mich? Wie viele Menschen halten den Blick von mir abgewandt? Und warum würden sie dir dann zuhören wollen? Sie werden sagen, du bist ein Philosoph, von deinen Worten werden wir nicht satt. Du bist ein Träumer und hier ist Krieg, hier ist Kampf. Greife lieber zu der Waffe!"

Und ein anderer Himmelsfürst sagte: „Ich will sie die Geduld lehren, denn wo die Geduld gelebt wird, da ist nicht das schnelle Wort, da ist das Abwägen und mit der Zeit arbeiten."

Und Gott sprach: „Geduld ist eine große Tugend, doch wo Hunger ist und Not, Leid und Furcht, wer denkt da an die Geduld?"

Und ein weiterer Himmelsfürst sprach: „Ich will zur Erde gehen, ich will den Menschen meine Liebe leben, ich will den Menschen meinen Frieden leben. Ich will den Frieden vorleben, damit die Menschen in den Frieden finden."

Und Gott sprach: „Du lebst ein großes Erkennen. Du sagst nicht, ich will sie lehren, denn Lehren ist immer ein Belehren, und es lässt den Abstand leben zwischen Lehrer und Schüler, Herr und Knecht. Du sagst, ich will Frieden leben, um den Frieden zu bringen. Gehe du zur Erde und bringe den Menschen den Frieden. Und dein Name soll sein „Jesus", und geboren werden sollst du unter Menschen, die Armut leben, die Einfachheit leben, die Bescheidenheit leben. Denn ein König ist ein Herr, und das Volk blickt zu ihm auf. Aber du sollst unter die Menschen gehen und ihnen deine Hand reichen, du sollst mit ihnen gehen, damit sie nicht aufblikken, sondern anblicken. Du sollst geboren werden von einfachen Menschen, schlichten Menschen. Sie sollen deine Eltern sein."

Und sie verabschiedeten sich voneinander. Der Fürst der Gerechtigkeit sagte: „Immer wirst du meinen Schutz haben, denn du gehst als Mensch zur Erde, und damit unterliegst du den irdischen Gesetzen. Ich will dir meine Gerechtigkeit zur Seite stellen."

Und der Fürst der Wahrheit sagte: „Auch ich werde dich mit meiner Liebe begleiten und meine Wahrheit soll an deiner Seite gehen." Und es schlossen sich an der Fürst der Weisheit, der Geduld, alle, die versammelt waren.

Und seht, es kam die Zeit, da wurde Jesus geboren. Ein Friedensfürst wurde geboren als Mensch. Ein Himmelsfürst unter Menschen. Ihr sagt, der Stern stand am Himmel und leuchtete weithin in der Nacht, damit jeder sehen konnte, ein Himmelsfürst ist der Erde geboren.

Ist es nicht so, überall dort, wo der Friedensfürst in den Herzen Einkehr hält, dass ein Licht Einkehr hält, dass ein Licht aufgeht, weil ihr euch gelichtet habt, weil ihr verstanden habt, was Friede bedeutet!

Ein Friedensfürst wurde der Welt geboren, und er nahm an die menschliche Gestalt und er lebte den Frieden vor. Er sprach die Worte der Einsicht, er sprach die Worte der Versöhnung. Er sagte: „Der siegt, der nicht in dem Kampfe geht mit seinem Nächsten, sondern in dem Kampfe mit sich selbst." Er sagte: „Dessen Hunger wird gestillt, der nicht mehr nach dem anderen blickt im Messen und Vergleichen, sondern der verabschiedet den Neid, die Missgunst und die Eifersucht, der sagt, ich will meiner Hände Fülle leben, ich will aus meinen Möglichkeiten schöpfen."

Der Friedensfürst, er kam zur Welt, damit die Menschen nicht mehr Abhängigkeit leben von einer Belehrung, von einer Führung, von einem Vorsteher. Der Friedensfürst, er kam zur Welt, um euch in die Eigenverantwortung zu führen, in die Selbständigkeit, in die Mündigkeit, in die Eigenarbeit. Denn seht, das ist der Wille Gottes, das ist die Liebe Gottes, die nicht einschränkt, die euch gehen lässt in eurem freien Willen, in eurer Willensentscheidung, euch nicht ausgeliefert sehen will, sondern in Eigenständigkeit.

Seine Botschaft, die er lebte, die er vorlebte, war: Gehe in die Versöhnung mit dir!

Solange nicht der Frieden in dir ist, kann nicht die Gerechtigkeit in dir sein!

Solange nicht der Frieden in dir ist, kann nicht die Wahrheit in dir sein!

Solange nicht der Frieden in dir ist, kann nicht die Weisheit in dir sein!

Solange nicht der Frieden in dir ist, kann nicht die Geduld in dir sein!

Solange nicht der Frieden in dir ist, kann nicht die Liebe in dir sein!

Seht, das war sein Geschenk, das er den Menschen brachte. Und ihr, blickt nicht nach der Krippe, blickt nicht nach dem

Stern, blickt in euch, erkennt die Krippe in euch, lasst den Stern über euch leuchten. Ein ganzer Himmel voller Sterne, die für euch leuchten, die ihr mit eurer Liebe schafft, die ihr seid. Lasst über eurer Krippe den Stern aufgehen, werdet ihr zu Friedensfürsten dieser Erde.

Seht, so kam Jesus zur Welt. Nicht erkannt, nicht beachtet und wie groß war sein Werk! Ist es wahrhaft groß? Ja, es ist groß! Nur zu wenige Anhänger gibt es. Diese Botschaft des Friedens, sprecht ihr nicht alle vom Frieden? Aber bemüht ihr euch auch alle um den Frieden? Blickt in euch und lasst nicht seine Geburt umsonst gewesen sein. Seht, Geburtstag feiert er, der Friedensfürst, und er lädt alle ein, die mit ihm dieses Fest begehen wollen. Da werden nicht Namen aufgerufen, da werden nicht Einladungen verschickt. Diese Einladung ergeht an jeden, der sagt: Ja, von einem solchen Gastgeber möchte ich bewirtet werden. Macht euch auf zu der Krippe, zu dem Stern, nehmt teil an diesem Friedensmahl. Werdet ihr zum Frieden, damit der Stern der Liebe über euch leuchtet.

Der Optimist hat nicht zwangsläufig häufiger Recht als der Pessimist, aber er lebt leichter!

Jetzt ist ja nicht der Pessimist pessimistisch, weil ihm das Freude macht, sondern entweder lebt er ein Krankheitsbild, das er selbst nicht überwinden kann, wo Hilfe, Unterstützung und Begleitung notwendig sind. Oder auf Grund dieser seiner Lebensberührungen hat er die Härte und die Zurückweisung des Lebens erfahren. Er glaubt nicht mehr an die Fülle des Lebens, an die lichte Seite, an die Freiheit. Er hat das Vertrauen in den Lebensfluss verloren. Aber Vertrauen in den Lebensfluss ist ja wiederzugewinnen, wenn die Bereitschaft des Herzens ist. Auch der Optimist erfährt Enttäuschungen und Niederlagen, aber er lebt nicht die Bereitschaft, sich von ihnen vernichten zu lassen. Er hat die Kraft, sie hinter sich zu entlassen und interessiert und aufgeschlossen den Weg weiter zu gehen. Und das bedeutet, sein Weg ist ein Weg ohne Grenzen.

Der Pessimist geht den Weg in die Sackgasse, aber auch er kann umkehren, seine Entscheidung treffen. Und jetzt gebe ich euch eine wichtige Information: Der Körper kann nicht unterscheiden, ob der Mensch nur denkt, dass er etwas tut, oder ob er es tatsächlich tut. Er reagiert auf beide Verhaltensweisen gleich. Und das bedeutet, wenn ihr in euren Gedanken sagt: „Ich möchte diesen Weg gehen, ich möchte diesen Weg der Freiheit gehen, und ich wünsche mir auf diesem Weg der Freiheit Menschen, die mich begleiten und unterstützen, die mich fördern, und die ich selbstverständlich auch fördere," dann gebt ihr eurem Körper diese Informationsenergie. Das heißt, er findet in Entspannung, er stellt sich in Bereitschaft zu tun. Die Zellen beginnen in ihrer natürlichen Frequenz zu schwingen, der Körper lebt Harmonie und Entspannung, höchste Spannung im Sinne von gespannt sein: Wie gehe ich jetzt den Weg, wie wird er sich mir zeigen, was wird mir zufallen auf diesem Wege, was will sich fügen? Und das Gleiche wird sein, wenn der Mensch in die Handlung geht.

Und jetzt betrachtet den Pessimisten: „Ob das etwas wird? Es wäre ja schön, aber ich bin schon so häufig enttäuscht worden, und ich habe den Glauben an das Gute und an die Menschen verloren." Was kann daraus entstehen, welch ein Werk? Wie kann da ein Gelingen sein? Wenn der Pessimist für sich die Entscheidung trifft: „Ich will aus der Sackgasse herausgehen", dann ist es notwendig, dass all diese Hindernisse und Behinderungen und Enttäuschungen und Frustrationen seines Lebens akzeptiert werden. Das bedeutet: Es war schlimm, es war furchtbar, enttäuschend auf der ganzen Linie, jetzt reicht es mir, das lasse ich hinter mir! Und das setzt voraus, mit den Gedanken nicht immer wieder in das Thema hineingehen, denn es hält weiter in der Sackgasse, sondern ich habe akzeptiert, es fällt mir noch schwer, mich mit der Situation, mit den Situationen auszusöhnen, aber ich bin grundsätzlich bereit. Und wenn er diese Gedankenkraft lebt, die ja dann bereits auf seinen Körper einwirkt, dann wird er feststellen, wie auch der Körper wieder in eine Mitarbeit geht, nicht mehr gelähmt und instabil, träge und erschöpft ist, sondern die Signale setzt: Ich mache mit!

Wie ist denn jetzt noch der Weg aus dem Pessimismus heraus in den Optimismus? Wenn ihr fröhlichen Herzens seid, wenn eine Situation ist, die euch erheitert, dann lacht ihr. Und dieses Lachen bringt eure ganze Muskulatur, euren ganzen Körper in Schwingung, in Vibration, und der Körper stößt Glückshormone aus. Und Glückshormone führen immer in Lebensvertrauen. Aber: Ein Pessimist hat keine erfreulichen Situationen. Da geschieht nichts, was erheitert, erfreut oder ihn sogar in Humor führt. Aber der Körper ist Ausdruck göttlicher Vollkommenheit, göttlicher Liebe, und darum ist er bereit, auch ohne die erfreuliche oder kuriose Situation, die in Lächeln oder Lachen führt, zu helfen, nämlich: Wenn ihr beginnt, euch zuzulächeln, euch an etwas erinnert, was liebenswert war in eurem Leben, was gut war in eurem Leben. Wenn ihr die Bereitschaft lebt - und die Bereitschaft ist immer Voraussetzung, ohne Bereitschaft funktioniert nichts -, wenn ihr die Bereitschaft lebt euch zuzulächeln, es kann ein inneres Lächeln sein, dann fühlt ihr plötzlich, wie das Herze ganz leicht wird, wie das Herze fröhlich wird, und wie ihr in eine Heiterkeit, in eine innere Heiterkeit geht und damit in eine Gelassenheit, die das Vertrauen in das Leben fördert. Nur die Bereitschaft ‚zu tun' muss sein!

Ihr sprecht von Fügung und von Zufall und von was auch immer: Seht, ich habe mich um eine Arbeit bemüht und ich bin zu einem Vorstellungsgespräch eingeladen, wollen wir es Fügung nennen oder Zufall? Es ist egal, ich entscheide, ob ich diese Gelegenheit nutze oder nicht. Gehe ich hin, kann mir das Glück zuteil werden, die Arbeit zu bekommen. Bleibe ich in meinem Bett liegen, ist die Chance sie zu bekommen doch sehr gering. Also, die Bereitschaft muss sein und eine ganz wunderbare Hilfe auf diesem mühsamen Wege aus der Sackgasse heraus, ist: Wenn ihr euch einmal in Ruhe hinsetzt, in die Vergangenheit geht und euch erinnert, wo ihr euren Einsatz gelebt habt, und es ging gut aus, es fügte sich nach eurem Wünschen und Wollen, wo ihr euren Erfolg erfahren habt und damit eure Möglichkeiten. Dann darf aber nicht die Trauer und das Bedauern kommen. Nein, es soll ausschließlich dazu dienen, dass ihr in euren Selbstwert zurückfindet, in euer Selbstvertrauen und in eure Selbstachtung. Und wenn ihr wieder in dieser Dreifaltigkeit steht, dann werdet ihr zu den Entscheidern. Ihr werdet nicht mehr von anderen entschieden, ihr könnt nicht mehr von anderen manipuliert werden, denn ihr habt euer klares Konzept. Ihr sagt: „So ist mein Weg zum Erfolg, so vertrete ich ihn, und so stehe ich hinter ihm! Und wer mitgehen will, kann es tun, er kann seine Ideen und seine Anregungen und Möglichkeiten mit einbringen, aber ich laufe nicht mehr nach!"

Habt den Mut, stärker an euch zu glauben. Ihr steht in einer Zeit, wo die Angst durch euer Land geht, vor Arbeitsverlust, vor Existenzverlust. Angst ist lähmend, Angst ist grundsätzlich nicht euer Feind, die Angst will euch ja vor etwas bewahren. Aber wenn ihr der Angst nachgebt, dann ist der Weg in die Sackgasse gewiss. Die Angst hat noch eine Funktion außer euch zu warnen, zu prüfen, euch nachdenklich zu machen: Die Angst fordert heraus, sie zu überwinden, also in euren Mut und in eure Kraft zu gehen, und zu sagen: „Ich probiere es aus, ich will es wissen!"

Ihr, Ausdruck allumfassender Liebe, ich bitte euch: Schöpft euer Potential aus, lasst es nicht in der Gosse liegen, ihr wollt den Weg der Freiheit gehen, ihr geht ihn, aber ihr wollt auch einmal ein Ziel sehen und durch ein Ziel gehen, und darum, bitte, seid bereit, aus der Enge herauszugehen, aus der Herzensenge, aus der Sackgasse heraus auf den Weg der Freiheit und des Lichtes!

Wüsste ich genau, wie jenes Blatt aus seinem Zweig herauskam, schwieg ich auf ewig still, denn ich wüsste genug!

Ich spreche von Bewunderung und von Ehrfurcht. Wenn ihr euch wundert, dann geschah etwas, was ihr mit euren Sinneswahrnehmungen nicht erkennen konntet oder was ihr von eurem Verstande her nicht einordnen konntet. Ihr geht verwundert! Aber was bedeutet denn Bewundern?

Bewundern bedeutet: Ich stehe voller Erstaunen, ich stehe voller Berührung, ich stehe voller Ergriffenheit! Und was bedeutet denn Ehrfurcht? Nicht hat das mit Furcht zu tun, mit Furchtsamkeit, nein – es bedeutet: Da ist etwas, das größer ist und gewaltiger als ich, das meine Grenzen überschreitet, meine Möglichkeiten und meine Fähigkeiten. Und darum lebe ich ihm meine Achtsamkeit, meine Achtung, meine Verehrung! Einer eurer Dichter hat das folgendermaßen formuliert: „Wüsste ich genau, wie jenes Blatt aus seinem Zweig herauskam, schwieg ich auf ewig still, denn ich wüsste genug!" Was hat er denn mit diesen Worten der Betrachtung zum Ausdrucke bringen wollen? Er wollte damit zum Ausdruck bringen: Da ist eine Macht und eine Kraft, die in Leben führt und am Leben erhält. Und wenn ich es mir recht betrachte, bin ich gar nicht Bestimmer! In letzter Konsequenz bin ich nur Ausführender. Auf dem Fundament, das der Bestimmer geschaffen hat, bewege ich mich, baue weiter darauf auf und lebe meine Ausführung.

Seht, jetzt könnt ihr sagen: „Wenn ich gar nicht Bestimmer dieses meines Lebens bin, dann macht es ja auch keinen Sinn, meinen Einsatz zu leben, dann muss ich auch nicht agieren oder reagieren. Im Grunde bin ich ausgeliefert, eine Marionette! Ein anderer zieht die Fäden, und ich bewege mich so, wie er sie zieht. Ich habe ja offenbar gar keine Selbstverantwortung."

Nein, überlegt einmal, wer der Bestimmer ist, dieser Bestimmer, der euch helfen will, in seine Energie der allumfassenden Liebe zu finden. Dieser Bestimmer, der euch nicht entmündigt, sondern euch Wegbereiter ist, der für euch eine Vorleistung bringt, auf der ihr aufbauen könnt und weiter arbeiten könnt. Und ist das nicht wunderbar, zugearbeitet zu bekommen? Ist es nicht wunderbar, das Raster schon vorgelegt zu bekommen und nur noch ausführen zu müssen? Und wenn ihr sagt: „Nein, es genügt mir nicht, es gefällt mir nicht." Dann möchte ich euch daran erinnern, dass ihr mit diesem Bestimmer, mit dieser allumfassenden göttlichen Energie in der feinstofflichen Welt euren Lebensplan gezeichnet habt. Und wenn ihr euch auf dieser Erde nicht mehr daran erinnert, so erinnert sich doch Gott daran.

Diese Kraft, die alles Sein bestimmt, die Wachstum ist, und immer Mehrung, warum sollte ich mich ihr nicht anvertrauen, mich ihr nicht überlassen? Und entsteht da nicht das Gefühl der Geborgenheit und der Sicherheit, der Wärme und der Stille? Nicht mehr die viele Aufregung und die Unruhe, nein – mein Weg ist bereitet, und ich will ihn gehen!

Lasst uns als Beispiel nehmen: Ein Kind wird gezeugt und geboren, ihr seid die Akteure gewesen, ihr seid die Ausführenden gewesen. Aber wer hat diesem Kinde seinen Odem eingeblasen? Wer hat es zum Leben erweckt? Und bedeutet dies nicht, in wahre Bewunderung zu finden, und in Ehrfurcht, in Achtsamkeit und Achtung vor all dem, was den göttlichen Odem in sich trägt. Und ein Mensch, der die Kraft des Innehaltens hat, um das zu verinnerlichen, er kann nur Freude empfinden! Denn er weiß sich an der Hand genommen, und er weiß, diese Liebe, die auch mein Wegbereiter ist, sie führt mich liebend. Und ich will dieser Liebe folgen, um zur Liebe zu werden!

„Wüsste ich genau, wie jenes Blatt aus seinem Zweig herauskam, schwieg ich auf ewig still, denn ich wüsste genug!“ Das Rätsel Gott wäre gelöst. Aber da es nicht von Menschen zu lösen ist, darum möchte ich euch anregen: Stellt auch ihr euch einmal an einen Baum, nehmt euch einen Zweig, betrachtet die Blätter und sagt auch ihr: „Ja, wenn ich wüsste, wie ihr aus diesem Zweige herausgekommen seid, wäre das Rätsel des ewigen Lebens für mich gelöst. Aber wie schön, ich muss es gar nicht wissen, ich darf mich an dem erfreuen, was diese allumfassende Liebe für mich bereit hält.“ Und in dem Maße, in dem ihr eure Freude an dieser Fülle göttlicher Schöpfung lebt, werdet ihr merken, in welch eine Geborgenheit ihr findet, wie ihr plötzlich in euch fühlt: All das, worum ich mich sorge, worum ich mich gräme, wovor ich mich fürchte, löst sich auf, tritt zurück, wird belanglos, denn ich schwinge in der Energie der Liebe.

Und ein Mensch, der nicht nur für Momente in diese Energie hineinfindet, sondern in ihr stehen bleiben kann, seht, von ihm werden für immer Abschied nehmen die Not, die Zweifel, die

Bedürftigkeit, denn die allumfassende Liebe, Gott, der ewig Seiende, arbeitet ihm zu, legt ihm in den Schoß. Und darum wollt die Bereitwilligkeit leben zu sagen: „Ja, ich will diesen meinen vorgegebenen Weg gehen, ich will ihn mutig annehmen, und ich will vor den Herausforderungen des Lebens nicht scheuen, nicht verzagen. Ich, Ausdruck vollkommener Liebe, will mich stellen und will beweisen, ich nehme die Herausforderung an, denn sie dient ausschließlich dazu, mich in meine Vollkommenheit zu führen, von der Seite der Schatten, der Ängste, Sorgen, Nöte, auf die Seite des Lichtes, der Fülle, der Freude, der Freiheit."

Ich habe Mich einen kleinen Augenblick von dir abgewandt, aber mit großer Barmherzigkeit will ich dich sammeln. Ich habe Mein Angesicht im Augenblick des Zornes vor dir verborgen, aber mit ewiger Gnade will ich Mich deiner erbarmen, so spricht der Herr, dein Erlöser!

Welch ungewöhnliche Worte der Begrüßung, werdet ihr denken! Gar nicht das, was du sonst immer sagst, Emanuel. Du sprichst von dem all-liebenden Gott, von dem ewig zulächelnden und segnenden Gott. Und hast du nicht erst vor einiger Zeit in der Begrüßung gesagt: „Die frohe Botschaft lautet: Ich bin von Gott angenommen ohne Vorleistung!" Und jetzt spricht du von einem Gott, der sich einen Augenblick abgewandt hat, sogar im Augenblick des Zornes. Wie ist das zu verstehen? Ein Gott also doch mit Stimmungen und Launen? Wenn der Mensch nicht reagiert und pariert, wenn er ihm nicht gefällig ist, erfolgt Liebesentzug? Wie ist es nun?

Hört sich das nicht an wie ein Ehestreit, wie Auseinandersetzung in einer Partnerschaft?

Ich habe mich von dir abgewandt, einen kleinen Augenblick mein Antlitz vor dir verborgen! Aber, ich bin doch mit dir verheiratet, wir leben ja eine Lebensgemeinschaft. Was soll ich tun? Ich muss mich doch mit dir irgendwie arrangieren! Also, will ich einmal nicht so sein, will ich großmütig und barmherzig sein, und will mich dir voller Gnade zuwenden! Wie gnädig! Ich wende mich dir zu, ich vergebe dir!

Was ist nun? Ist nun Gott Polarität, Stimmung und Laune und Liebesentzug? Oder ist er allumfassende Liebe? Ist er der ewig Segnende und Lächelnde, der ewig Gnadenreiche?

Seht, wenn ihr solche Worte in euren alten Schriften lest, dann ist es wichtig, dass ihr immer den Zeitgeist bedenkt, die Zeit, in der solche Worte formuliert wurden und niedergeschrieben wurden. Und wenn ihr in diese Zeit zurückgeht, dann wisst ihr, dort ist noch der strafende Gott. Die Menschen glaubten noch an einen Gott, der Wohlgefälligkeit lebt und Barmherzigkeit, wenn der Mensch gut funktioniert, wenn er seine Gebete spricht und seine Opfer auf den Altar legt. Doch, wenn die Gebete und das Opfer nicht angenommen wurden, scheinbar nicht angenommen wurden, wenn Gott scheinbar sein Antlitz vor den Menschen verborgen hielt, dann glaubten sie, er geht mit ihnen im Zorne, er hat sich von ihnen abgewandt.

Und wenn wir jetzt mit der neuen Schrift vergleichen, die Zeit Jesu des Christus, seine Lehre: Bei ihm ist nicht der strafende Gott, bei ihm ist der all-liebende und der all-verstehende Gott. Er verdeutlicht den Menschen das Resonanzgesetz. Und wenn wir nun diese Worte der Begrüßung, die ich wählte, in die Zeit des Jesus, des Christus, versetzen, könnten da nicht die Worte der Begrüßung folgendermaßen lauten: „Ich Mensch, habe mein Antlitz einen Augenblick vor Dir verborgen, doch Du, Gott willst Dich meiner erbarmen, Du willst mich sammeln, einsammeln, damit ich wieder zentriert gehe, damit ich wieder Mitte lebe, damit ich wieder heil werden kann. Ich Mensch, habe mein Angesicht im Augenblick des Zornes ein wenig vor Dir verborgen! Aber Du, Gott, der Du meine Schwächen kennst und meine Unzulänglichkeiten, meine Ängste und meine Verzagtheit, willst Dich in ewiger Gnade meiner erbarmen."

Seht, und wenn ihr jetzt die Worte der Begrüßung so verstehen wollt, wie ich sie euch jetzt sagte, dann ist es wieder stimmig. Denn ist es nicht so, ihr sprecht eure Gebete, ihr geht in der Erwartung, dass sie sich erfüllen. Und wenn sie sich nicht in der von euch vorgenommenen Zeit erfüllen, dann steht ihr in der Enttäuschung, in der Trauer oder in der Verärgerung, in der Lustlosigkeit. Weitere Gebete zu sprechen macht ja doch nicht Sinn. Er hört mich nicht, mich mag er wohl nicht!

Es ist wichtig, dass ihr euch immer wieder verdeutlicht, ihr tragt diese eure Bedürfnisse und eure Bedürftigkeit vor Gott. Ihr tragt sie vor, und Gott, der All-Eine und Ewig-Wahre, wenn er nicht nach euren Vorstellungen erfüllt, so erfüllt er doch nach eurem Lebensplane, und immer bedeutet dies: Zu eurer Heilwerdung. Und wenn ihr das akzeptieren könnt, wenn ihr das annehmen könnt, dann wird nicht mehr die Enttäuschung sein und die Trauer und die Frustration, sondern dann werdet ihr hoffnungsfroh bleiben, erwartungsfroh! Ihr werdet sagen: „Ich bin gespannt, wie Er es meint, wie Er erfüllt!"

Wollt in eurem tiefsten Herzen wissen: „Ich, als Kind der Liebe, bin in Liebe angenommen und kann nicht aus Gottes Liebe fallen. Er, der mir sein ‚Ja' gesprochen hat, wird sein Angesicht nicht von mir abwenden, wenn ich im Zorne stehe; nein, Er wird mir zulächeln in seiner ewigen Gnade."

Wer die Zähne zusammenbeißt, hat es schwer zu lächeln!

Welche prosaischen Worte der Begrüßung! Nichts Liebliches – nein, etwas ganz Nüchternes! Wer die Zähne zusammenbeißt, hat es schwer zu lächeln. Und ihr kennt das: Reiß dich zusammen, beiße die Zähne zusammen, gehe hindurch! Und immer bedeutet dies Anstrengung, bedeutet dies Kraft und bedeutet dies Disziplin, und es bedeutet Kampf!

Seht, muss das Leben Kampf sein? Ist nicht auch die Möglichkeit gegeben, das Leben als Herausforderung zu sehen, und damit auch in die Lust finden, diese Herausforderung anzunehmen, zu sagen: „Ich stelle mich, ich bin bereit, ich will mich an der Herausforderung messen?" Seht, und schon ist sie nicht mehr Kampf, sondern sie ist Sport. Wer die Zähne zusammenbeißt, hat es schwer zu lächeln. Für was stehen denn die Zähne? Die Zahnwurzeln, wir können sie vergleichen mit den Wurzeln eines Baumes. Und je tiefer die Wurzeln eines Baumes in die Erde gehen, um so stärker ist der Baum verankert, kann den Stürmen trotzen, wird nicht brechen. Und genau so verhält es sich mit den Zähnen: Sind sie fest verankert, dann symbolisiert das, dieser Mensch steht fest im Leben!

Was macht ihr denn mit den Zähnen? Ihr nehmt damit Nahrung zu euch, ihr beißt ab und ihr zerkaut sie, ihr zermalmt sie. Und je kleiner ihr sie zerkaut und zermalmt, umso besser kann der Magen die in sich genommene Speise verdauen. Die groß geschluckten Brocken, sie liegen im Magen und der Magen drückt. Und da der Magen für die Emotionen steht, könnt ihr schon erkennen, wie wichtig es ist, dass das, was ihr zu euch nehmt, schluckgerecht und verdauungsgerecht zerkleinert wird.

Und jetzt will ich gar nicht mehr von der Nahrung sprechen, sondern ich will davon sprechen, was der Mensch im Laufe der Zeit alles an Berührung und Herausforderungen lebt, die zerkleinert werden wollen, zermahlen werden wollen, damit sie mundgerecht werden und der Magen sie gut verdaut, so dass die Emotionen im Gleichklang bleiben, in Ruhe stehen bleiben und in Gelassenheit.

Wer die Zähne zusammenbeißt, hat es schwer zu lächeln. Aber es ist noch etwas ganz anderes, was hinter dem Thema steht. Wer die Zähne zusammenbeißt, kann ja gar nichts in den Mund hineinnehmen. Er verweigert sich ja im Grunde den Lebensberührungen. Er geht gekränkt, er steht trotzig vor ihnen, und will sich nicht auf sie einlassen. Er geht gekränkt von dem, was von ihm zerkaut und zerkleinert werden will, neutralisiert werden will.

Wie viele Menschen gehen ‚zähneknirschend'. Aggression ist dies! Ich sage dir den Kampf an, das ist die stumme Haltung. Aber, wer mit den Zähnen knirscht, hat ein Thema, das er glaubt nicht bearbeiten zu können, oder das er wahrhaft nicht bearbeiten kann, weil es Schicksal ist. Er fühlt sich dem Thema gegenüber ohnmächtig. Und das bedeutet, dass die Aggression, das Zähneknirschen, nach innen gelebt wird und so der Körper Vergiftung erfährt. Denn Aggression leben, bedeutet immer Vergiftung!

Wer die Zähne zusammenbeißt, hat es schwer zu lächeln! Was bedeutet denn lächeln? Ist nicht lächeln ein ‚In-sich-Lächeln', und das bedeutet ein ‚Sich-selbst-Zulächeln', und ist nicht lächeln nach außen Anteil nehmen und Anteil haben, sich einzulassen auf den anderen, sich einzulassen auf das Leben? Zulächeln bedeutet: Ich lebe Präsenz. Ich teile mich mit und darum bin ich auch bereit zu teilen. Und ein Mensch, der zulächelt, seht, er steht in der Ruhe, in der Gelassenheit! Und er lebt die Kraft, das, was er zu sich nimmt an Lebensberührung, langsam zu zerkauen, so dass die Emotionen das Thema gut verarbeiten können.

Mit diesen Worten der Begrüßung möchte ich euch ermutigen, wenn ihr vor Themen steht, die euch eine Herausforderung sind, eine Belästigung, eine Kränkung, wo ihr euch vom Leben misshandelt fühlt, dass ihr nicht die Zähne zusammenbeißt, denn Zähne zusammenbeißen bedeutet Verweigerung und Widerstand. Es bedeutet, sich aus dem Lebensflusse, aus der Gemeinschaft zu lösen, gekränkt in der Ecke zu stehen. Habt ihr den Mut zu sagen: „Ich will einmal an das Thema herangehen, indem ich es anlächle, indem ich ihm zulächle." Denn was signalisiert denn das Lächeln noch? Zwei Menschen begegnen sich, sie blicken sich an, und sie lächeln sich zu. Und mit dem Lächeln ist immer signalisiert: Keine Gefahr, wir können offen miteinander sein. Wir können uns Vertrauen schenken, wir können miteinander die Worte der Wahrheit sprechen.

Und darum ist meine Bitte an euch: Wenn ihr euch wieder einmal in Situationen befindet, wo die Gefahr ist, dass ihr die Zähne zusammenbeißt, sagt: „Nein, das habe ich schon so häufig getan. Und diese Zeit des Zusammenbeißens der Zähne, sie war so anstrengend und so verkrampfend, und jetzt will ich einmal einen neuen Weg gehen, jetzt will ich einmal zulächeln." Denn das Zulächeln ist die Haltung derer, die Vertrauen in den Lebensfluss leben, die sagen können: „Alles, was mich berühren will und was mich herausfordern will, will mich stärken, will mich in Reife führen, will mich in Kraft führen und will mir zeigen, welche Möglichkeiten in mir sind, wenn ich nicht in der Sorge gehe, in der Furcht, in der Angst oder im Gekränktsein, wenn ich diese meine lebendige Gottes-Kindschaft lebe und damit Vertrauen in die göttliche Liebe und in die göttliche Führung." Und ein solcher Mensch geht den Weg des Weisen, denn er hat erkannt: „Nichts ist wichtiger als der Herzensfrieden. Und wenn ich mit zusammengebissenen Zähnen gehe, wo kann da der Friede sein? Ich will dem Leben zulächeln, denn es bedeutet: Ich lächle Gott zu!"

Er kam zu den Seinen, doch die Seinen erkannten ihn nicht und nahmen ihn nicht auf!

Immer wieder werde ich einmal gefragt: Emanuel, es wird gesagt, dass Jesus wiedergeboren sei, stimmt das? Und ich stelle die Gegenfrage: Was würde es den Menschen bringen, wenn er wiedergeboren würde oder wiedergeboren wäre? Die, die seine Botschaft verinnerlicht haben, für sie ist er nicht gestorben. Und für die anderen: Würden sie ihn denn erkennen als den Messias, den Heilbringer, den Erlöser? Ihr kennt doch alle diese Geschichte: Ein Bettler bittet um ein Almosen, und ein Mensch teilt mit ihm. Und in diesem Teilen erkennt der Gebende in dem Bettler Jesus. Es bedeutet nicht, dass sich Jesus als Bettler verkleidet hat, nein, es bedeutet, durch die Gabe das Gebot Jesu befolgt zu haben: Was du einem meiner Geringsten getan hast, das hast du mir getan!

Seht, und für die, die diese Botschaft verinnerlicht haben, muss Jesus nicht neu geboren werden. Und für die, die die Botschaft ablehnen, ihr keine Resonanz leben, für sie gilt: Er kam zu den Seinen, aber die Seinen erkannten ihn nicht und nahmen ihn nicht auf!

Es liegt in der Natur des Menschen, dass er gerne zu den Gewinnern gehört. Denn gewonnen zu haben bedeutet, ich habe etwas erreicht, seht her, ich habe es geschafft! Und dies fördert die Eitelkeit. Es fördert den Selbstdarstellungsdrang, der Ausdruck mangelnden Selbstwertes ist. Der Mensch, der die Botschaft der Liebe in sich lebt, er kennt seinen Selbstwert. Und er wird nicht an der Seite des Siegers zum Gewinner, und nicht an der Seite des Bettlers zum Verlierer. Er bleibt an der Seite des Siegers was er ist, und er bleibt an der Seite des Bettlers was er ist, unbeeindruckt von einem Status! Er sieht im anderen den Menschen, den Bruder, den Nächsten, den Ausdruck göttlicher Schöpfung. Und der Mensch, der in dieser Haltung geht - und das ist letztendlich euer aller Weg und euer aller Ziel, egal wie lang ihr noch zögert und bummelt – er hat die Botschaft Jesu verstanden, und damit die Botschaft der Weihnacht, die sich jedes Jahr wiederholt.

Selig sind die Sanftmütigen, die in einem sanften Mute gehen, die wissen, was sie wollen, und damit unbeeindruckt bleiben von dem, was an Verführungen in der Welt ist. Die Sanftmütigen, die zulächeln können und anlächeln können, und damit zeigen: Auch wenn ich dich nicht verstehe, weil wir in einer unterschiedlichen Chemie gehen, in einem unterschiedlichen Bewusstsein, ich lächle dir als meinem Nächsten zu.

Und selig sind die Barmherzigen, die, die einmal von ihrer Not und ihren Unzulänglichkeiten absehen können, um auch die Not des anderen zu verstehen, und ihr Ohr leihen und ihre helfende Hand, um den anderen aufzurichten, zu ermutigen. Denn der, der aufrichten kann und der, der ermutigen kann, lebt er nicht Stärke, hat er nicht etwas zu geben? Wie schön, etwas geben zu können von meinen Möglichkeiten, von meinen Fähigkeiten, von meinen Gaben.

Und selig sind die, die Frieden schaffen, die immer wieder bereit sind, das versöhnende Wort zu sprechen. Die nicht Recht behalten müssen, die sagen: „Es ist klüger, die Hand zum Frieden zu reichen, als mich zurückzuziehen, weil ich gekränkt bin, oder weil der andere noch immer nicht verstanden hat, dass ich es besser weiß. „

Und selig sind auch die, die ihrer Überzeugung, ihren Werten treu sind. Die sich belächeln lassen können um ihres Glaubens willen. Oder die gekränkt werden, beleidigt werden, verletzt werden um ihrer Wahrheit willen. Denn sagt nicht Jesus, der Christus, dass all ihnen das Paradies sicher ist. Und was ist denn das Paradies? Das ist doch nicht der Himmel, das ist doch nicht jenseits des Erdgürtels, der Nebelwand, nein, das Paradies ist doch im Menschen selbst. Der Mensch hat doch die Entscheidung: Lebe ich die Hölle oder lebe ich das Paradies? Und ihr wollt alle das Paradies in euch leben. Aber was ist dazu notwendig? Es ist notwendig, dass ihr die Hölle in euch verabschiedet, indem ihr mit euch sanftmütig werdet, und barmherzig und friedvoll, und fest in eurem Glauben. Und wenn ihr fest in eurem Glauben steht, so werdet ihr immer den Halt haben, den ihr gerade benötigt. Wenn eure Gedanken, euer Bewusstsein immer stärker auf Jesus, den Christus, auf die Erlösung der Welt ausgerichtet ist, was kann euch dann noch passieren?

Und wenn ihr wieder geht in diese Zeit des Advent, wenn ihr euch auf seinen Gedenktag zubewegt, auf dieses Weihnachtsfest, bitte fragt euch, ich habe es euch immer wieder gesagt: „Wie will ich ihn empfangen, wo will ich ihm begegnen?" Und ihr wisst genau, die einzige und wahre Begegnung, sie kann nur in euren Herzen stattfinden! Die Vorbereitung, die dazu gelebt werden muss, ist die Aussöhnung mit euch selbst. Das bedeutet, dass ihr euch Wertschätzung lebt! Und zu dieser Wertschätzung gehört, dass ihr nicht überzogene Erwartungshaltung an andere lebt, und gekränkt oder verletzt seid, wenn sie nicht erfüllt werden.

Besinnt euch auf eure Kraft, auf eure Stärke, damit euer Wollen ein großes Wollen ist, damit ihr über eure Kleinlichkeiten hinwegsteigen und sagen könnt: „Ich will an der Krippe stehen, so wie die Hirten und so wie die Könige, so wie es erzählt wird. Auch ich will an der Krippe stehen und will sagen: Grüß Gott, grüß Gott, Heil der Welt, sei mir willkommen und kehre bei mir ein!" Und dann werdet ihr die Kraft und den Zauber dieser Zeit des Advent erfahren und des Weihnachtsfestes, aber nicht nur dieser beiden Zeiten, nein, ihr werdet auch den Zauber der heiligen Nächte erfahren. Und ihr, die ihr doch Sehnende seid, öffnet eure Herzen, damit die Berührung sein kann, damit ihr ergriffen geht, damit euer Herze lächeln kann, in Dankbarkeit, in Freude und in froher Erwartung auf das, was euch noch erreichen und berühren will!

»Die Welt der Engel«

399 Seiten, gebunden
€ (D) 18,90 / sFr 33,40
ISBN: 978-3-931723-30-9

Marina Kaiser

Engel, die guten Kräfte Deines Lebens

Band 1: "Vertrauen und Liebe"

Der Himmlische Jahres-Intensivkurs mit den Briefen 1 bis 183. In behutsamen Schritten wird spirituelles Wissen vermittelt. Die Engelbriefe lassen uns die ganze Liebe des Lebens fühlen und helfen, unser immenses schöpferisches Potential stärker zu nutzen. Die Engel schicken originelle Botschaften, leiten zu Meditationen an, erzählen Geschichten, führen zu inneren Kraftorten und geben kreative Schreib-, Mal- und Spielanregungen. Wir erfahren Rat, Hilfe und Beistand für uns und unseren Alltag.

392 Seiten, gebunden
€ (D) 18,90 / sFr 33,40
ISBN: 978-3-931723-31-6

Marina Kaiser

Engel, die guten Kräfte Deines Lebens

Band 2: "Hingabe und Meisterschaft"

Im zweiten Band, der die Briefe 184 bis 365 enthält, wirst Du durch Deine Energiezentren geführt und lernst dabei auf spielerische Weise Deine Energie bewußt zu lenken.
Du wirst eine neue Erkenntnis erfahren: Es gibt zu jedem Chakra eigene Kraft- und Heilungsengel. Durch die verschiedenen energetischen Übungen lernst Du schließlich bewußt zu channeln…
Marina Kaisers meisterhaft übermittelte Engelbriefe sind ein wahres Juwel aus der himmlischen Schatztruhe.
Kann man sich etwas Schöneres wünschen – als täglich einen Brief von einem Engel zu bekommen?

»Die Welt der Engel«

192 Seiten, broschiert
€ (D) 12,90 / sFr 23,50
ISBN 978-3-931723-25-5

Richard Webster

Engel helfen

Unsichtbare Freunde auf dem Lebensweg

Engel bewachen unser Leben. Ihre Stimmen geben uns Rat, wann immer wir ihn benötigen. Richard Webster führt Sie leicht verständlich Ihrem eigenen Schutzengel zu. Geistführer werden zu Ihren besten Freunden, wenn Sie es wünschen. Werden Sie zu einem Medium für Erzengel und himmlische Helfer. Werden Sie frei für Ihre eigene schöpferische Kraft. Sie kommen in Resonanz mit Ihren innersten Bedürfnissen. Dieses Buch zeigt Ihnen, was Sie tun können, um ein erfülltes Leben in Zufriedenheit und Wohlstand zu führen.
Richard Websters von Herzen kommende Worte werden Sie berühren. Ihre Verbindung mit Gott und zu seinen himmlischen Helfern wird wieder erwachen und Ihr Leben bereichern.

144 Seiten, broschiert
€ (D) 10,90 / sFr 19,70
ISBN 978-3-931723-26-2

Marina Kaiser

Engel begleiten Dich

Ein himmlischer Reiseführer für jeden Tag des Monats

Wünscht sich das nicht jeder? Tag für Tag von Engeln begleitet zu sein? Das ist einfacher, als wir glauben.
Marina Kaiser hat ihre Erfahrungen mit Engeln gemacht – und wir können das selbst auch erleben.
Dreißig Engel helfen, an jedem Tag im Monat den Tag vertrauensvoll zu beginnen, ihn leicht und mühelos mit einer wirkungsvollen Botschaft friedvoll aus dem Herzen heraus zu durchleben, und ihn dann am Abend erfüllt und dankbar mit den Engeln ausklingen zu lassen.
Lassen Sie dieses Buch zu Ihrem »Engel-Reiseführer« durch den Alltag werden.

280 Seiten, broschiert
€ (D) 14,90 / sFr 26,80
ISBN 978-3-931723-27-9

Marina Kaiser

Engel sind für Dich da

52 Himmelsboten, die unser Leben bereichern

52 Engel begleiten Dich durch ein ganzes Jahr. Sie berühren uns durch ihre Botschaften und mit ihren lichtvollen Kräften von Freude, Vertrauen, Frieden und Liebe. Sie sind verlässliche Freunde und Wegbegleiter, die uns würdigen und lieben, so wie wir sind.
Jede Woche des Jahres gibt es eine Engelbotschaft. So können wir uns mit dem jeweiligen Engel über 7 Tage intensiv vertraut machen und seine Kraft in unserem Leben unterstützend und heilsam wirken lassen.
Engel sind immer für Dich da – und sie beweisen es uns Tag für Tag…

»Die Welt der Engel«

90 Karten,
Format: 5,8 x 9 cm,
mit Anleitung
€ (D) 17,90 / sFr 33,30
ISBN 978-3-931723-15-6

Sieglinde Grommet

Karten für ein Göttliches Bewusstsein

Diese Affirmationskarten sind göttliche Botschaften, die Ihnen helfen, Ihr Leben neu zu gestalten.

Um Ihnen Anregungen für ein Leben voller Freude und Glück zu geben, wurden diese Karten entwikkelt. Vergessen Sie nicht, Sie sind hier um glücklich zu sein. Freuen Sie sich über die göttlichen Botschaften, die Ihnen durch Engel vermittelt werden.

128 Seiten, gebunden
€ (D) 13,90 / sFr 25,10
ISBN 978-3-931723-07-1

Lorna Todd

Im Lichtreich der Engel und Naturgeister

Kontakt und Kommunikation mit unseren unsichtbaren Helfern

Die bekannte britische Hellseherin Lorna Todd steht mit der unsichtbaren Welt der Tiere und Mineralien, der Devas von Bäumen und Blumen und mit den Engeln in ständiger Verbindung. Und jeder kann das lernen.

192 Seiten, gebunden
€ (D) 14,90 / sFr 26,80
ISBN 978-3-931723-22-4

Lorna Todd

Geistige Helfer

Mit Meistern und Lichtwesen die eigene Heilgabe aktivieren

Lorna Todd ist Engländerin und lebt abwechselnd in ihrem Geburtsland und in Südafrika. Sie ist als mediale Beraterin tätig und steht in ständigem Kontakt mit Engeln und Naturgeistern. Ein leicht geschriebenes Buch für alle, die sich für die Kontaktaufnahme mit Engeln, Meistern und unsichtbaren Helfern interessieren und auch selbst heilend tätig sein wollen.